全国高等教育财经

Valuation

资产评估学

第2版

主 编◎朱云松 聂新田

经济管理出版社

ECONOMY & MANAGEMENT PUBLISHING HOUSE

全国高等教育财经系列精品教材
编委会成员名单

总　序

　　"经济越发展，会计越重要"，这是会计界的一句名言。会计的理论与实践活动随着经济的发展而不断发展，会计教材也要紧跟时代步伐，体现时代的进步与要求。知识经济时代的来临，会计环境和会计工作手段不断变化，对会计专业应用型人才的培养提出了新的要求。

　　财政部2008年发布的《会计改革与发展纲要》（征求意见稿）指出："要注意引导会计教育，使会计教育与会计改革和发展形成良性互动，不断培育复合型、优秀的会计人才。"目前，会计教育的一个关键问题是会计教材建设，它直接关系到会计人才的培养质量和会计教育改革的方向，也必然影响会计教育改革的成败。

　　如何编写着眼素质教育、突出应用型特色、重视能力培养、紧跟改革步伐、体现时代特征和就业要求、深受师生欢迎的应用型会计专业精品教材呢？

　　我们认为，应摒弃过分重视理论知识传授而忽视能力培养的弊端，根据会计课程的教学特点，针对应用型会计专业的教学目标和要求，建立由教育行政管理部门、出版社、学校、会计学术团体、会计师事务所等共同参与的、高效的、系统的教材运作机制，全面规划、整合资源，精心制定和切实实施教材建设的"精品战略"，全方位运用现代信息化、网络化技术平台，以学生为本，贯彻互动性、启发性和创新性的教学原则，为教师和学生分别建立多媒体、多环节、多层次的"立体化"教材体系。这就是应用型会计专业教材建设应树立的指导思想。

　　从目前我们调查的情况来看，应用型会计专业教材存在的主要问题表现在以下几个方面：

　　（1）缺少符合应用型特色的"对口教材"。作为应用型会计专业教材，应更多地体现其理论联系实际，注重对学生实际动手能力的培养，但现有的会计教材，大多侧重于学科知识的系统性，理论阐释较多。尽管有的会计教材也比较注重实践操作的讲解与指导，但从总体上看，教材的编写仍没有突破传统学科课程的羁绊，尚未形成具有鲜明的、符合应用型特色的课程内容结构体系。

（2）教材形式呆板。会计教材一般都存在着层次不明、风格陈旧、缺乏个性、内容交叉或重复、脱离实际、针对性不强等问题。教材形式呆板，没有做到图文并茂、形象生动，更没有将"书本教材"转化为"电子教材"，以电子课件的形式组织教学还没有真正走进课堂。

（3）教材开发单一，与专业教材配套的实践性教学资料严重不足。实践性教学是应用型会计专业教育与人才市场接轨的有效途径。应用型会计专业实践教学一般占总教学时数的25%以上，其教材建设在应用型会计专业教育中也应占有非常重要的地位。而现有的会计教材往往着重于理论教材建设，虽然部分教材书后配有相应的习题集（事实上也是一种理论训练题），但缺乏实践训练的项目和指导内容。至今为止，还没有一套符合应用型会计专业教育特色的"案例实训"系列教材。实践性教材的奇缺已成为制约应用型会计人才培养的"瓶颈"。

（4）教材内容的更新跟不上会计环境的变化。作为社会科学，会计学的发展及其内容的变革无不受到社会环境的巨大约束和影响。我国改革开放后会计制度的复苏与发展，特别是1993年以来我国会计制度的国际化进程带来的会计教材内容的改革，充分说明了会计环境对会计教材内容的影响。但是，作为紧跟会计环境变化的应用型会计专业教材始终没有及时跟上。

（5）不能处理好传授知识与培养创新能力的关系。"传道、授业、解惑"是教育的基本职责。专业中亟待解决的问题应该在有关教材中体现，如果教材中仅仅是基本知识和技能的讲解，就不符合应用型会计专业的培养目标和要求。因此，应用型会计专业的教材，应该是传授知识与创新能力培养相结合，至少应涉及创新的思维方式方法的引导，让受教育者领会、掌握创新的基本技能，而采用什么方式、如何处理传授知识与创新能力培养的关系，是需要我们深入研究的问题。

我们认为：从长远看，应加大开发应用型教材的力度，实施"精品战略"，形成理论与实践相结合、主辅教材配套的"立体化"的教材体系。

实施"精品战略"，首先要明确怎样才是"精品"。作为应用型会计专业的精品教材，同时应具有如下几个方面的特征：

（1）科学性特征。教材结构合理，内容取舍适当，概念表述准确，难易度恰当，举例清晰正确。注意相关课程的联系，科学地体现各科专业教材的内涵与外延，符合教学规律和学生的认识规律，满足应用型会计专业人才培养的需要。

（2）实用性特征。教材的实用性特征主要反映在两个方面：一方面是技术实用性，教材内容应贴近会计工作实际，理论的阐述、实验（实训）内容和范例、习题的选取都应紧密联系实际，有鲜明的实践性；另一方面是教学实用性，内容的阐述编排便于组织教学，利于培养学生分析问题和解决问题的能力。

（3）先进性特征。教材内容能及时跟踪会计法规和制度更替，既反映现代会计理论和信息技术的发展水平，又反映新的人才培养理念，并能灵活适应教学组织形式和教学技术手段的更新与发展。

（4）规范性特征。教材的版式设计艺术性强，印刷装订质量高，图形、符号、账表、专业术语、操作程序和方法等符合会计准则和会计职业道德规范。

（5）启发性特征。教材内容有利于引导学生树立正确的人生观、世界观和价值观，有利于培养学生科学的思维方式，启迪学生的创新思维，提高他们运用科学的立场、观点和方法观察、分析和解决实际会计问题的能力。

加强应用型会计专业教材的体系创新，是实施"精品战略"的核心。教材作为知识的载体和教学改革成果的表现物，从一个侧面折射出教育思想的变革。创新是教材特色的灵魂，是表现教材质量的要素之一。因此，只有以创新的思想、创新的模式才能更好地促进高职教材的建设与发展，才能将精品战略落到实处。全面落实教材建设的精品战略不仅要抓好核心教材的建设，同时还应重视相关配套教材的建设。这些配套教材包括实验（实训）教材、各类指导书、习题集、业务处理图册及与现代化教学手段相配套的各类新教材（如 PPT 课件、CAI 课件、多媒体教材、网络教材），等等。

在"精品战略"的指导下，建立"立体化"的教材，是应用型会计专业教材建设的方向。

所谓"立体化"教材，就是立足于现代教育理念和信息技术平台，以传统纸质教材为基础，结合多媒体、多环节、多层次的教学资源，建立包括多种教学服务内容、结构配套的教学出版物的集合。"立体化"教材由主教材、实训教材、教师参考书、学习指导和试题库等组成，包括纸质教材、PPT 课件、案例实训资料、案例实训课件、案例实训演示软件、电子教案、电子素材库、电子试题库、网络课程、网络测评系统等部分。其不同于传统教材之处，在于它综合运用多媒体并发挥优势，形成媒体间的互动，强调多种媒体的一体化教案设计，注重激发学生的学习兴趣，将烦琐的会计工作环节直观清晰地体现出来。

要建设完善的会计专业"立体化"教材，必须做好五个环节的工作：

（1）教育行政管理部门牵头，进行总体规划，对出版社公开招标，并建立科学的应用型会计专业教材评价体系。

（2）由中标的出版社牵头组织，相关院校积极配合，整合资源，立项开发，精心设计出整体教学解决方案（教学包），分步实施，集中优秀师资及各种教学素材，力求将专业内容采用最好的"立体化"的表达形式展现出来。

（3）由出版社加强对教师的培训，介绍"立体化"教材的使用方法，真正发挥"立体化"教材的作用和优势。

（4）由出版社办好互助的教学网站，使之成为作者、教师、学生和出版社交流信息和进行教学的互动平台，并为"立体化"教材的使用、修订、升级和改版广开言路，汇集真知灼见。

（5）教育行政管理部门定期进行教材评审，优胜劣汰，不断完善教材体系和提高质量。

教材建设是一个系统工程，教育行政管理部门、学校、出版社、会计学术团体等都应该不断进行教材建设的研究，找准社会对会计人才的需求、应用型会计专业的培养目标和教材三者关系的平衡点。直言之，就是要弄清什么样的教材才能使应用型会计专业能够培养适应社会需要的人才。具体而言，如何设计教材体系，如何选取教材内容，如何理清教材之间、同一教材内部各章节之间的关系，如何把握专业理论的"度"的问题，如何使理论与实训内容有机衔接，如何选择最佳的文字、图形及多媒体等表现形式，如何把握教材的实用性和前瞻性等方面的问题，都是教材建设的重要课题，必须进一步加强研究，并积极地完善落实。

教材建设是一个动态的系统工程，没有最好，只有更好。

编委会
2010 年 8 月

目　录

第一章 概 论

【学习目标】
    掌握资产的分类以及资产评估的含义。
    掌握资产评估的基本要素。
    理解资产评估的目的及价值类型。
    理解资产评估的假设与资产评估原则。
    了解资产评估准则与资产评估程序。

第一节 资产概述

一、资产的概念

资产是指特定权利主体拥有或控制的、能给特定权利主体带来未来经济利益的资源。

资产评估学里的资产具有以下特征：

1. 特定权利主体既可以是国家机构，也可以是其他组织类型或者个人

经济主体通过已获得的排他性权利使用经济资源并使其产生经济效益。

2. 经济主体并不一定总是对资产资源具有完全所有权权利

例如，在我国用于商品房建设的土地的所有权归国家所有，虽然任何经济主体不能取得其所有权，但这些主体可以通过有偿受让土地使用权，并通过使用土地获取利益。资产评估学强调主体对资源的实际控制。

3. 资产是能给经济主体带来经济利益的资源

某科技公司一年前花500万元购买了一项手机生产中的专利技术，按当时的预计，应用这项专利生产的产品至少能够持续5年为公司带来高额利润。不过，上个月该公司技术人员成功研发出更先进的技术，用此项技术生产出的产品无论在制造成本还是在性能上都明显优于用购买来的专利所生产的产品，于是公司决定停止使用专利而改用自创的新技术。那么，自上个月该专利停用之日起它已经不能给公司带来任何经济利益，这项专利就不应再计入公司的资产了。

4. 资产能以货币衡量

实习生与老板的对话：

老板：我手底下有十几个博士生，他们是公司最优质的资产。

实习生：请问他们值多少钱？

老板：无价之宝。

实习生：无法以货币计量吗？那么他们就不是资产。

二、资产类型

资产评估学对资产的分类与其他学科的分类不尽相同，其分类方式主要如下：

1. 按照资产存在的形态分为有形资产和无形资产

有形资产是指那些具有实物形态的资产，如机器设备、工厂加工的产品、房屋等。无形资产是指那些没有实物形态且能给其主体带来持续经济利益的资产，如著作权、商标权等。

2. 按综合获利能力分为单项资产和整体资产

单项资产是指单台、单件的资产，如工厂里的一台机床。整体资产是指由一组单项资产组成的具有整体获利能力的资产综合体，如一条生产线、一个生产车间或者整个工厂。

3. 按资产能否独立存在将资产分为可确指资产和不可确指资产

可确指资产是指能够独立存在的资产。所有的有形资产以及除商誉以外的无形资产都属于可确指资产。不可确指资产是指不能脱离其他资产单独存在的资产，一般专指商誉。对于企业来讲，商誉是受地理位置、企业的市场网络及企业的社会责任、信誉等因素影响而长期形成的，它不能脱离企业而单独存在。

4. 按资产与生产经营过程的关系分类，可以分为经营性资产和非经营性资产

经营性资产是指处于生产经营过程中的资产，如企业中的机器设备、厂房、交通工具等。经营性资产又可按是否对盈利产生贡献分为有效资产和无效

资产。非经营性资产是指处于生产经营过程以外的资产。

5. 按企业会计制度将资产分为流动资产、长期投资、固定资产和无形资产、递延资产等

此分类方法是直接移植会计对资产分类的方法。评估师一般很少会将会计对资产的分类方法完整照搬到评估事务中，因为评估报告不需要像会计报表那样关注组织内每一项资产变动的细节，它只需要专注于与评估目的相关的事项。但按照会计制度分类的好处是与会计管理的口径相一致，便于评估信息的搜集整理和加工。

【知识链接1】

关于无形资产的对话

办公室主任：既然无形资产没有实物形态，就好像飘浮的云，我们怎么去感知它的存在呢？

财务科长：没有那么神秘吧。无形资产一般会依附在某些有形的介质上。例如，你公开发表了一本小说，你就获得了知识产权。版权本身没有具体形态，但这个权利能通过国家管理机构颁发给你的著作权证等文件来证明，这样你的权利就明确化了。

办公室主任：何以见得它就是资产呢？

财务科长：看定义嘛。首先，小说的著作权归你所有；其次，你对小说拥有的著作权的价值在权利期限内是能以货币计量的；最后，这种权利能给你带来经济利益。三者齐备，符合资产的定义。

办公室主任：这样说来，我的管理知识也是无形资产咯？

财务科长：管理绩效是很多人、很多要素共同作用的结果，很难判定到底是哪个人的哪些特定的知识给公司收益带来了具体多大的变化，就是说无法使用货币衡量你的管理知识的价值，所以你的管理知识……（摇头）

办公室主任：给我发的工资不是公司对我的管理贡献的货币化认可吗？

财务科长：那只是公司对你的综合表现评价的报酬，工资里并没有哪个部分是对你的某一项知识或某一堆知识的贡献的精确回报。而且，你每次用到工作中的知识也并不是完全一模一样的，没有办法准确度量。

办公室主任：这样说来，只要我能将我的知识以货币计量，那我的知识就是无形资产了？

财务科长：好吧，等你找到了计量方法，我们再谈。

在实际操作中，以上分类方法可能会被使用其中一种或被混用。评估师需要根据评估目的，本着适用的原则来取舍。例如，在车间里有几台机器设备需要评估其价值，如果我们只是关注机器在使用过程中创造的价值，那么可能会按照它们是否能独自创造收益来将这些机器以单项资产或整体资产区分开来进行估算；而如果这些机器是作为企业所有资产价值的一部分来评估的话，它们又有可能会被归入固定资产类别。

资产评估活动并不要求对资产做像会计那么严格的分类，资产评估活动并不是每次都需要涉及特定组织内的全部资产。

为了方便评估学相关方法的讲授，大致将资产做如下分类（见图1-1）：

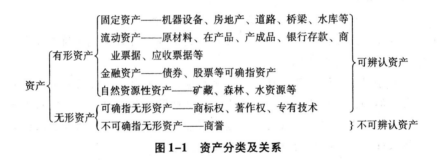

图1-1　资产分类及关系

第二节　资产评估概述

一、资产评估的概念

资产评估是专业机构和人员按照国家法律、法规和资产评估准则，根据特定目的，遵循评估原则，依照相关程序，选择适当的价值类型，运用科学方法，对资产价值进行分析、估算并发表专业意见的行为和过程。

二、资产评估学中的价值

资产评估学中的价值在大多情形下指的是交换价值的概念，它反映资产变更其所有权人所对应的货币数量的关系。但资产评估学中的价值不是一个历史数据或事实，它只是专业人员根据特定的价值定义在特定时间内对资产交换应该具有的货币数额所做的估计值。

另外，资产评估活动的目标是判断评估对象的客观价值，而不是确定其实际成交价格。

三、资产评估与以历史成本为计量属性会计计价的区别

会计学中的资产是指过去的交易或事项形成并由企业拥有或控制的资源，该资源预期会给企业带来经济利益。会计学中的资产主要指的是企业的资产，而资产评估对象中的资产并不局限于企业，凡是引起资产评估行为的经济事项所涉及的资产都是资产评估对象。资产评估与会计计价活动的具体区别如下：

1. 历史成本与现行市价的区别

会计师注重历史成本而评估师更关注资产的现时价值（这个"现时"是指资产评估活动事先确定的某一时点）。例如，对于房产的计价，传统会计师会记录房产的取得成本，然后每年通过折旧将房产的原始成本调整为期末净值。评估师在估算房产的现时价值时，需要关注资产的市场情况以及外部环境条件的变化，因为大部分房地产在转让或出售时的交易价格会参照当时当地市场类似房地产的交易价格，而这个价格可能与通过会计折旧后的账面净值相差很大，它甚至有时还会高过房产的账面原值。

2. 账面资产与全部资产的区别

资产评估中的资产泛指能为其经济主体带来经济利益的经济资源，而会计计价中的资产仅限于反映在财务报表中的经济资源，会计强调资金投入和运用以后形成的结果，而将一些在现实中存在但却未耗费经济主体资金成本的资产排除在外，如历史上政府无偿划拨给企业的土地以及商誉等，这些资产在会计账簿上并没有记录，所以找不到它们的价值大小。但显然它们符合资产评估学中资产的定义，资产评估学可对它们的价值做出估算。

3. 单项资产与整体资产的区别

会计主要对单项资产进行核算，资产评估更重视整体资产带来的整体收益。会计的职责主要是反映和监督，它关注单项资产创造的价值，却忽略了资产之间的协同作用，所以会计中的整体资产就是各单项资产之和。资产评估的主要目的是为了资产保全或产权变动，它更注重资产之间的协同作用带来的实际利益。因此，资产评估中的整体资产并不是各单项资产的简单汇总，它强调利益产出的完整性。

4. 操作者和总体目标不同

会计是组织内的财务人员的工作，而评估工作主要由第三方独立机构来完

成。会计工作的总体目标是为组织的经营管理服务，它反映和监督组织的经营活动；资产评估的总体目标主要是为资产交易服务，它是对资产在某一时点价值的判断，估算和咨询是资产评估的基本职能。

【知识链接2】

小芳需要资产评估吗

　　小芳3年前开了一家复印打字社，看着越来越兴隆的生意，小芳心里想：三年辛辛苦苦挣的钱，添置了几项设备，又重新装修了店面，好像没几个钱落到口袋里啊，这几年我到底赚了多少钱呢？是不是要找个资产评估师来帮我评估一下呢？

　　小芳找到一家评估事务所咨询此事。

　　评估师：如果你只是想弄清自己挣了多少钱，是不需要资产评估的，只需要查一下你的会计账算一下就知道了。

　　小芳：那什么情况下才要进行资产评估呢？

　　评估师：如果说你要卖掉你的打印社或者将打印社与他人合伙经营就需要评估。一般来讲，产权不发生变动就不需要资产评估。

　　小芳：为什么产权发生变动就需要进行资产评估而不变动就只需查一下会计账呢？

　　评估师：比如说你要卖掉打印社，需要他人来接手你现在的资产，他人该出多少钱接手这些资产呢？通常他会参照社会上大多数人买跟你现有资产成色、功能相当的资产花了多少钱来认定你的资产的价值。当然对他人的出价你也有可能不愿接受，这就需要一个比较公正专业的第三方按市场行情来确认了。

　　小芳：就是说如果我要卖打印社就需要请专业的评估公司，对吧？

　　评估师：需要评估，但不一定非要请专业的评估公司不可。因为打印社规模很小，设备也很少，基本上只需要请一个懂行的人来鉴别一下，然后买卖双方参照旧货市场价格协商定个价就行了。请专业的公司费用较大，不合算。

　　小芳：如果是大的打印社转让是不是就一定需要专业公司评估呢？

　　评估师：可以肯定的是，如果这个转让的企业是国有的，不论大小，一定需要有资格的评估机构出具专业的评估报告。至于在什么情形下需要强制进行专业资产评估而又有哪些情形可以由企业自行决定是否要进行资产评估，这些规定你可以看看相关文件。

【知识链接3】
关于法定和非法定资产评估业务

法定资产评估服务是指资产评估机构从事法律法规和国家有关规定要求实施的资产评估服务，主要包括：

1. 《中华人民共和国公司法》（以下简称《公司法》）第二十七条规定需要进行资产评估的情形。

2. 国务院国有资产监督管理委员会令第12号《企业国有资产评估管理暂行办法》第六条规定的企业应当对相关资产进行评估的情形。

3. 财政部令第47号《金融企业国有资产评估监督管理暂行办法》第六条规定的金融企业应当委托资产评估机构进行资产评估的情形。

4. 《中华人民共和国证券法》、《中华人民共和国合伙企业法》、《中华人民共和国拍卖法》、《中华人民共和国公路法》等规定需要进行资产评估的情形。

法定资产评估服务在目前市场中占据主要比重，根据财政部、中评协于2007～2008年度所做的资产评估行业执业收费情况调查结果，仅国有资产项目，其项目数、评估总值、评估收入分别占全部调查样本总量的23.41%、41.65%、48.11%，而金融资产项目的项目数、评估总值、评估收入分别占全部调查样本总量的6.07%、6.05%、6.35%，再加上《公司法》等法规涉及的项目。法定资产评估服务所占比率超过评估机构全部业务收入的50%。

非法定资产评估服务是指法律法规没有强制性规定，由资产评估机构和评估师接受当事人委托，提供价值评估咨询意见的评估业务。

资料来源：吕发钦.从创新角度理解新的《资产评估收费管理办法》[J].中国资产评估，2010（3）.

四、资产评估的构成要素

【引例】

长江造船厂准备将一套前年购置的刨铣磨床作为投资与其他企业合资组建一个新的企业。经过国家相关部门的批准后，长江造船厂委托德信资产评估事务所对该机器设备在2013年5月8日的价值进行评估，德信事务所初步审查后受理了此业务，并指派王兰等三人实施具体工作。

下面我们从这个简单的事例来了解资产评估工作的构成要素。

1. 资产评估的主体

资产评估的主体即指资产评估工作的具体实施者。

专业的评估工作一般由专门的评估机构和人员来进行。由于资产评估工作可能涉及产权转让、企业重组、破产清算、资产纳税等经济行为的政策性强、评估工作量大且评估技术复杂，所以评估工作的开展必须要由专门的、有资格的评估机构和具有资产评估资格的人员来进行，并承担相应的法律责任。专门的资产评估机构是指那些经过国有资产管理部门审查合格、取得资产评估许可证的组织。上面的引例中，德信资产评估事务所以及事务所中参与这项工作的王兰等3人是这项资产评估业务的主体。评估人员要求至少两人需具有注册资产评估师资格。

2. 资产评估对象

资产评估对象是指被评估的具体资产。引例中指的就是刨铣磨床这项设备。

3. 资产评估基准日

资产评估基准日是指资产评估活动事先确定的对资产价值评估确认所对应的时点。此例中的5月8日即评估基准日。

4. 资产评估目的

资产评估目的指的是评估活动实现的目标。它是资产业务引发的经济行为对资产评估结果的要求，或者说是资产评估结果的具体用途。不同的评估用途得出的评估值可能会不同。引例中的评估目的是为了合资组建新的企业。很显然，如果引例中的刨铣磨床不是用来合资而是作为企业清算的资产的一部分，那么这台设备的价值就会低得多。

5. 资产评估依据

资产评估依据是指在资产评估活动过程中应该遵守的法律法规、政策规定等。与评估活动相关的所有的事项，如评估主体、对象、目的、评估的方法、委托人的身份等都必须在各类相关的法律框架下运作。

6. 资产评估原则

资产评估原则即资产评估工作的行为规范，是处理评估业务的基本行为守则。

7. 资产价值类型

资产价值类型是对评估价值的质的规定，它取决于评估目的等相关条件，价值类型对评估方法的选择具有约束性。

8. 资产评估程序

资产评估程序是评估业务的工作步骤。也就是从评估活动开始直至结束的整个过程。引例中的程序大致要经过资产清点、评定估算、验证确认、出具报告等步骤。

9. 资产评估方法

资产评估方法是估算资产价值时应用的特定技术方法。如引例中，评估事务所可能会根据同型号的与被评估资产生产日期相近的刨铣磨床设备在资产交易市场上的价格来估算引例中设备的价值。

五、资产评估的种类和特点

1. 资产评估的种类

目前国际上的资产评估业务主要分为三类，即评估、评估复核和评估咨询。其中"评估"与本教材中所指的一般意义上的资产评估相同。它一般服务于产权变动主体，对评估对象的价值进行评估，评估人员及其机构要对其评估结果的真实性和合理性负责。评估复核是指评估机构对其他评估机构出具的评估报告进行的评判分析和再评估。它服务于特定的当事人，对某个评估报告的真实性和合理性做出判断和评价，并对自己所提出的意见负责。评估咨询是一个较为宽泛的概念，它既可以是评估人员对特定资产的价值提出咨询意见，也可以是评估人员对评估标的物的利用价值、利用方式、利用效果的分析和研究，以及与此相关的市场分析、可行性研究等。评估咨询要求的主要是评估主体的信誉、专业水准和职业道德，评估咨询主体也要对其出具的咨询意见承担相应的责任。

同时，资产评估还可分为完全资产评估和限制性资产评估。完全资产评估一般是指严格遵守资产评估准则，按照资产评估准则的各项条款的要求，在执业过程中没有违背资产评估准则的规定所进行的资产评估。限制性资产评估一般是指评估机构及其人员受特定客户委托，旨在满足特定客户特殊需求的评估。在通常情况下，为满足特定客户特殊需求的评估并不一定能够完全按照资产评估准则的要求进行执业，评估过程和评估结果可能会存在着一定的瑕疵。完全资产评估和限制性资产评估对评估结果的披露程度和要求是不同的，限制性资产评估需要做更为详尽的说明和披露，并限制评估报告的使用者，限制性资产评估报告的使用者只能是委托方。

2. 资产评估的特点

一般而言，资产评估并不是为了组织内部的日常管理而做的安排，通常是当组织外的经济主体由于某些原因要求确认资产的现实价值时才会开展资产评估活动，这个现时价值并不等同于该资产会计计价的账面价值，因为它是不同经济主体对资产在某一个特定时间点的价值判断，因此资产评估工作有其自身的特点。

（1）资产评估的市场性。每一次资产评估活动都有它特定的目的。针对不同的目的评估师会采用不同的方法来估算资产的价值。虽然评估方法各异，但从业务总量上看，评估师在估算时所使用的数据在很多情形下来源于该资产的市场价值，即资产在交易市场被认可的价格。而在评估活动正在进行的时候，大多数资产并不能真实地处于资产市场中，因此，为了得到这个市场结果下的价格值，我们需要"假定"该资产正在市场上交易，并模拟实际的资产交易过程，均衡资产相关利益各方对资产的评价，最终推算出这个假定条件下的最后结果。由于这个结果是模拟现实进程估算得来的，它基本能够反映资产的客观价值。对资产的市场以及交易流程的"假定"和"模拟"是资产评估工作中一个很重要的特点，这就是资产评估的市场性。首先，资产评估的市场性表现在资产评估需要通过模拟市场条件对资产做出评定估算。其次，资产评估的最终结果是否合理也需要接受市场的检验。

（2）资产评估的时点性。所谓时点性，是指资产评估是对评估对象在某一时点的价值的估算。通常我们将这个时点称为评估基准日。

评估工作要经常关注资产的市场价值，而资产交易市场中的资产价格并不是一成不变的，它总是随着供求关系的变化而改变，同时社会技术的进步以及一些政策的改变也会引起特定资产价格的变动。因此，资产的价值从时间维度来看，它是处于动态的。而要在这种动态环境下确定资产价值的一个具体数值是无法做到的，只能将时间固定在某一具体的时点上，使变动的资产的价值处于相对静止的状态，这样才可能准确地计量其价值。所以，确定一个时点对价值的衡量是非常必要的。这个时点我们可以根据需要将之定在过去的某个时点，也可以选在现在或将来的某个时点，时点的选择要依据评估目的和评估活动的要求。

（3）资产评估的公正性。资产评估服务于资产业务，它独立地对资产的价值做出判断。资产评估活动不能受制于资产业务当事人中的任何一方，它应该是一种公正的经济行为。这种公正性表现在两个方面：①资产评估是按公允、法定的准则和规程进行的，有着公允的行为规范和业务规范，这是公正性的技术保证。②评估人员和机构是与资产业务各方都没有利害关系的第三方，这是公正性的组织保证。

（4）资产评估的咨询性。资产评估为资产业务提供专业化估价意见，但这个意见的结论本身并无强制执行的效力，只起参考作用。评估师只对结论本身是否符合职业规范的要求负责，而不对资产的具体运作业务负责。资产评估为资产交易提供的估价往往只是当事人要价和出价的参考，最终成交价取决于当事人之间的协商。

第三节　资产评估的原则

资产评估原则是规范评估行为和评估业务的规则，它能使不同的评估机构及人员共同遵守及执行相同的规范、程序、方法，而使得不同的机构对相同的评估对象的评估活动能够得出近似的结论。制定资产评估原则也是保证评估结论公正的一项重要举措。资产评估原则包含两个层次的含义：工作原则和经济原则。

一、资产评估的工作原则

工作原则是指评估机构和评估人员在评估工作中应遵循的基本原则。它是基本的职业要求和行业从业的基本规范。它主要包括以下几个方面内容：

1. 独立性原则

独立性原则要求评估机构和评估人员在评估过程中始终坚持第三方立场，评估工作不受委托人或外界的意图及压力的干扰，对资产价值做出独立判断。另外，评估机构本身的设立也应该是独立的和公正的，不能与资产业务中的任何一方有直接或间接的利益关系。

2. 客观性原则

客观性原则要求评估结果应以充分的事实为依据。这就要求评估师在评估过程中以公正、客观的态度搜集有关数据资料，并要求评估过程中的预测、推算等主观判断建立在市场与现实的基础之上，绝不能添加没有事实根据的臆测和妄断。资产评估结果是评估师认真调查研究，通过合乎逻辑的分析、推理得出的。

3. 科学性原则

科学性原则是指评估人员在评估过程中，必须根据特定的评估目的选择恰当的估价标准和科学的评估方法，制定科学的评估方案，使资产评估结果准确可靠。

资产评估方法的科学性，不仅体现在评估方法的选择上，更重要的是方法

type

=

12   资产评估学

的选取必须与价值类型以及资产的市场条件相匹配。另外，科学性原则还要求评估程序科学、合理，资产评估业务不同，评估程序也应该简繁相宜。

4. 专业性原则

专业性原则要求资产评估机构必须是提供资产评估服务的专业技术机构。资产评估机构必须拥有工程、技术、财务、会计、法律和经济管理等多学科的专业人员，这些人员必须具有良好的教育背景、专业知识、实践经验和职业道德。这是确保评估方法正确、评估结果公正的技术基础。

二、资产评估的经济原则

资产评估的经济原则是指在资产评估执业过程中应该遵从的一些技术规范和业务准则，它是评估理论的具体化，为评估师在执业过程中的专业判断提供指南。经济原则主要包括以下几个方面内容：

1. 替代原则

某天我去市场买大米，看中了一种叫雪优的品种。有很多卖家都在卖这个品种，它们的质量是一模一样的，但价格却不相同，我该选哪一家购买呢？我当然会选价格最低的那一家购买。质量都一样，我有什么理由要买贵的呢？

在一个公开的市场里，如果有很多的卖家，而每个卖家的产品供应足够充足，同时理智的买家能够在不需要花费更多成本的情况下对市场的信息充分了解，那么，买家在产品同等质量的情形下会选择价低的卖家。一段时间后，在这个市场里同质价高的产品就不会有买家购买，它们最终会被同质价低的产品所替代。这就是替代原理。替代原理的长期作用会带来什么样的结果呢？结果将是在这个市场里，只要不同产品之间的价格相同，那么它们的质量就一定是同等的；反过来，只要两种产品的品质是一样的，它们的价格就必然相同。理解了这个原理，我们就可以很好地回答这样的提问：如果你在这个市场上看到了一种产品，没有价签，而你很清楚它的品质，你能知道它的价格吗？回答是肯定的，你只需要查看另一家跟它品质完全相同的品种的价格就可得知这一家这个品种的价格。

这个原理应用在资产市场上也是同样适用的，只要资产交易市场具有一定规模且充分公开，就能够用品质相似价格必然相近这种思路来推断不同的资产个体之间的价值关系。应用到评估过程中，我们能够利用替代原则在资产市场上找到和被估资产品质相似的资产的价格，来推算出被估资产的评估值。

2. 预期原则

某地有两座接近完工的公路桥，两桥的承载力和桥体材料以及建造工艺都相同，长度和宽度也近似，但两桥的施工难度不同而导致建造成本有些出入，甲桥总成本为 8500 万元，乙桥总成本是 7200 万元。建成后政府允许对过往桥梁的车辆收费，预计收费标准两桥都为每台车平均 5 元/次。现在由于某种原因，两桥的主管部门准备同时以每年 1000 万元的价格分别公开转让两桥的经营权 3 年，经营期限内经营单位负责桥梁的维护保养，3 年后产权方收回经营权。现在假设你所在的组织有意向购买，你打算选择哪一座桥来经营 3 年呢？

很明显，你购买的是桥的经营权而不是桥的所有权，买哪一座桥"更值"，并不取决于桥本身值多少钱，而在于这 3 年桥能给你带来的利润有多少。两桥建成后的承载力、桥体材料、建造工艺以及长度、宽度相似意味着两桥的质量差不多，日后对桥的维护费用就差不多。因此现在决定哪一座桥产生的利润值更大就要看在 3 年中哪一座桥收取的过桥费更多了。也就是说哪一座桥未来的预期收益越大，对你来说它就越值钱。这种以预期的收益来衡量资产价值的做法在资产评估实践中会经常用到，它是常用的一种经济原则。

预期原则是指在资产评估过程中，资产的评估值不按照资产过去的生产成本或销售价格来确定，而是按照资产未来的获利能力确定的原则。一项资产的生产成本可能会很高，但对于购买者来说，如果效用不大，价值就不会很大；反之亦然。预期原则要求评估人员在进行评估时，必须合理预期资产的未来获利能力以及未来获利的持续时长。

3. 贡献原则

贡献原则是指某资产的价值，取决于它在与其他相关联资产组成的资产整体中贡献的大小，而不是仅仅以它在独立作用时所体现出的价值大小来衡量的一种原则。该资产价值也可根据当缺少它时对整体价值的影响程度来确定。贡献原则要求在评估一个由多项资产构成的资产整体时，评估师必须综合考虑这些资产在整体资产实际运作中所起作用的重要程度。贡献原则通常用于构成整体资产中的单项资产或资产组的价值评估。

以上不同的经济原则对应不同的评估方法，在每次具体评估事务中，并不要求这几个原则同时成立，要根据评估目的和资产对象来确立适用的原则。

第四节 资产评估假设

由于同一资产在不同的用途和不同的经营环境下的价值会有所不同，因此在评估时，评估师必须对资产未来的用途和经营环境做出合理的判断，对它们的运行路线做一定的假设，继而再在这种合理假设的架构下去估算它的价值。这种依据有限事实，通过一系列推理，对于所研究的事物做出合乎逻辑的假定说明就叫假设。

一、交易假设

交易假设是假定所有被评估资产已经处在交易过程中，评估师根据被估资产的交易条件等来模拟资产进行交易的过程，从而把握各环节的价值变化，使我们最终能比较准确地估算出资产的价值。这与前面讲到的资产评估特点中的市场性是相对应的。资产评估活动一般是在资产实施交易之前进行的一项专业服务活动，而资产评估的最终结果又代表资产的交换价值，因此将被评估资产虚拟地置于"交易"当中，模拟市场进行评估就是十分必要的。

一方面，交易假设为资产评估的正确进行打通了通道；另一方面，它明确限定了资产评估的外部环境，即资产是被置于市场交易之中，资产评估不能脱离市场条件而孤立地进行。

二、持续使用假设

持续使用假设是假定被评估资产可以继续使用，从而考察它在以后时间能为其持有人带来经济收益的假设。持续使用一般是假定资产的使用遵循原来的设计与用途，但在一定条件下，也可以代之以能产生更高收益的其他用途。按照这一假设，评估师一般不能按资产拆零出售所得收益之和来评估资产的价值，因为只要资产能够继续使用，就意味着资产的功能正常，能够发挥其功用创造价值，而这个创造的价值一般会高于资产拆解出售带来的收益。对于整体资产的评估更需考量资产间的协同作用，估算多项资产共同作用后的实际整体产出价值。

持续使用假设还可细分为在用续用、转用续用、移地续用三种情形。在用续用是指处于使用中的被评估资产在产权发生变动或资产业务发生后，将按其原有用途或方式继续使用下去；转用续用是指被评估资产在产权发生变动后或资产业务发生后，改变资产现有用途，转换新的用途继续使用下去；移地续用是指被评估资产将在产权发生变动后或资产业务发生后，资产的空间位置转移后继续使用。

在应用持续使用假设时，我们需要确认以下几个事项：该资产能在继续使用中满足所有者实现获得经营上的收益期望；资产尚有显著的剩余经济寿命；

资产的所有权明确，所有者能将所有权保持下去；资产在法律上、经济上允许转作他用。

三、公开市场假设

公开市场假设是指资产可以在充分竞争的资产交易市场上自由买卖，其价格的高低完全由市场的供求关系决定的一种假设。公开市场假设资产买卖双方的地位平等，彼此都有获得市场信息的时间和机会。那么在这样的市场中形成的价格即买卖双方各自利己的最终均衡，这个价格能够代表整个社会利益群体对特定资产价值认可的最终趋同。一般来讲，资产的用途越广，它就越符合公开市场的条件。公开市场假设是资产评估的一个重要假设，在评估活动中，其他很多假设都是以公开市场假设为基础的。

公开市场假设同时还假定资产的用途可以用于法律和政策允许的最佳用途，从而发挥资产的最大、最佳效用，给资产拥有者带来最大的收益。这种资产的最大、最佳效用可以是现实的，也可以是潜在的。例如，有一块土地，既可以用于绿化，也可以用于娱乐、酒店等用途，如果用于盖酒店能够给资产所有者带来的收益最大，那么我们在评估时就可以假定这块土地是作为酒店用地在市场上交易的。当然，这种最佳用途的假定首先要在法律或政策允许的情形下才能考虑。如果这块地被政府规划部门事先规定了只能用于建多层住宅，那么我们就不能假设它能用于酒店项目。

四、清算假设

清算假设是对资产在非公开市场条件下被迫出售或快速变现条件的假定说明。资产所有者在企业清算的条件下被强制对资产进行整体出售或拆零，以协商或拍卖方式在市场上甩卖。在这种情形下，由于资产数量较多，加上清算过程通常有时间限制，清算条件下资产的交换价值会大大低于其他条件下的价值。

在资产评估中，由于对资产未来作用的判断不同而形成了几种假设。在不同的假设条件下，评估结果各不相同。在继续使用假设前提下要求评估资产的继续使用价值；在公开市场假设条件下要求评估资产的市场价格；在清算假设前提下要求评估资产的清算价格。因此，评估师在资产评估业务活动中，要充分了解这种潜在的因果关系，分析判断资产未来最可能的效用，以便得出最有说服力的结论。另外，这几种假设也并不要求在具体评估业务中同时成立。

第五节　资产评估的价值类型和评估目的

一、资产评估的价值类型

资产评估的价值类型是指资产评估结果的价值属性及其表现形式。

不同的价值类型从不同的角度反映资产评估价值的属性和特征。不同属性的价值类型所代表的资产评估价值不仅在性质上是不同的，在数量上往往也有较大的差异。

在资产评估理论界和实践中对价值类型的分类有很多种，我国的《资产评估价值类型指导意见》中对价值类型做了阐述，其规范的分类方法与《国际评估准则》中价值类型的分类方法相似，即以资产评估所依据的市场条件以及被评估资产的使用状态将资产评估价值类型划分为市场价值和市场价值以外的价值。

1. 市场价值

《资产评估价值类型指导意见》是这样定义市场价值的：市场价值是指自愿的买方和卖方在各自理性行事且未受任何强迫的情况下，评估对象在评估基准日进行正常公平交易的价值估计数额。

这个定义与《国际评估准则》中的定义很相似。《国际评估准则》的定义是，自愿买方与自愿卖方在评估基准日进行正常的市场营销之后，所达成的公平交易中某项资产应当进行交易的价值的估计数额，当事人双方应当各自精明、谨慎行事，不受任何强迫压制。

从定义更通俗地理解市场价值，就是资产在评估基准日公开市场上最佳使用状态下最有可能实现的交换价值的估计值。

对市场价值的定义是比较严格的，只有满足定义中所有条件才能形成市场价值。《国际评估准则》对市场价值形成条件的解释可以帮助我们对市场价值定义的理解。其解释如下：

（1）自愿买方。这里提到的自愿买方实际上包含两个方面的含义：①买方在不被强迫的情形下购买。②买方的购买目的或动机是理性的，购买者会根据现行市场的真实状况和现行市场的期望值进行购买，不会特别急于购买，也不会在任何价格条件下都决定购买，他不会付出比市场价格更高的价格。

（2）自愿卖方。自愿卖方强调卖方一方面不能急于出售资产，另一方面不能以投机为目的。卖方应当在进行必要的市场营销之后，根据市场条件以公开市场所能达到的最佳价格出售资产。

（3）公平交易。公平交易指买卖双方是对等的、平等的，交易的当事人之间没有特殊的关系。

（4）资产在市场上有足够的展示时间。资产应当以恰当的方式在市场上予以展示，以便让买卖双方能够充分地了解、把握资产的相关情况。

（5）当事人双方各自精明、谨慎行事。双方都应把握市场、了解市场，掌握资产的性质和特点、实际用途、潜在用途以及评估基准日的市场状况，谨慎行事以争取在交易中为自己获得最佳利益。

2. 非市场价值

市场价值以外的价值通常被简称为非市场价值。非市场价值并不是一个专属的特指某一类型的定义，而是泛指除去市场价值类型以外的所有价值类型的集合。

在资产评估实践中，市场价值与非市场价值的划分标准有以下几个方面：①资产评估时所依据的市场条件，是公开市场条件还是非公开市场条件。②资产评估时所依据的被评估资产的使用状态，是正常使用（最佳使用）还是非正常使用。③资产评估时所使用的信息资料及其相关参数的来源，是公开市场的信息数据还是非公开市场的信息数据。

关于市场价值以外的价值，《国际评估准则》认为其产生的价值基础主要分为三类：

第一类反映特定主体从资产所有权中获得的收益。资产对于特定主体来说具有特定价值，在这种情形下该主体的价值判断标准具有强烈的个性，它与多数人的标准并不一样，因此，评估师在这种价值类型下确定估值不需做公开市场假设，而以当事者实际预先期望的数额来估算其价值。投资价值就属于这一类。

第二类指的是特定双方达成的交换某项资产合理的协议价格。此时交易各方公平协商，所达成的价格可能反映涉及的交易方而非整个市场范围内的特定数额。这一类包括公允价值、特殊价值和合并价值。

第三类指法律法规或合同协议中规定的价值。

常用的非市场价值类型有以下几种：

（1）在用价值。在用价值是指资产按照其正在使用的方式和程度，对其所属组织贡献价值的估计数，不考虑该资产的最佳用途或变现的情形。这种价值类型强调资产的现实客观使用状态，它所对应的评估值是企业真实经营状况下的估算结果。也许资产按原有方式使用效率不是最高的，但在用价值类型要求我们客观地接受这个既定事实。在用价值并不假定该资产要在公开的市场上交易，它只根据企业自身的经营环境来估算。

（2）投资价值。投资价值是指资产对于具有明确的投资目标的特定投资者或此类投资者具有的价值。

投资价值是特定的投资者或群体在某一时点对特定资产价值的认可值。这些投资者可能获取了并不广为人知的关于这些特定资产的某些信息，或者他们对这种资产未来的发展方向有独到的判断，或者干脆出于个人偏好，使得他们对该资产未来价值的判断有别于正常的社会普遍的认知水平。这一特定人群对该资产的价值判断并不具有社会普遍性，也许在他们看来价值连城的资产在其他人眼里分文不值。例如，下面文摘中的老款轿车对于只想以车代步的上班族来说完全没有使用价值，开着它去上班无异于白日噩梦，但对于某些汽车爱好者而言，它的价值就是另外一重天了。

【文摘1】

老款红旗牌轿车最受青睐

1958 年，第一汽车制造厂（以下简称一汽）研制的国产第一辆东风牌小轿车，具有鲜明的"中国特色"，最为显著的中国元素便是龙形车标。汉字是东风轿车的第二大中国元素，车身侧面镶嵌着毛泽东同志亲笔书写的"中国第一汽车制造厂"字样，车头则是摘自《苏东坡字帖》的"东风"二字，其尾灯的设计为宫灯。这样的设计，既凸显了我们民族的特色，又体现出与外国车的明显区别。之后，一汽研发的第一代红旗牌 CA72 型高级轿车也处处体现中国元素：引擎盖郑重地飘着抽象的红旗，而尾灯是两盏殷红的宫灯。"红旗"，作为共和国汽车业的"长子"，就像我们的黄皮肤、黑头发和心里流淌的血液一样，成为中华民族的象征。尽管最初的"东风"以及"CA72"没有成为经得起历史推敲的经典款型，但是它们身上流淌着的中国血脉却被后来的红旗轿车所传承。

近年来，国外的"老爷车"价格一路飙升带动了国内的"老爷车"市场发展。作为名气蜚声海外的一代名车，老款红旗牌轿车成为国内"老爷车"价格的领跑者。已经停产多年的"老红旗"如今越来越稀罕了，外观、性能完好的"老红旗"更是凤毛麟角，被许多"老爷车"收藏家视为至宝。早在 2006 年，"老红旗"上仪表盘旁边的一个长方形机械钟便以 4000 元的价格在藏家之间交易；而方向盘中间嵌着的镀金向日葵徽标，其价格更是高达 2 万元。就目前来看，产量相对较少的红旗牌 CA72 轿车价格高达上百万元，品相稍差一点的该款车型也可以卖到几十万元。

　　资料来源：泰杰．"老爷车"的投资价值［J］．生活，2009（4）.

　　（3）残余价值。残余价值是指机器设备、房屋建筑物或其他有形资产等的拆零变现价值的估计数额。

　　在这种情形下，资产作为一个整体已经不具备使用价值，但它能够通过拆解使其中某些部分仍然具有一定价值，这就是残余价值。

　　（4）清算价值。清算价值是指以评估对象处于被迫出售、快速变现或其他非正常市场条件为依据判断的资产价值估计数额。

　　清算价值往往是资产所有人在被迫的情形下接受的价值，清算价值取决于资产的通用性和清算期限的限制，资产的通用性越强、清算期限越长，清算价值就相对越高。

　　（5）特定业务引起的非市场价值。非市场价值类型中除以上几种常用的之外，特定业务引起的非市场价值类型也需重视，主要包括以下几项：①以税收为目的的资产评估业务，指应该根据税法等相关法律法规选择评估结论的价值类型，如课税价值。课税价值是指评估对象根据税法中规定的与征纳税收相关的价值定义所具有的价值。②以保险为目的的资产评估业务，指应该根据保险法等相关法律法规和契约的规定选择评估结论的价值类型，如保险价值。保险价值是指评估对象根据保险合同或协议中规定的价值定义所具有的价值。③以财务报告为目的的资产评估业务。会计计量属性及价值定义包括公允价值、现值、可变现价值、重置成本。会计中的公允价值等同于资产评估中的市场价值，现值、可变现价值、重置成本属于市场价值以外的价值类型。④以抵（质）押为目的的资产评估业务，指应该根据担保法等相关法律法规及金融监管机关的规定选择评估结论的价值类型，如抵押价值。相关法律法规及金融监管机关的规定没有规定的，可以根据实际情况选择市场价值或者市场价值以外的价值类型作为抵（质）押物评估结论的价值类型。⑤以拆迁补偿为目的的资产评估业务，指应该根据相关法律法规及有关管理机关的规定选择评估结论的价值类型，如拆迁补偿价值。拆迁补偿价值是指评估对象根据有关城市规划、建设和房地产管理等相关法律法规关于拆迁补偿的具体规定和要求所具有的价值估计数额。

　　关于价值类型的分类方法，除了主流的以市场价值和非市场价值分类外，还有其他的分类方法。在我国资产评估业务的发展过程中，形成了四种价值类型的分类方法。

第一种为以资产评估的估价标准形式表述的价值类型，具体包括重置成本、收益现值、现行市价（或变现价值）和清算价格四种。

第二种为从资产评估假设的角度来表述资产评估的价值类型，具体包括继续使用价值、公开市场价值和清算价值三种。

第三种为从资产业务的性质，即以资产评估的特定目的来划分资产评估的价值类型，包括抵押价值、保险价值、课税价值、投资价值、清算价值、转让价值、交易价值、兼并价值、拍卖价值、租赁价值、补偿价值等。用此种方法分类的结果就是有多少种资产评估的特定目的就有多少种价值类型。

第四种为以资产评估时所依据的市场条件、被评估资产的使用状态以及评估结论的适用范围来划分资产评估结果的价值类型。这种分类也是我国评估准则中规定的方法，即将价值类型分为市场价值和非市场价值。

第四种按市场价值和市场价值以外的价值进行划分，是国际评估准则委员会在实践中所大力倡导的，它是相对科学的分类方法。需要强调的是，不管资产的价值类型如何划分，评估的结果都应该保证是公允的。

【深度分析】
为什么价值类型的选择很重要

在评估实践中，同一评估师对同一资产在不同条件下的价值估计数额会有不同的结果。也就是说，当资产所面临的条件不同时，它的价值数额亦不相同。例如，同一资产，将它分别用于投资或用于兼并、清算等用途时，资产所体现出的价值会有很大不同。同时，不同的市场条件和资产自身的条件也会使得评估师对资产的价值估计数额存在差异：一项资产在公开市场上的交换价值与对特定投资者的特定价值是有差别的；一项资产能否正常使用其功能价值也是不相同的，如残余价值就会比在用价值小得多。综上所述，资产评估值与资产评估的目的、资产的市场条件及资产的自身状况是紧密相连的，它随着这几个方面的变化而变化，而这几个方面的变化能够用一个指标概括地表现出来，那就是价值类型——特别是以市场价值和非市场价值分类方式分类的价值类型，更突出地勾勒出了这几方面的影响，因此，价值类型是很重要的评估要素，它甚至被《资产评估准则》规定为必须在评估报告中注明资产的价值类型。另外，需在评估报告中注明价值类型的另一个重要原因是评估报告的使用者并不都是专业的，他们对报告正确的理解需要一定的指引，而价值类型能给他们一个评估结果所依赖的特定条件的大致轮廓。

所以可以说，价值类型是确定评估公允价值的标杆。价值类型的选择对评估师具有明确的指导作用，对评估结果的使用者也具有提示和引导作用。

二、资产评估的目的

资产评估的目的有一般目的和特定目的之分。资产评估的一般目的是对评估活动所达成的目标的总的要求；资产评估的特定目的是一般目的的具体化。

1. 资产评估的一般目的

资产评估的一般目的或者说资产评估的基本目标就是对资产的公允价值做出判断和估计。

资产评估中的公允价值是一个相对抽象的价值概念。它是对评估对象在各种条件下与评估条件相匹配的合理的评估价值的抽象。评估对象在各种条件下与评估条件相匹配的合理的评估价值，是泛指相对于当事人各方的地位、资产的状况及资产面临的市场条件的合理的评估价值。它是评估人员根据被评估资产自身的条件及其所面临的市场条件，对被评估资产客观价值的合理估计值。资产评估中的公允价值的一个显著特点是它与相关当事人的地位、资产的状况及资产所面临的市场条件相吻合，且并没有损害各当事人的合法权益，亦没有损害他人的利益。

关于公允价值，《会计准则》对它的定义是指在公平交易中，熟悉情况的交易双方自愿进行资产交换或者债务清偿的金额。这个评估价值的确定除了要求评估师充分掌握当事人各方的地位、资产自身的状况以及资产面临的市场条件外，还要求评估师遵从评估依据和评估原则，使用合理的估值技术路线，对资产价值做出最终科学的判断。资产评估学认为，只要评估机构和评估人员是严格按照这样的规程去安排具体的评估工作程序的，那么这项具体活动产出的结果——评估值，就是公允的。

2. 资产评估的特定目的

资产评估的特定目的是指资产评估业务的结果用途的具体要求。资产评估的特定目的主要包括资产转让，企业兼并，企业出售，企业联营，股份经营，中外合资、合作，企业租赁，经济担保，经济抵押，债务重组，企业清算等。

（1）资产转让，是指资产拥有单位有偿转让其拥有的资产，通常是指转让非整体性资产的经济行为。

（2）企业兼并，是指一个企业以承担债务、购买、股份化和控股等形式有偿接收其他企业的产权，使被兼并方丧失法人资格或改变法人实体的经济行为。

（3）企业出售，是指独立核算的企业或企业内部的分厂、车间及其他整体资产产权出售的行为。

（4）企业联营，是指国内企业、单位之间以固定资产、流动资产、无形资产及其他资产投入组成各种形式的联合经营实体的行为。

（5）股份经营，是指资产占有单位实行股份制经营方式的行为，包括法人持股、内部职工持股、向社会发行不上市股票和上市股票。

（6）中外合资、合作，是指我国的企业和其他经济组织与外国企业和其他经济组织或个人在我国境内举办合资或合作经营企业的行为。

（7）企业租赁，是指资产占有单位在一定期限内，以收取租金的形式，将企业全部或部分资产的经营使用权转让给其他经营使用者的行为。

（8）经济担保，是指资产占有单位，以本单位的资产为其他单位的经济行为担保，并承担连带责任的行为。

（9）经济抵押，是指资产占有单位，以本单位的资产作为物质保证进行抵押而获得贷款的经济行为。

（10）债务重组，是指债权人按照其与债务人达成的协议或法院的裁决同意债务人修改债务条件的事项。

（11）企业清算，包括破产清算、终止清算和结业清算。

第六节 资产评估准则

一、概述

资产评估准则是对有关评估一般规律的社会认知的反映，是基于社会公信力标准所一致认同的专业准绳。对市场来说，资产评估准则是评估师与报告使用者及相关各方进行价值对话的专业逻辑；对社会公众来说，资产评估准则是理解与判别评估服务的最佳平台；对执业评估人员来说，资产评估准则是寻求客观公正法律保障的良师。资产评估准则是一个国家评估理论水平和专业经验的集中反映和高度浓缩。我国的资产评估准则制定工作是在总结研究我国评估理论和实践经验的同时，系统引进国际和国外的准则，对各国准则赖以存在的理论基础和实践经验进行比较分析，在了解各国准则制定的经验、教训的基础上逐步发展起来的。1997 年，中国资产评估协会开始启动制定资产评估准则的工作。2004 年 2 月，财政部正式发布了《资产评估准则——基本准则》和《资产评估职业道德准则——基本准则》，标志着我国资产评估准则体系初步形成。2007 年 11 月 28 日，财政部颁布了包括 8 项新准则在内的 15 项资产评估准则，同时宣布成立财政部资产评估准则委员会。此次发布是我国资产评估行业发展的重要里程碑，标志着我国已初步建立起比较完整的、既适应中国国情又与国际基本接轨的资产评估准则体系。2008 年 11 月 28 日中国资产评估协会发布 3 项新准则，2009 年 12 月 18 日发布了《投资性房地产评估指导意见（试行）》和《资产评估准则——珠宝首饰》，2011 年 12 月 30 日发布《资产评估准则——企业价值》。截至 2011 年底，我国已经建立了包括 2 项基本准则、9 项具体准则、4 项资产评估指南和 8 项资产评估指导意见在内的、覆盖资产评估主要执业领域的比较完整的评估准则体系。

二、中国资产评估准则体系的构成

我国资产评估准则体系主要由以下几方面构成：

1. 横向关系划分

从资产评估准则体系横向关系上划分，资产评估准则包括业务准则和职业道德准则两个部分。

在实际工作中，资产评估师职业道德准则与业务准则的许多内容很难完全分开，有一部分内容交叉重复，如合理假设、明确披露等既是资产评估职业道德准则中的要求，又是业务准则中的重要内容。我国将资产评估准则体系中资产评估职业道德准则与资产评估业务准则并列，其目的是为了突出职业道德在我国资产评估行业中的重要作用。因为我们国家资产评估业务开展的历史比较短，很多制度和人员管理还在摸索和完善过程中，所以，为了保证评估质量和评估的公正性，就需要加强对评估师执业道德的建设。

2. 纵向关系划分

从资产评估准则体系纵向关系上划分，资产评估准则分为不同的层次。

（1）资产评估职业道德准则的纵向关系较为简单，分为职业道德基本准则和具体准则两个层次。职业道德基本准则对评估师职业道德方面的基本要求、专业胜任能力、评估师与委托方和相关当事方的关系、评估师之间的关系等进行概要规范；职业道德具体准则根据评估实践中存在的与职业道德有关的问题和职业道德基本准则中的一些重要内容如独立性、保密原则等做了进一步明确规范。

（2）资产评估业务准则由于涉及面广，在纵向关系上分为四个层次（见图1-2）。

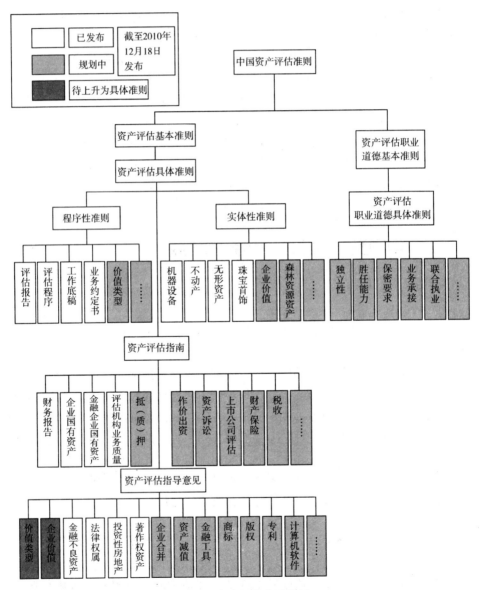

图1-2　资产评估准则框架

第一层次为资产评估基本准则。资产评估基本准则是注册资产评估师执行各种资产类型、各种评估目的的资产评估业务的基本规范，是各类资产评估业务中所应当共同遵守的基本规则。

第二层次为资产评估具体准则。资产评估具体准则分为程序性准则和实体性准则两个部分。

程序性准则是关于注册资产评估师通过履行一定的专业程序完成评估业务、保证评估质量的规范，包括评估程序、评估业务约定书、评估工作底稿、评估报告等。评估师只有履行必要的资产评估程序，才能尽量避免重大的遗漏或疏忽，保证资产评估的质量。

实体性准则针对不同资产类别的特点，分别对不同类别资产评估业务中的注册资产评估师执业行为进行规范。根据我国资产评估行业的惯例和国际上的通行做法，实体性准则主要包括企业价值评估准则、无形资产评估准则、不动产评估准则、机器设备评估准则、珠宝首饰艺术品评估准则等。

第三层次为资产评估指南。资产评估指南包括对特定评估目的、特定资产类别评估业务以及对资产评估中某些重要事项的规范。注册资产评估师在执行不同目的的评估业务中，所应当关注的事项也各有不同。资产评估指南对我国资产评估行业中涉及主要评估目的的业务进行规范，同时涉及一些具体的资产类别评估业务，并对资产评估工作中的一些重要特定事项进行规范。

第四层次为资产评估指导意见。资产评估指导意见是针对资产评估业务中的某些具体问题的指导性文件。该层次较为灵活，针对评估业务中新出现的问题及时提出指导意见，某些尚不成熟的评估指南或具体评估准则也可以先作为指导意见发布，待实践一段时间或成熟后再上升为具体准则或指南。

【文摘2】

学好用好《指南》迎接新的机遇和挑战
——写在《以财务报告为目的的评估指南》发布之际
《以财务报告为目的的评估指南》起草小组

一、《指南》的主要作用

1. 满足会计计量可靠性的需求

相关性和可靠性是满足会计计量需求的两个重要方面，在公允价值信息的质量特征方面，最大的挑战来自可靠性。人们担心，公允价值虽然能够提供相对及时、有用的会计信息，但不能保证信息的可靠性。其主要原因在于公允价值存在的估计、假设和判断可能影响其可靠性，对公允价值可靠性的怀疑实际上是对市场有效性和评估技术可靠性的怀疑。若市场是有效的，评估技术是可靠的，那么公允价值的可靠性就没有问题。在发挥评估能够提供相关性信息作用的同时，《指南》通过约束性条款的设计，尽量满足会计信息质量可靠性的要求，以可靠性要求为主线的指导思想也贯穿于《指南》的全文，如《指南》要求注册资产评估师应当获取充分的信息，并进行审慎分析，确信信息来源是可靠和适当的；在评估方法的选择上要关注资料搜集情况和数据来源；在采用多种评估方法确定最终评估结论时，要求考虑不同方法所使用数据的质量和数量，并确定价值范围内最具代表性的结果作为评估结论。只有可靠和相关的信息，才能满足会计计量的需求，形成高质量的会计信息。

2. 实现评估与会计的有效衔接

《指南》突出了评估与会计的互动和衔接，这也是有别于其他评估准则规范的主要特点。在会计计量中，当企业选用公允价值等非历史成本标准作为会计计量的基础时，资产评估的专业属性应当能够为其提供技术上的支持，保障会计信息的客观和独立，具体体现在三个方面：

（1）评估技术能够满足会计计量专业上的要求。新会计准则体系引入公允价值计量以后，许多资产或负债并无活跃的市场，会计人员无法观察到这种由市场机制决定、交易双方均可接受的金额，从而不能直接用来对公允价值进行计量，而一些无形资产、投资性房地产和金融工具公允价值的确定又建立在很强的专业性理论和评估技术的基础上，会计人员很难独立完成。因此，外部专业评估机构通过运用评估技术，为会计公允价值计量提供了专业上的支持。在《指南》的评估对象和价值类型两章中，专门明确了企业合并、资产减值、投资性房地产和金融工具等具体评估领域的评估规范要求。

（2）评估专业行为能够为会计计量的客观性奠定基础。资产评估是一种专业行为，是建立在专业技术知识和经验基础上的一种专业判断，为满足会计信息客观性的要求，就需要在评估过程中严格遵循相关的方法和程序。《指南》针对以财务报告为目的的特点，要求评估师结合会计准则的相关规定，合理地运用评估方法和专业判断，并取得充分的依据。

（3）评估的独立地位能够强化公允价值计量的公正性。独立性是资产评估的基本特征，在市场经济条件下，由专业化的资产评估机构依据相关评估法规、准则、规范和行业惯例，提供现时的价值尺度，对于政府监管部门、会计信息使用方和社会公众而言，是一种具有较强公信力的专业服务。这种独立的专业服务有利于形成公正的会计信息，特别是公允价值的信息。《指南》中不仅对评估师的独立性做出原则性的规定，还在评估过程和评估披露中明确了独立性的具体要求。

二、《指南》的新变化和新要求

1. 评估目的和业务类型的重大变化

长期以来，我国资产评估行业主要依据法律、行政法规和规章的规定，开展一系列的法定评估业务，评估的对象以国有资产为主，评估的经济行为主要涉及企业改制、合并、重组和股权转让；非货币资产的出资；资产的转让、抵押、拍卖和涉诉等。评估多以产权的流转为前提。

《指南》规定的以财务报告为目的的评估，是基于企业会计准则或相关会计核算、披露要求，对财务报告中各类资产和负债的公允价值或特定价值进行的评估，不再是基于特定的交易目的和其他与资产交易相关的经济行为。财政部于2006年2月15日发布的38项企业会计准则中，《投资性房地产》、《非货币性资产交易》、《债务重组》、《金融工具的确认和计量》等具体准则，都引入了公允价值的概念和计量模式，由此，基于非产权流转的资产评估业务，特别是以财务报告为目的的评估业务将会受到社会各界的关注并产生业务上的实际需求，会发展为具有连续性需要的评估业务。

《指南》中规定的对各类资产和负债特定价值的评估，还涉及公允价值以外的其他会计计量属性，包括重置成本、可变现净值、现值以及与这些计量属性相关的特定价值等，如可回收金额、资产预计未来现金流的现值等。

以财务报告为目的的评估业务类型多样化，其业务类型还包括开展与价值估算相关的议定程序，以协助企业判断与资产和负债价值相关的参数、特征等，以及协助企业管理层对能否持续可靠地取得公允价值做出合理的评价等方面。这就需要注册资产评估师在了解客户需求上做更细致的沟通和分析工作，一方面要正确理解客户的需求是什么，另一方面要挖掘和引导客户需求，提升评估服务水平。

2. 对注册资产评估师的业务能力提出了更高的要求

《指南》对注册资产评估师业务能力的要求除基本准则和其他准则规定外，还要求从事以财务报告为目的评估业务的评估从业人员要深入学习会计准则，理解相关概念和会计确认、计量、披露的原则和方法，并将这些会计准则的相关概念和原则与资产评估准则涉及的相关概念和原则进行比较分析和判断，了解之间的关系，以符合《指南》的相关要求和委托方基于会计准则和相关会计核算、披露的要求。针对以财务报告为目的的评估业务的上述特点，《指南》除对注册资产评估师提出能力胜任要求外，还特别提醒注册资产评估师应当关注以财务报告为目的评估业务的复杂性，要根据自身的专业知识和经验，审慎考虑是否有能力承接。这就要求广大注册资产评估师在面临新兴服务领域时，应加强自身学习、积累经验，以具备适应新业务需求的执业能力。

3. 强调了注册资产评估师的沟通能力和沟通义务

由于公允价值的计量涉及会计、审计和评估三者的衔接，除业务能力要求外，《指南》更加强调注册资产评估师的沟通能力和评估业务过程中的沟通义务。《指南》要求，注册资产评估师执行以财务报告为目的的评估业务，应当与企业和执行审计业务的注册会计师进行必要的沟通，明确评估业务基本事项并充分理解会计准则或相关会计核算、披露的具体要求。沟通的目的是让评估业务能够满足会计数据的客观性、合理性，为会计计量提供有用的信息，并为审计判断提供专业性的依据。

《指南》要求注册资产评估师应当与委托方进行充分协商，明确评估对象，并充分考虑评估对象的法律、物理与经济等特征对评估业务的影响。这将有助于注册资产评估师根据项目具体情况、会计准则和委托方的要求，理解和区分评估对象是各类单项资产或负债，还是资产组或资产组组合。注册资产评估师还应当与委托方沟通，提醒委托方根据会计准则的相关要求，合理确定评估基准日，在评估程序或条件受到限制、注册资产评估师无法确信评估结论的合理性时，《指南》要求注册资产评估师应当履行"提醒委托方关注公允价值或会计准则涉及的特定价值计量的可靠性"的义务。

4. 对评估基准日的确定提出了具体要求

传统资产评估业务对评估基准日的确定是原则性的，要求资产评估师在报告中写明确定基准日的理由或成立条件，并尽可能与评估目的实现日接近，在实务上，评估基准日的确定多由评估机构根据经济行为的性质商委托方确立。《指南》对评估基准日的确定提出了具体要求，要求注册资产评估师应当提醒委托方根据会计准则的相关要求，合理确定评估基准日。并针对以财务报告为目的的特点，明确指出评估基准日可以是资产负债表日、购买日、减值测试日、首次执行日等，这些具体要求使得在评估基准日的选择上有了相对统一的基础。由于公允价值计量的时点是动态的、现时的，因此，同样的资产和负债在不同的计量日或不同的交易日，其公允价值可能是不同的。公允价值的计量时点与资产评估的基本要素之一的"评估基准日"相一致，都强调了某个假设的时点，而并非实际发生交易的时点，使公允价值建立在统一的基准日基础上。财政部颁布的《企业会计准则》中公允价值的定义没有类似计量日的表述，但在其各具体准则中有诸如"转换日"、"确认日"、"购买日"等涉及公允价值计量和确认的时点要求，《指南》对评估基准日的确定要求，使得以财务报告为目的的评估业务在评估基准日的选择上既满足资产评估的基本要求，又符合相关会计准则的要求。

资料来源：《以财务报告为目的的评估指南》起草小组. 学好用好《指南》迎接新的机遇和挑战 [J]. 中国资产评估，2008（2）.

【练习题】

一、选择题

1. 资产评估中的市场价值类型所适用的基本假设前提是（   ）。

A. 在用续用假设
B. 公开市场假设
C. 清算假设
D. 会计主体假设

2. 以下事项中，决定资产评估价值的最主要因素是（   ）。

A. 资产的生产成本
B. 资产的预期效用
C. 资产的历史收益水平
D. 资产的账面价值

3. 在以下事项中，影响资产评估结果价值类型的直接因素是（   ）。

A. 评估的特定目的
B. 评估方法
C. 评估程序
D. 评估基准日

4. 资产评估假设最基本的作用之一是（   ）。

A. 表明资产评估的作用
B. 表明资产评估所面临的条件
C. 表明资产评估的性质
D. 表明资产评估的价值类型

5. 按资产的构成及获利能力划分，资产可分为(　　)。
A. 有形资产　　　　　　　　　　B. 无形资产
C. 可确指资产　　　　　　　　　D. 单项资产　　　　　E. 整体资产

6. 资产评估的工作原则包括(　　)。
A. 客观公正性原则　　　　　　　B. 科学性原则
C. 替代性原则　　　　　　　　　D. 独立性原则　　　　E. 供求原则

7. 资产评估中的市场价值以外的价值包括(　　)。
A. 投资价值　　　　　　　　　　B. 最佳使用价值
C. 在用价值　　　　　　　　　　D. 残余价值　　　　　E. 市场价值

8. 在下列引起资产评估的经济活动中，属于产权变动的经济行为是(　　)。
A. 企业出售　　　　　　　　　　B. 股权重组
C. 经营业绩评价　　　　　　　　D. 合资合作　　　　　E. 企业合并

二、判断题

1. 资产评估通常是在资产产权发生变动时，由专门的人员对资产的交易价格进行确定的活动。(　　)

2. 公正性是资产评估存在和立足的根本。(　　)

3. 资产评估是对资产在特定时点及特定市场条件下的交换价值的估计和判断。(　　)

4. 资产评估是指对资产在一定时期内的价值进行的评定估算。(　　)

5. 目前我国的资产评估已经形成了以市场途径及其方法为主的评估技术特点。(　　)

6. 资产评估的对象指的是被评估的资产，它是资产评估的主体。(　　)

7. 资产评估的主体是资产的拥有者或占有者。(　　)

8. 作为评估对象的有形资产和无形资产，除商誉外，都是可确指的资产。(　　)

9. 凡是具有具体实体形态的资产都是可确指的资产，否则都是不可确指的资产。(　　)

10. 同一资产在不同的评估目的下，评估值可能是不同的。(　　)

11. 评估基准日实际上就是资产评估机构对资产开始进行评估的日期。(　　)

12. 任何一项资产的未来经济利益都可以直接计量。(　　)

13. 市场价值是公允价值的坐标。(　　)

14. 资产评估中的在用价值是市场价值以外的价值中的一种具体价值形式。
（　）

15. 资产评估结果中对于特定投资者具有的价值通常被称做投资价值。
（　）

16. 从理论上讲，在资产评估结果中，不论是市场价值或市场价值以外的价值都是公允价值。（　）

17. 资产评估的一般目的是为某些经济活动涉及的资产的公允价值提出专业性的判断和意见。（　）

18. 资产评估的特定目的，是指具体的资产业务对评估结果用途的具体要求。
（　）

19. 清算假设是对资产在非公开市场条件下被迫出售或快速变现条件的假定说明。（　）

20. 同一资产在不同假设条件下，评估结果应趋于一致。（　）

21. 市场价值以外的价值就是不公平价值，因此评估人员要把资产的市场价值作为追求的目标。（　）

22. 资产的市场价值以外的价值也是资产交易中的一种相对公平合理的价值，只是其相对合理性的适用范围较窄。（　）

23. 市场价值的公允性是相对于特定当事人而言的。（　）

24. 现实的评估价值必须反映资产的未来潜能，未来没有潜能和效益的资产，其现实评估值是不存在的。（　）

三、问答题

1. 为什么对于同一项资产，仅仅由于评估目的的不同，就会导致评估结果不同？

2. 怎样理解资产评估的市场性特点？

3. 资产评估有哪几种基本前提假设？它们在资产评估中有什么作用？

4. 资产评估与会计有哪些联系与区别？

第二章　资产评估的基本方法

【学习目标】

了解成本法、市场法、收益法的基本概念。

理解成本法、市场法、收益法的基本原理和方法。

掌握成本法、市场法、收益法的优缺点。

掌握成本法、市场法、收益法的常用计算公式。

熟悉资产评估方法的选择及使用。

对资产价值进行估算的技术途径归纳起来常用的有三种。习惯上，我们将这三种途径称作资产评估的三大方法，即市场法、成本法和收益法。通过这三种不同的途径还可以衍生出许多不同的评估方法。

第一节　市场法

【引例1】

现要评估一辆作为投资用的金龙客车的价值，该车出厂时间是 2005 年 6 月。评估师在二手汽车交易市场上发现两个星期前刚好交易了一辆与被估客车同期出厂、同型号的车，当时的成交价格是 24.35 万元，成交时该车性能正常，但一盏尾灯已损坏。评估师还了解到两车都是企业的职工班车，它们行驶里程相近、保养状况相似，都未出现重大事故。评估师通过分析该旧车交易市场成交价格的规律发现，该款车型的车每推后一个月交易，平均价格就会降低 300 元。另外，换一盏这种型号的尾灯需要 400 元。现在委托方要求以次日为评估基准日来估算这辆车的价值。

评估师如何着手估算这辆车的价值呢？替代原则告诉我们，在一个公开的市场里，如果两种资产具有同样的品质，它们就应该具有同样的价格。就是说，在这个市场里如果你想对某项资产定价，你只要找到与之等品质的资产在市场上的交易价就能够对应这项资产的价格了。根据这个思路，评估师可以在市场上寻找一个已经交易了的与被评估资产很相似的车辆作为参照物来对应被估车的交易价。不过由于这个参照物与被估客车的品质并不是完全一样，它们之间有一些细小的区别，我们就需要对参照价格做一些调整，如果被估资产在某一方面比参照资产在这方面更"值钱"，那么，我们就加上这个"更"值钱的差值部分，反过来就减掉这个差值。这样就能够得出被估车的价格了。现在回到【引例1】：两辆客车的出厂时间以及使用情况差不多，说明它们现时的基本品质相当，能够利用替代原则使两辆客车基本等值，就可以确定被估车的基本价为24.35万元，换句话说，如果被估客车半月前在这个市场上出售，它的售价也应该是24.35万元。现根据这个旧车交易市场的资料分析，每晚一个月交易该类车就贬值300元，所以被估车在交易时间上没有参照物"值钱"，那么就减去差值300/2元；再来看功能，被估资产有尾灯而参照物尾灯损坏，那么在这一点儿上被估车更"值钱"，就加上"更值钱"的部分400元。这样就通过两者对比，做相应增减后得出最后被估客车的评估值是243500-300/2+400=24.375万元。

至此，评估师完成了运用市场法评估的一次简单体验。

一、市场法的概念

市场法是指利用市场上同样或类似资产的近期交易价格，经过直接比较或类比分析以估测资产价值的各种评估技术方法的总称。

市场法的基本思路是对比，按照替代原则的基本思想，选择近期已经交易了的一个或几个与被评估对象相同或类似的资产作为参照物，将被评估资产与所选择的参照资产进行比较，找出某些因素上两者之间的差别并量化这个差别，通过可比较因素的修正，计算出被评估资产的价格。

$$评估值 = 参照物交易价格 + \sum \frac{评估对象优于参照物}{因素引起的价格差额} - \sum \frac{评估对象劣于参照物}{因素引起的价格差额}$$

$$(2-1)$$

【引例1】正是用公式（2-1）计算出的结果。如果被估资产与参照物在可比因素上的差异不是差值而是一个比率的话，公式就变为：

$$评估值 = 参照物交易价格 \times 修正系数_1 \times \cdots \times 修正系数_n \qquad (2-2)$$

修正系数是指在某一可比因素上被估资产价值与参照物价值的比值。当然，在某些情形下，上面两个公式也会混合使用。

二、市场法应用的基本前提

通过市场法进行资产评估需要满足两个最基本的前提条件：一是要有一个活跃的公开市场；二是公开市场上存在可比性的资产及其交易活动，并且可比的指标、技术参数等资料能够获得且能够以货币量化。资产及其交易的可比性，是指选择的可比资产（参照物）及其交易活动在近期公开市场上已经发生过，且与被评估资产及资产业务相同或相似。资产及其交易的可比性具体表现在以下几个方面：一是参照物与评估对象在功能上具有可比性，包括用途、性能上的相同或相似；二是参照物与被评估对象面临的市场条件具有可比性，包括市场供求关系、竞争状况和交易条件等；三是参照物成交时间与评估基准日的间隔时间不能过长，应在一个适度时间范围内。

三、市场法应用的基本程序及有关指标

用市场法进行评估大体上要经过以下程序：

第一步，选择参照物。通常我们选择参照物时尽量选功能、市场条件都与被估资产相似并且离评估基准日近的交易实例。这样做的目的主要是为了让被估资产与参照物之间的品质尽可能地保持一致，它们之间的差别越小，参照物的交易价格就越能代表被估物的市场价值。另外，选择参照物时不妨多选几个实例，因为单个交易实例可能有其偶然性，而多选几个参照物进行均衡处理能有效消除估值的误差。

第二步，在评估对象与参照物之间选择比较因素。资产种类不同，影响资产价值的因素可能有所区别。但不管是哪种类型的资产，我们在选择可比因素时尽量选择能够反映资产的主要性质、性能的因素进行对比，通常这些因素对资产价值的变化起着关键的作用，调整这些因素能使得估值更准确。

第三步，指标对比、量化差异。将第二步选择出的因素在参照物与被估资产之间进行比较，量化它们之间的差别大小。

第四步，在各参照物成交价格的基础上调整已经量化的对比指标差异。即运用公式（2-1）或公式（2-2）来计算以每个参照物做比较对应下的评估值。

第五步，综合分析确定评估结果。将多个参照物下计算出的调整值按其对

被估资产的影响程度进行算术平均或加权平均处理，获得最终的评估结果。

用市场法估算出的评估值有时跟该资产的会计账面价值有很大的出入，但不能由此断定评估结果不客观。因为资产的评估值不仅与可比因素的确认以及在这些因素上差异大小的确认有关，更多地还与这一类资产的市场交易价格有关。而市场的供求关系有可能会使资产的价格严重偏离它的会计账面价格，这也是正常的市场现象。

运用市场法评估一个很重要的步骤就是认定和调整被估资产与参照物的品质差异。不同的资产决定其价值的因素有所不同，但它们不是毫无规律可循的，这些影响因素存在一些共性。归纳起来，可比较因素主要有以下几方面：

1. 时间因素

时间因素是指由于参照物交易时间与被评估资产评估基准日不同而造成的它们之间的价值差异。在评估过程中如果出现了参照物交易时间与评估基准日相距较长同时又不能忽略这种时间因素的影响时，我们就需要调整这个影响因素。时间因素调整就是将参照物在实际发生交易的时点的价格，调整为评估基准日这个时点下的价格的过程。

具体来讲，【引例1】中是把半个月前的交易假定为是在评估基准日进行的，根据评估师的测算，此类车每个月价值会降低300元，那么如果把当时的交易日推迟半个月，它的价值就应该减掉150元。

一般来讲，资产会随着时间的推移而发生价值变化，但资产价值随时间推移变化的规律（【引例1】中为成交价格每月下降300元）并不总是给定的已知条件，它需要评估师以其经验积累和广泛的资料搜集分析获得。而且，这个变化规律也不是一成不变的，有时会出现波动起伏。所以，我们在评估时要尽量选取交易时间离评估基准日时间较近的参照交易实例，并且时刻观察资产市场的变化趋势，掌握最新的变化规律以消除时间因素带来的估值误差。

【计算演示1】

下面我们来看一个时间修正的例子：

商品房甲位于2单元4楼。近期该房楼上的乙和楼下的丙已通过交易市场出售。这三套房的结构、朝向、面积及室内装修都基本相同。乙房售出时间是2006年5月30日，价格是2400元/平方米；丙交易时间为2006年7月31日，价格2600元/平方米。现要评估商品房甲的价格，评估基准日定在2006年10月30日。

以大多数人的判断标准来看，这类住宅楼的3～5层住房在相同时间应该具有相同的单价（当然，这只是评估师的评估假设，而这个假设在此条件下被证明是正确的）。那么，现在影响它们实际成交价格的因素就只剩交易时间了。交易的时间因素是如何影响价格的呢？也就是说，资产价值随时间变化的规律是怎样的呢？假设 2006 年下半年房地产市场价格的变化是均匀走向的（又是一个假设），那么通过乙房与丙房的比较，得知两个月上涨了 200 元/平方米，也就是说，具有同样价值的房屋在两个月里每平方米升值了 200 元，那么，我们可以得出这个地区商品房行情变化的趋势是每个月每平方米平均上涨 100 元。知道了时间因素的变化规律，再用市场法来估算甲的价格就容易了。商品房甲与乙房进行对比得出的估值是 2400+5×100＝2900 元/平方米；商品房甲与丙房进行对比的评估值是 2600+3×100＝2900 元/平方米。最后将分别与两个参照实例对比得出的评估值进行平均处理，就能估算出最终的评估结果。本例中两种估算结果的平均值仍是 2900 元/平方米。

2. 地域因素

地域因素主要是指资产所在地区或地段条件对资产价值的影响差异。地域因素对动产的影响往往没有对不动产的价值影响那么突出，位于市中心地段的房地产与位于边远郊区的同样结构、同样大小的房地产的价格往往相差非常悬殊。所以，我们在进行房地产评估时要多选择几个参照物，不仅要进行被评估资产与参照物之间的对比，还要对比参照物与参照物之间的地域差别。这样才能尽可能地消除因地域不同所造成的价格差异。

3. 功能因素

资产的功能是资产使用价值的主体，是影响资产价值的重要因素之一。一般来讲，资产的功能越强，其价值越高。但需要注意的是，资产的功能强弱要在社会普遍需求接受的范围内。某资产可能功能很强，技术先进，但如果该资产的社会普遍买家并不需要如此强大的功能，也就是说这个"太强"的功能部分对购买者而言是无用的，那么这部分功能所形成的价值就不会被购买者承认。而在这种情形下卖方又是以资产的全部功能来参考定价的，这时候买卖双方对该资产的价值的认知就存在差异了。在运用市场法评估时，评估师需要对功能因素的影响有充分的认识，对资产由于功能差异而在市场上可能形成的交换价格做出充分合理的估计。

4. 资产的实体特征和质量

资产的实体特征主要是指资产的外观、结构、役龄和规格型号等。资产的质量主要是指资产本身的建造或制造工艺水平。

5. 市场条件和交易条件

市场条件是指参照物成交时以及评估基准日时市场的条件状况，主要是市场公开的程度以及供求状况、竞争状况等。一般情况下，如果某种资产在市场上供不应求，它的价格就会较高；而供过于求时价格就会下降。我们要注意这两个不同时点市场条件的不同，并做出调整。

交易条件主要是指资产交易时的交易批量、交易动机对资产交易价格的影响。

四、市场法应用的优点与不足

市场法作为资产评估的三大途径之一，在评估活动中被广泛使用。市场法并不是一种单一的方法，它针对不同的评估对象和目的，能衍生出不同的、更具体的评估方法，主要有直接比较法、类比比较法等，我们在机器设备评估时再做具体讲解。

1. 市场法应用的优点

评估所需要的资产信息直接从市场中获得，它反映了社会对资产价值认可的现时状况；应用市场法得出的评估值是以众多买家和卖家共同博弈的结果为基础推算得来的，因此，评估值容易被资产活动相关的各方所接受。市场法被认为是最为合理的一种评估途径。

2. 市场法应用的不足

市场法应用的主要障碍是需要一个活跃和规范的资产交易市场，没有这样的市场，对资产的价值构成及价值变动信息的取得就不完整，评估值就会偏离资产的公允价值。

【深度分析1】

为什么公开市场上交易的资产价格能够作为确定被估资产价值的依据

我们再回到【引例1】中的交易市场。在这个市场里，所有信息都是透明的。我们假设这个市场上有很多打算出售这类金龙客车的卖家，同时也有很多准备购买的买家。通过统计得知，在某一天，当市场售价为24.3万元时有800个卖家愿意卖掉他们手中的车，价格为24.4万元时有900个卖家打算卖出，而如果能以24.5万元出手的话，整个市场里有1000人想出手自己手中的二手车；再来看市场中的另一方——买方。

当购买价为 24.5 万元时，有 800 个人想买这个品质的金龙车，如果价格再跌一点儿就会有更多的人想买，当每辆售价降至 24.4 万元时，有 900 人愿意购买，而如果市场价到 24.3 万元，就会有 1000 人买下这种车。

　　这个市场最终会以什么价格作为这一批车的平均交易价呢？我们不妨来模拟一下交易的过程。假设卖方首先开价 24.5 万元。这时卖家有 1000 人，而买家只有 800 人。卖家明显多于买家，也就是说会有 200 人想卖掉手中的车但是卖不出去。于是为了使自己的车能卖出去就有一部分人会降价销售（实际上这 1000 个卖家中有 800 人最低能够容忍车价降到 24.3 万元）。因此，当市场开价在 24.5 万元时，价格下降不可避免。相反地，如果我们假设在市场中买方首先开价 24.3 万元。那么这时只有 800 个卖家，而有 1000 人想买这款车，这意味着 200 人想买而得不到车。于是有的买方愿意出更多的钱到这款车。资料显示，买方中有 800 人即便价格涨 2000 元也愿意接受。所以，在 24.3 万这个价位上，价格上涨也是必然的。而当价格定格在 24.4 万元时，有 900 人想买这车而刚好 900 人想卖，这时既没有卖方降价的压力也没有买方涨价的激励了，市场达到了相对静止的均衡状态。

　　上面简单解释了公开市场价格形成的机理。其实，在市场上，无论是买家还是卖家，对某个特定资产的价值都有自己的判断。买方从私利出发希望以尽可能低的价格获得资产；而卖方却希望自己的资产能够卖更高的价钱。那为什么他们有时会做一些"妥协"呢？对买方而言，他们能够通过获得的资产给他们创造新的收益，只要他对该资产未来创利的预期大于他的付出成本，那他的交易就是合意的。如果他不"妥协"，他将得不到这项资产，那么该资产预计将来能带来的收益他也将得不到，因此他不做适当的涨价，反而对他的长期利益是不利的。同样的道理，卖方也会做一些"折价"而使自己的利益得到满足。

　　所以，从总体上讲，市场的均衡价格是市场上众多买家和卖家基于自身对资产价值的判断而形成的对市场全体成员利益兼顾最合理的结果。也可以说，市场价格是无数买方和卖方对资产的各自评估值的综合值。

第二节　收益法

【引例2】

甲公司总共花了30万元购置了一台全新的货车。为了安置下岗职工，当天下午该公司就将这台车承包给了下岗司机乙。甲公司与乙签订了承包协议，内容大致是：从次日开始，车辆完全归乙使用，与该车相关的一切费用也由乙独自承担，当然收益也全部归乙。承包期5年。5年内，乙每年定期支付给甲公司承包金净值8万元，5年后该车及其所有权一并转让给乙。现要求以次日作为评估基准日评估甲公司这辆车的价值。

今天从市场买来的车，明天就进行评估，基本可以认为资产的内在品质没有发生任何改变，也就是它的价值变化是可以忽略不计的。那么它明天的价值就应该等于今天的价值，即为30万元。如果资产的权利属性没有发生改变的话，上述结论是正确的。也就是说，如果甲公司将车购来供公司自己使用，明天这台车对公司的价值就应该还是30万元。但现在的问题是，甲公司已经将使用权有偿转让给了乙，那么甲公司就没有权利使用这辆车了，这时就不能再用市场法的思路来估计它的价值了。现在我们来思考一下，这辆车能给甲公司带来哪些好处呢？从协议看，这辆车对公司的贡献就只是公司能够通过协议收取乙的承包金，那么这辆车对甲公司的全部价值就体现在：未来每年获得净8万元的承包金累计5年的总和。这个总和就是这辆车对甲公司的价值——也就是【引例2】中要求的评估值。实际上，此时的评估结果与未来这辆车本身的使用情况已经没有直接的因果关系了，该车对甲公司的价值已经不是估算车辆本身的市场价值，而是变成了公司对这辆车拥有的5年所有权给其带来的价值。我们应该注意评估对象的这种细微变化，它的变化使我们采取了不同的评估思路。

当然，上述结论并不是最后的评估结果，我们还需要将未来的收入等值到评估基准日的相应量。这个最终值的计算方法我们后面再来研究，但这个数值明显地不等于40万元（8万元/年×5年）。

这次评估活动的思路跟市场法的评估思路不太一样，我们并没有把注意力集中在货车自身的市场价值而是关注这辆车未来能给它的所有者带来的收益上，这种评估资产的方法就是资产评估三大途径中的另外一个方法——收益法。

一、收益法的概念

收益法是指通过估测被评估资产未来预期收益的现值，来判断资产价值的各种评估方法的总称。收益法一般是通过预测被评估资产自评估基准日起未来的净收益，并将其用适当的折现率折算为评估基准日的现值再累加的方法。

收益法评估途径运用了将利求本的基本思想，这种思路认为，任何一个理智的投资者在购置或投资于某一资产时，所愿意支付或投资的货币数额不会高于所购置或投资的资产在未来能给其带来的回报。收益法利用投资回报和收益折现等技术手段，把评估对象的预期产出能力和获利能力作为评估标的来估测评估对象的价值。运用收益法进行运算的过程中会涉及一些经济参数，其中最主要的参数有三个，它们是收益额、折现率和收益期限。

收益法的基本方法如公式（2-3）所示：

$$\text{资产价值 } V = \sum_{i=1}^{n} \frac{\text{未来各期收益 } A_i}{(1 + \text{折现率 } r)^i} \qquad (2\text{-}3)$$

公式（2-3）中，i 是收益年限=1，2，…，n；A_i 是第 i 年的收益值。

当未来各期收益固定不变时，基本公式变形为公式（2-4）：

$$V = \frac{A}{r} \times \left[1 - \frac{1}{(1+r)^n} \right] \qquad (2\text{-}4)$$

而当收益年限为无穷大时公式（2-4）又可写成如公式（2-5）所示：

$$V = \frac{A}{r} \qquad (2\text{-}5)$$

二、收益法应用的基本前提

应用收益法必须具备的前提条件有以下三个：首先，被评估资产的未来预期收益可以预测并可以用货币衡量；其次，资产拥有者获得预期收益所承担的风险也可以预测并可以用货币衡量；最后，被评估资产预期获利年限可以预测。

三、收益法的基本程序

采用收益法进行评估的基本程序如下：

第一，搜集并验证与评估对象未来预期收益有关的数据资料，包括经营前景、财务状况、市场形势以及经营风险等。

第二，分析测算被评估对象未来预期收益。

第三，确定折现率。

第四，用折现率将评估对象未来各期收益折算成现值并加总。

第五，分析确定评估结果。

四、收益法中的主要参数的确定

1. 收益额

收益额是指资产在正常使用情况下所能取得的未来收益期望值。

收益额可以以税后利润（即净利润）、现金流量或利润总额来计量。选择哪种收益额由所评估资产的类型、特点及评估目的决定。一般在规范的评估市场多采用现金流量作为收益额，因为净利润的计算是以权责发生制为基础的，而现金流量的计算是以收付实现制为基础的。在净利润计算过程中，会计方法选择的不同以及会计估计的应用，都会对企业净利润产生不同影响。也就是说，净利润在计算时易受人为因素的干扰与操纵，而现金流量则更具客观性。

值得强调的是，收益额指的是评估基准日以后未来取得的收益，它不是历史或现实已经发生的数额，它不可能直接从财务报表获得，需要使用一定的预测技术计算得来。另外，收益额在这里指的是客观收益，它通常是以对该类资产的利用所带来的社会平均正常收益水平来衡量，而不是以资产给特定所有者带来的收益计量，这样计算出的最终估值更符合社会对资产价值判断的标准。

2. 折现率

折现率是一种期望投资报酬率，是投资者在投资风险一定的情况下，对投资所期望的回报率。折现作为一个时间优先的概念，认为将来的收益低于现在的同样收益，并且，同样数额的收益随着收益时点的推迟而有序地降低。在资产评估时，资产所处的行业、种类、市场条件等不同，资产的折现率亦不相同。一般来讲，资产所处行业风险越大，未来收益实现的不确定性越大，投资者就会要求较高的折现率。另外，资产投入某一特定用途的机会成本也会使得对资产在该用途下回报的期望与投入到其他用途时的期望不一样。对于折现率的构成，通常被视为由两部分构成：一是无风险报酬率；二是风险报酬率。无风险一般取同时期国库券的年利率，在我国通常会取一年期银行存款利率作为无风险报酬率。而风险报酬率是资产在各种特定条件下的期望回报。折现率不可能存在一个经验的或统一的适合各项资产评估的通用折现率。折现率的确定要由评估师根据社会、行业、企业和评估对象的资产收益水平综合分析确定。

与折现率相关的还有一个概念叫做本金化率，本金化率与折现率在本质上是相同的，我们将未来有限期预期收益折算成现值的比率称为折现率，而将未来永续性预期收益折算成现值的比率称为本金化率。

【深度分析2】
折现率的本质是什么

现在我们将【引例2】扩展一下。假设第二种情形，甲公司并不是买一辆车承包给下岗司机乙，而是直接给他30万元，让其自己创业，然后签订协议，规定乙每年定期付给甲公司8万元作为管理费，连续支付5年后两清。这两种情形从协议上来看对甲公司而言每年的收益、获取收益的时间点和收益次数都是一模一样的。既然对甲公司而言，两种情形的收益状况完全相同，是不是甲公司选择哪种情形就无所谓呢？如果你是甲公司的决策者，你会选择将30万元用作上述两种情形下的哪一种？

对于购车承包这种情形，乙一般能够利用货车承揽货运业务使自己每年赚取的净利润高于支付给公司的承包金（社会无数实践表明事实确实如此），这样乙兑现协议就不会有任何问题。而如果公司只是给乙30万元，那么公司对乙将会如何使用这笔钱是未知的，假如乙不能通过将这笔钱投资于稳定的获利途径的话，他未来就有可能不能兑现协议上的承诺。因此，从公司角度来讲，买车承包给乙比直接将现金给乙具有较小的风险。也就是说，购车承包给乙比直接给他现金具有较大的现值。一般来讲，风险愈大，我们就会要求未来的收益愈大，来抵消发生风险可能造成的损失。

除了风险以外，对未来回报的期望值还与该资产所处行业的市场进入壁垒有很大的关系，如果进入资产所在行业需要大量的资金或者需要尖端的知识、技术或人才，那么这样的行业对投入的期望回报也较高。很显然，一个高科技的IT企业要求其资产的回报率肯定会高于一个经营副食小卖部的回报率。在自由市场经济中，不可能存在一个准入障碍低、经营风险小但收益高的行业，因为企业的自由流动会导致更多的组织加入到高回报行业中来而使整个行业的收益率水平下降，最后达到一个资产投入跟价值产出的某种平衡。这种平衡是无数该行业的经营者们通过综合考量资产投入、风险、资产经营的难易程度等因素的均衡结果，它是对特定行业未来投资报酬率达成的一致的期望，这个比率的大小通过折现率综合反映出来。

3. 收益期限

收益期限通常指资产获利的持续时间，一般以年为单位。评估师根据资产的未来获利能力趋势、资产损耗情况等因素来确定收益期限。另外，评估时也可以根据资产使用的权利所有人签订的有关收益期限规定的法律契约或合同来确定。

【计算演示 2】

假设某项资产在未来 5 年中每年末的净收益分别为 200 万元、220 万元、240 万元、300 万元、360 万元。第五年末该资产转让给其他持有者，转让价格为 1000 万元，假定折现率为 10%，试评估该资产的价值。

这是个有限期预期收益的例子，直接运用收益法的基本公式将每期净收益分别折现再累加即可求得。需要注意的是，第五年末资产仍可继续使用，它仍然具有价值，但所有者将它转让了，转让后该资产不再给原所有者带来任何利益。所以，第五年末的转让收益也应折现后再累加进去。这种安排等效于获利期 5 年、第五年净收益 1360 万元、第五年末资产完全报废（残值为零）的情形。

根据公式 $V = \sum_{i=1}^{n} \dfrac{A_i}{(1 + \text{折现率 } r)^i}$ 可以列出算式：

$$V = \frac{200}{(1+10\%)} + \frac{220}{(1+10\%)^2} + \frac{240}{(1+10\%)^3} + \frac{300}{(1+10\%)^4} + \frac{1360}{(1+10\%)^5}$$

$$= 1592.9 \text{（万元）}$$

五、收益法的优点与不足

1. 收益法评估资产的优点

用收益法评估的结果较准确地反映了资产未来贡献大小的现时等量额，与投资决策相结合，能更直观地衡量投资者最为关注的资产的"产出能力"。理论上，收益法被认为是最为科学的一种评估途径。

2. 收益法评估资产的不足

预期收益预测的难度较大，不仅受主观判断的影响，而且直接受到未来收益不可预见因素的影响。在评估中折现率和收益时限的确定也不容易做到完全准确无误；这种评估方法一般适用于企业整体资产和可预测未来收益的单项生产经营性资产的评估。

第三节 成本法

【引例3】

某公路局由于股份制改革需要对其所辖的一座桥梁进行评估。评估机构受理后对该资产进行了初步研究：这座桥是计划经济时期修建的，属于国有资产，并且那时桥梁建设的计划和实施都是由国家统一部署完成的，它带有很明显的计划性以及公益性，因此，用收益法来评估这种不能以收益为目的的桥梁的价值不太可行；另外，桥梁的国有性也使得对桥梁进行交易的案例极少，更谈不上形成交易市场了；同时，各个桥梁之间的可比性也不强，所以用市场比较法也不会奏效。因此，成本法应是评估其价值最合理的方法。

一、成本法的概念

成本法是从被评估资产在评估基准日估算的重置成本中扣减其各项价值损耗，来确定资产价值的各种方法的总称。

成本法的基本理论依据是成本价值理论，这种理论认为资产的价值与其成本呈正相关关系，通过比较成本的变化就能映射出资产价值的变化。成本法的思路是首先算出资产的重置成本（评估基准日被估资产为全新状态时的全部成本耗费），然后再扣减各种贬值（评估基准日被估资产从全新状态变为评估时的实际状态总共发生的损耗），从而得出评估值（相当于评估基准日资产实际状态下的全部成本耗费）。贬值主要有三种，即实体性贬值、功能性贬值和经济性贬值。

成本法的基本计算方法如公式（2-6）所示：

$$评估值=重置成本-实体性贬值-功能性贬值-经济性贬值 \qquad (2-6)$$

二、成本法应用的前提条件

第一，符合继续使用前提。即被评估资产在评估前后不改变其用途。一项资产如果在评估后已经不能发挥其原有的正常功能，那么对它在原有全新状态下的成本耗费的关注就是没有意义的活动，因为它的出发点首先要求资产能够正常使用。

第二，被评估资产在特征、结构及功能方面必须与假设重置的全新资产具有可比性。也就是说被评估的旧的资产与假设重置的全新资产之间仅仅只有新旧的区别，而没有结构、功能等的本质不同。

三、成本法中各项指标的估算

通过成本法的概念和公式（2-6）我们大致了解到评估时主要计算重置成本、实体性贬值、功能性贬值、经济性贬值几项指标。

1. 重置成本

（1）重置成本的概念。重置成本就是重新建造或购置与被评估资产相同的资产所支付的全部现行成本。重置成本有两种重置方式：复原重置和更新重置。

复原重置成本是指用与被评估资产相同的材料、相同的设计、技术等，以现时价格水平再购建与被估资产相同的全新资产的全部成本支出。

更新重置成本是指用现代的材料，新的设计、技术等，以现时价格水平购建与被评估资产功能相同的全新资产的支出。

复原重置成本与更新重置成本的相同之处是都以现时价格为基础来计算的，重置后都是对应全新资产的成本，重置后都不会改变被评估资产原有的功能；不同之处是复原重置强调的是重置的资产与被评估资产一模一样，而更新重置只要求重置的资产与被评估资产在使用效果上相同。

一般来讲，在复原重置成本和更新重置成本同时可取得时，要优先使用更新重置成本。因为更新重置成本的计算是以现时社会普遍采用的先进技术和材料为基础的，而先进技术带来的产出通常在性能及成本上都会优于使用过时技术和材料建造的旧的资产，也就是说，更新重置假设下的资产比复原重置下的资产具有更高的性价比，而它更能代表现时社会对该种资产的价值评判标准。

另外，还需注意的是，评估活动中获得重置成本值并不要求真实地去购建一个这样的被评估资产，而是模拟其购建的流程及其每个步骤的成本去"计算"出这样的结果值。

【深度分析3】

更新重置成本中"新的设计、技术"到底应该有多新

新产品刚上市时价格都很昂贵，但是过一段时间后价格会急剧下降。为什么会这样呢？新产品成本高的原因一方面是由于新产品高昂的科研开发和宣传费用需要尽快分摊，另一方面由于构成产品材料的价格较高，同时产品的销量又比较小，从而使得产品的单位制造成本很高。但是过了一段时间后，随着销售量的迅速增加以及原材料价格的下降，产品的单位制造成本迅速降低，加上当初的开发和宣传费用已经经过了一段时间的消化，此时单位产品总的成本已经大大降低了。这时价格下降也就不奇怪了。从以上结论可以看出，处于导入期的产品成本或产品价格会高于产品的真实内在价值，而只有当该产品成熟、市场趋于稳定后，该产品的成本才能大致反映其产品的价值。

这种价格及成本变化的特点对我们估算更新重置成本是有参考意义的。如果我们在计算更新重置成本时所依据的参照对象刚好处在产品的导入初期的话，计算出的成本会高于它的真实价值，以致最后计算出的评估值也会高估。所以，我们在选择计算更新重置成本所依附的技术和材料作参照对象时，不能一味地追求包含最高、最新设计或技术的资产，而要选择已被社会广泛使用的、被社会普遍认同的技术或设计的资产作为计算重置成本的参照对象。

（2）重置成本的估算方法。计算重置成本时我们需要注意的是，在假想"构造"这个新的资产时，资产的假定存在状态要与被评估资产在评估基准日时的实际状态相同。例如，武汉学院报告厅里正在使用的一套定制的视听设备，这套设备只要操纵桌上的按钮就能正常工作，那么当你评估这项资产在计算它的重置成本时就应该模拟成所有对应的器材和辅助设施都在原来的位置上，也只需要一按桌上的按钮其全部功能都能正常运行的这种状态。我们在计算重置成本时要尽量保持这种状态的一致性，只有在相同的状态下计算出来的重置成本才是完整的。

1）重置核算法。重置核算法是利用成本核算的原理，根据重新取得资产所需的费用项目逐项计算，然后累加得到资产的重置成本的方法。在实际计算时我们可以把重置成本划为两个部分：直接成本和间接成本。

直接成本是指购建全新资产的全部支出中可直接计入购建成本的那部分支出，包括购置费用、运输费用、安装调试费用等。

间接成本是指购建全新资产的全部支出中不能直接计入购建成本的那部分支出。这种成本一般先按发生地点或用途加以归集，待月终选择一定的分配方法进行分配后才计入有关成本计算对象。例如，你为了购置某项资产打了几通电话、发了几个传真，委派员工参与运输、安装过程并由此发生了一些差旅、补助费用等。这些费用支出是为了获取该资产正常的开销，应该计入该资产的购建成本，但这些费用通常并没有在会计账上单独反映出来，而是分别计在企业的通信费、管理费等项目下，这样我们在计算它们的实际支出时就需要凭经验或惯例确定一个适当的比例从相应的财务记录中剥离出这部分费用。

重置核算法的计算方法如公式（2-7）所示：

$$重置成本＝直接成本＋间接成本 \tag{2-7}$$

间接成本通常可通过以下几种方法取得：

第一，人工成本比例法。人工成本比例法的计算方法如公式（2-8）所示：

$$人工间接成本＝人工直接成本×成本分配率 \tag{2-8}$$

$$成本分配率＝\frac{人工间接成本}{人工直接成本} \tag{2-9}$$

成本分配率能够通过经验统计获得。

第二，单位价格法。单位价格法的计算方法如公式（2-10）所示：

$$间接成本＝工作量（小时）×单位间接成本价格（元/小时） \tag{2-10}$$

第三，直接成本百分率法。间接成本百分率法的计算方法如公式（2-11）所示：

$$间接成本＝直接成本×间接成本占直接成本的百分率 \tag{2-11}$$

【计算演示 3】

重置购建设备一台，市场价格为每台 60000 元，运杂费 1000 元，直接安装成本 900 元，其中，原材料 400 元，人工成本 500 元。根据以往的统计分析，安装成本中的间接成本相对于安装直接成本的比率为 50%，试计算该设备的重置成本。

直接成本＝购价＋运杂费＋直接安装成本＝60000＋1000＋900＝61900（元）

间接成本＝安装间接成本＝安装直接成本×间接成本占直接成本的百分率＝900×50%＝450（元）

重置成本＝直接成本＋间接成本＝61900＋450＝62350（元）

如果将例中的已知条件改变一下，已知人工成本分配率为 90% 或告知单位间接成本价格为 9 元/小时，安装需要 50 个工时，我们同样可以分别用公式（2-7）和公式（2-9）算出：间接成本＝500×90%＝450（元）。

2）价格指数法。价格指数法是利用与资产有关的价格变动指数，将被评估资产的历史成本调整为重置成本的一种方法。在这里我们依然要注意历史成本的客观性，即要以资产购建时该资产的市场价格为计算基数而不一定按照被估资产购建时的实际价格计算。

物价指数法的基本计算方法如公式（2-12）和公式（2-13）所示：

$$重置成本 = 账面原值 \times \frac{评估基准日价格指数}{资产购建时价格指数} \qquad (2-12)$$

或

$$重置成本 = 资产原值 \times （1+价格变动指数） \qquad (2-13)$$

或

$$重置成本 = 资产原值 \times 环比价格指数\ a_1 \times a_2 \times \cdots \times a_n \qquad (2-14)$$

价格指数既可以是定基价格指数也可以是环比价格指数。定基价格指数是以某一年为基数确定的指数；环比价格指数是与前一年相比的指数；价格变动指数指的是从资产购建时到评估基准日价格上涨的比率。

应用价格指数法时要注意以下两点：首先，选用的价格指数应当能够准确地反映被评估资产的价格变动，如可以采用分类价格指数或个别价格指数，一般不能将统一的通货膨胀指数用于所有资产的评估。其次，价格指数法估算的重置成本，仅考虑了价格变动因素，因而计算的只是资产的复原重置成本。

【计算演示4】

某被评估资产购建于 2005 年 9 月，账面原值是 15 万元，现将评估基准日定在 2009 年 9 月 10 日，资料显示该类资产在 2005 年和 2009 年的资产定基指数分别为 120% 和 160%，2006 ~ 2009 年的环比价格指数分别为 110%、105%、120%、96%，物价上涨指数约为 33%。

该资产的重置成本计算如下：

$15 \times （160\% \div 120\%） \approx 20$（万元）

或

$15 \times 110\% \times 105\% \times 120\% \times 96\% \approx 20$（万元）

或

$15 \times （1+33\%） \approx 20$（万元）

3）功能价值法。功能价值法也称作生产能力比例法。这种方法假定被评估资产的生产能力与价值呈线性关系，首先找到一个与被估资产相同或类似的资产作为可比参照物，计算可比参照物的单位生产能力的价格，然后据以估算出被评估资产的重置成本。计算方法如公式（2-15）所示：

$$\begin{matrix} 被评估资产 \\ 的重置成本 \end{matrix} = \begin{matrix} 参照物 \\ 重置成本 \end{matrix} \times \left(\begin{matrix} 被评估资 \\ 产生产能力 \end{matrix} \div \begin{matrix} 参照物 \\ 生产能力 \end{matrix} \right) \qquad (2-15)$$

【计算演示 5】

一条由 20 台缝纫机组成的生产线的重置成本为 6 万元，每天加工 2000 件 T 恤衫。现在要评估一条与其相似的生产线的价值，如果这条生产线每天加工 3000 件同样的 T 恤衫，我们就可以算出被评估资产的重置成本是：3000× (6÷2000) = 9 （万元）

4) 规模经济效益指数法。在很多情形下，资产的价值与其能力呈正相关关系，但并不一定呈线性比例关系。例如，5 匹的空调，它的制冷能力大致是 2 匹空调的两倍多，但 5 匹空调的成本并不会达到 2 匹空调成本的两倍。因为大制冷量空调与小制冷量空调相比，在制造时并不是机器所有组成部分都是同比例放大的。例如，两个空调可能具有同样尺寸的室内机；它们用的控制器可能是一样的；它们很多的零部件也是可以互相通用的。这些部分的制造成本几乎相差无几，因而整机的成本不会相差两倍多。这种制造特点体现出规模经济效应，即同类资产中不同个体之间资产能力的变化程度要比它自身成本的变化程度来得快，通俗地讲，就是如果一项资产的成本有小小的增加，资产的能力就会有大大的提高。同类资产间重置成本与生产能力之间的关系如公式 (2-16) 所示：

$$\text{被评估资产重置成本} = \text{参照物重置成本} \times \left(\text{被评估资产生产能力} \div \text{参照物生产能力} \right)^x \qquad (2\text{-}16)$$

公式 (2-16) 中的 x 称为规模经济效益指数，它是一个经验数据，当它取值较小时意味着该类资产的成本一旦有小的变动它的能力就有大的提高，我们就认为这种资产具有较高的规模经济效益。在美国，规模经济效益指数一般为 0.4～1.2，加工工业一般为 0.7，房地产业一般为 0.9。上文讲到的功能价值法实际上是规模经济效益指数法的一种特例，此时的 x 取 1。

5) 统计分析法。统计分析法是应用统计学的原理选择有代表性的资产作为样本，算出其重置成本，再以样本的重置成本推算出全部资产的重置成本的一种方法。这种方法能够简化评估工作量、提高评估效率，一般用于大批量资产的评估。统计分析法的计算方法如公式 (2-17) 所示：

$$\text{批量资产重置成本} = \text{批量总资产账面成本} \times \frac{\sum \text{样本资产重置成本}}{\sum \text{样本资产账面成本}} \qquad (2\text{-}17)$$

【计算演示 6】

评估某企业一批设备，经抽样选择具有代表性的 5 台进行估算，其重置全价之和为 24 万元，该 5 台具有代表性的设备历史成本之和为 30 万元，而该类设备账面价值历史成本之和为 500 万元，则这一批设备的重置成本为：500×24/30＝400（万元）。

上述几种方法都可以用于成本法中的重置成本的计算。至于选用哪种方法，评估师应根据具体的评估对象和可以搜集到的资料确定。这些方法中，有的对某特定资产可能同时都适用，有的则不行。我们在应用时必须注意分析方法运用的前提条件，否则会得出错误的结论。

2. 实体性贬值

用成本法评估时，重置成本的取得相当于我们获得了被评估资产在全新状态下的价值。而实际上，被估资产大部分都是"旧的"资产，所以我们还要减掉"全新的"和"旧的"两种状态之间的损耗，才能得出被估资产自身状态下的真实价值。两者之间的损耗一般有三种，我们先来研究实体性贬值。资产的实体性贬值也叫有形损耗，是资产由于使用以及自然力作用导致资产的物理性能下降而引起的资产价值损失。确定被评估资产的实体性贬值通常有观察法、使用年限法和修复金额法。

（1）观察法。观察法也叫成新率法。它是指由具有专业经验的工程技术人员对资产的各个主要部位进行技术鉴定，并综合分析资产的设计、制造、使用、维护、修理、大修、改造情况和物理寿命等因素，将评估对象与其全新状态相比较，判断由于使用磨损和自然损耗对资产的功能、使用效率带来的影响，以此确定评估资产的成新率，进而估算出资产实体性贬值的方法。实体性贬值的程度可以用设备的价值损失与重置成本之比来反映，称为实体性贬值率。全新设备的实体性贬值率为 0，完全报废设备的实体性贬值率为 100%。成新率类似我们所俗称的成色（新旧程度）的概念，成新率与实体性贬值率是相对的两个概念，两值之和为 1。

用观察法计算实体性贬值的方法如公式（2-18）所示：

资产实体性贬值＝重置成本×（1-成新率）＝重置成本×实体性贬值率

（2-18）

在实际应用中，对于简单的单项资产，可以直接采用观察法，确定其成新率；对于复杂的资产，可以将其分解为若干部分，分别对各个部分进行观察，确定不同部分的成新率，再根据各部分在整个资产中的价值比重进行加权平均，最后求出总体的成新率。

（2）使用年限法。使用年限法是利用被评估资产的实际已使用年限与其总使用年限的比值来判断其实体贬值率，进而估测资产的实体性贬值的方法。

一般计算方法如公式（2-19）所示：

$$资产的实体性贬值 = \frac{重置成本 - 预计残值}{总使用年限} \times 实际已使用年限 \qquad (2\text{-}19)$$

公式中：

总使用年限＝实际已使用年限＋尚可使用年限　　　　　　(2-20)

实际已使用年限＝名义已使用年限×资产利用率　　　　　(2-21)

$$资产利用率 = \frac{截止评估日资产累计实际利用时间}{截止评估日资产累计制度工作时间} \qquad (2\text{-}22)$$

预计残值是指被评估资产在清理报废时收回的数额。在实际评估时，如果残值比较小通常可忽略不计。

关于使用年限，我们有这样的经验：一台机器每天工作 2 小时和同样一台机器每天工作 10 小时，一年后它们的损耗是完全不一样的。如果笼统地将资产投入使用至评估基准日这一段时间定为使用年限显然是不合理的。我们需要更精确地确定资产的损耗程度。通常，我们将从资产投入使用至评估基准日这一段时长称为资产的名义使用年限，我们不需要关注资产是空闲还是在被使用，只要地球自转了一周就算作一天。

许多资产不适合不间断地被使用，我们需要考虑资产自身的功能特点以及运营环境而对它们的使用做出一些科学的限制，以使它们发挥正常的效率，这种对资产使用的频度和时长的规定就是资产的法定工作时间或称为制度工作时间。

资产的已使用年限是将资产真实的被使用的时间累加起来的总和。

当资产利用率大于 1 时，表示资产超负荷运转，资产实际已使用年限比名义已使用年限要长；当资产利用率等于 1 时，表示资产满负荷运转，资产实际已使用年限等于名义已使用年限；当资产利用率小于 1 时，表示开工不足，资产实际已使用年限小于名义已使用年限。

值得注意的是，不能简单地将会计折旧剩余的年限作为资产的尚可使用年限，我们要根据资产的使用频度及产品寿命等因素为依据，以科学的方法来确定该资产还可继续使用的年限。

【计算演示 7】

某设备 2000 年 7 月 15 日购进，2010 年 7 月 15 日对其进行评估。该设备技术指标规定每天工作 8 小时，每年 340 天。该设备实际每天工作 15 小时，每年仅停产 5 天。

根据已知条件，此时名义已使用年限为 10 年；

截止评估日资产累计实际利用时间 $=10\times360\times15=54000$（小时）；

截止评估日资产累计制度工作时间 $=10\times340\times8=27200$（小时）；

该设备的资产利用率 $=10\times360\times15/10\times340\times8=1.985$；

实际已使用年限 $=10\times1.985=19.85$（年）。

（3）修复费用法。修复费用法是利用恢复资产功能所支出的费用金额来直接估算资产实体性贬值的一种方法。此方法适用于某种特定结构部件已被磨损，但能够以经济上可行的方式进行修复的情况，包括主要零部件的更换或者修复、改造等费用。如果资产可以通过修复恢复到其全新状态，我们认为资产的实体性贬值等于其修复费用。例如，一台仅使用两个月的机床，经技术鉴定，发现其主要损耗发生在电机上，由于操作工人使用不当造成电机烧毁，要修复电机需花费 800 元，这台机床的实体性贬值可评估为 800 元。

3. 功能性贬值

功能性贬值是指被评估资产与现有社会流行使用的类似先进资产相比功能相对落后而造成的资产价值贬值。由于新技术的发展，先进资产在设计、材料、工艺方面的改进，导致原有旧资产的利用效率相对降低，出现功能性贬值。例如，某语音室以前用录音机作为录放设备，当数码 mp3 机出现后，用其作录放设备功能更丰富而价格相对便宜，录音机整个系列产品就出现了相对的价值贬值，这种贬值就是功能性贬值。功能性贬值按照其作用特点又可分为一次性功能贬值和营运性功能贬值两种情况。

（1）一次性功能贬值的估算。所谓一次性功能贬值是指被评估资产与先进资产相比，因资产的结构、设计和材料上的差异而产生的贬值。它是由于科技进步使具有同样功能的先进资产价格降低而引起的原有资产的贬值。在数量上，功能性贬值视为超额投资成本，计算方法如公式（2-23）所示：

一次性功能贬值＝复原重置成本－更新重置成本　　　　　　　（2-23）

需要注意的是，如果在评估时所用的重置成本为更新重置成本，就不需要考虑一次性功能性贬值了，因为更新重置成本已经考虑了这种贬值影响，再把它加进去那就是重复计算了。讲到这里，我们又可以找到一个在确定重置成本时要优先使用更新重置成本的理由了。因为就算用复原重置成本作为资产的重置成本是合理的，在随后计算其一次性功能性贬值时仍然要算出更新重置成本作为减项。

一次性功能贬值是基于资产自身价值的比较，但有些时候资产在使用过程中除了自身价值的差异外，还会引起其他成本及费用的连锁变化，这种影响就是营运性功能贬值。

（2）营运性功能贬值的估算。营运性功能贬值是指被评估资产与现行先进资产相比，因生产能力的差异导致资产使用时的营运成本高于先进资产的营运成本，从而使被估资产的生产变得低效率而产生的贬值。功能贬值主要体现在生产能力低下，工耗、物耗、能耗增加，废品率上升，等级率下降等方面。由于营运性功能贬值是资产在使用时产生的贬值，那么我们在估算其贬值时不仅要计算资产现在使用发生的贬值，还要考虑它未来使用发生的贬值。只要被估资产还在使用，这种贬值就不可避免。

估算营运性功能贬值一般的步骤是：①对比被估资产的年运营成本与功能相同但性能更好的先进资产的年运营成本的差异。②确定净超额运营成本。被估资产在使用时与先进资产相比一般运营成本会增加，这个超出的部分被称作超额运营成本。一方面成本的增加会导致利润额的下降，这对企业是不利的；另一方面由于利润减少了，企业需要支付的所得税额也跟着减少了，这又是对企业有利的一面。这两方面的共同作用才是被估资产运营成本实际超出的部分，我们将它称作净超额运营成本。③估计被评估资产的剩余经济寿命。④以适当的折现率将被估资产在剩余寿命内每年的超额运营成本折现，这些折现值之和构成了被估资产的功能性贬值。

营运性功能贬值的计算方法如公式（2-24）所示：

$$贬值额 = \sum_{i=1}^{n} \frac{被评估资产年净超额运营成本}{(1+折现率)^i}$$

$$= \sum_{i=1}^{n} \frac{被评估资产年超额运营成本 \times (1-税率)}{(1+折现率)^i} \tag{2-24}$$

【计算演示8】

现要评估一生产控制装置，其正常操作人员是6名。目前同类新式控制装置所需的操作人员是3名。假设被评估控制装置与参照物在运营成本的其他项目支出方面大致相同，操作人员平均年工资福利费约为12000元，被评估装置尚可使用3年，所得税税率为25%，折现率为10%。计算其功能性贬值。

年净超额运营成本 = (6-3)×12000×(1-25%) = 27000（元）

功能性贬值 = 27000×(P/A，10%，3) = 27000×2.4869 = 67146.3（元）

(P/A，10%，3) 年金现值系数可查表，也可计算 $= \frac{1}{(1+10\%)} + \frac{1}{(1+10\%)^2} + \frac{1}{(1+10\%)^3}$

4. 经济性贬值及估算

资产的经济性贬值是指由于外部环境的变化而引起的资产闲置、收益下降等资产价值损失。外部经济环境主要包括宏观经济政策、市场需求、通货膨胀、环境保护等。

资产的经济性贬值主要表现为运营中的资产利用率下降，甚至闲置，并由此引起资产的运营收益减少。

在评估时应注意，生产能力没有达到设计生产能力的原因一般有两种：一种是由内部功能造成的；另一种是由外部原因造成的。前者属于实体性或功能性贬值，后者则属于经济性贬值。它们的计算方法有时差不多，但本质却不相同，在评估时要注意区分开来。

经济性贬值通常有两种估算方法：直接计算法和间接计算法。

直接计算法主要测算的是因收益额减少所导致的经济性贬值。计算步骤一般为：①算出被评估资产由于生产能力下降而减少的年收益。②扣除所得税的影响，计算实际减少的年收益。③将每年减少的年净收益在剩余的使用期限内进行折现，折现值之和为经济性贬值额。

直接计算法的方法如公式（2-25）所示：

经济性贬值额 = 资产年收益损失额 × （1 - 所得税率） × （P/A，r，n）

$$(2-25)$$

式中，资产年收益损失额×（1-所得税率）与营运性功能贬值中净超额运营成本的思路是一样的，它也有两方面的影响，即收益减少同时所得税也减少，两方面影响的共同作用才是资产的年收益净损失额。

【计算演示 9】

某企业一生产线预计在其未来 3 年的寿命期中每年减产 2000 件，每件产品的利润为 800 元，假设折现率为 10%，所得税率为 25%，试求该生产线的经济性贬值额。

经济性贬值额 = 2000×800×（1-25%）×（P/A，10%，3）

             = 1200000×2.4869

             = 2984280（元）

间接计算法主要测算的是因资产利用率下降所导致的经济性贬值。计算步骤为：①计算经济性贬值率。②将经济性贬值率和重置成本与其他贬值的差的乘积即为经济性贬值额。

间接计算法的方法如公式（2-26）所示：

$$经济性贬值率 = \left[1-\left(\frac{资产的预计生产能力}{资产的设计生产能力}\right)^{x}\right] \times 100\% \qquad (2-26)$$

经济性贬值额 =（重置成本 - 实体性贬值 - 功能性贬值）× 经济性贬值率

$$(2-27)$$

式中，x 是规模经济效益指数。

【计算演示 10】

　　某被评估生产线设计生产能力为年产 1000 台产品，因市场需求变化，在未来可使用年限内，每年产量估计要减少 300 台左右，经济规模效益指数为 0.6。经估算，该生产线重置成本为 120 万元，实体性贬值为 30 万元，功能性贬值为 20 万元。计算其评估值。

$$经济性贬值率 = \left[1-\left(\frac{1000-300}{1000}\right)^{0.6}\right] \times 100\% = 19\%$$

经济性贬值额 =（120 - 30 - 20）× 19% = 13.3（万元）

评估值 = 120 - 30 - 20 - 13.3 = 56.7（万元）

　　在计算功能性贬值和经济性贬值时贬值额通常为正值。不过，在评估实践中，也有出现负值的情况。如果功能性贬值出现负值，说明被估资产在功能上比现时社会所普遍使用的资产的功能更强大，这就出现了所谓资产的功能性溢价；而当被评估资产及其产品有良好的市场前景或重大政策利好时，实际生产能力可能会长期超过设计能力而出现资产的经济性溢价。

四、成本法应用的优点与不足

　　1. 成本法应用的优点

　　成本法对于一些存在无形损耗以及贬值不大的资产评估，操作简便；对于一些没有收益的单项资产及市场上很难找到交易参照性的评估对象，如社会公用设施等，成本法更为适用。由于成本法计算所依赖的数据与会计账表有一定的对应关系，评估结果能在会计报表和相关财务数据中寻到来龙去脉，所以成本法被认为是评估途径中最为稳当的一种。

　　2. 成本法应用的不足之处

　　对整体资产进行评估，若运用成本法，需要将其分解为单项资产逐项估算，再汇总，比较费时；各类贬值因素较抽象，难以准确量化；成本法以历史成本数据为估算依据，其客观性也值得注意。

第四节 评估方法的比较与选择

资产评估主要有三种评估途径，即市场比较法、成本法和收益法，从这几个途径又衍生出许多更具体的方法，这些方法既有其各自的特点，又有其内在联系，掌握各种方法的适用条件以及正确选择评估方法对评估活动的效率及评估结果的有效性至关重要。

一、评估方法之间的区别

各种评估方法所依据的理论基础不同。市场法是建立在市场均衡的理论基础之上的，它以市场中供求两个利益群体的均衡价格来核定资产价值的大小；收益法的理论依据是效用价值论，它以资产能够给其使用者带来的效用的大小来衡量资产的价值；而成本法则源于劳动价值论，它从资产的成本构成入手，以成本的大小来评估资产的价值。

【深度分析4】

三大途径所依据的理论哪种最科学

笔者认为，效用价值论是应用于资产评估活动中最科学的理论依据。

首先，从其表面结果来看，市场价格是无数买方和卖方对资产价值各自判断值的折中，但深入挖掘下去会发现这个交换值并不是随机的，它的大致范围是由该资产所具有的用途决定的——资产未来能给其使用者带来的利益越大，它现在的交易价格就越高。均衡理论解释了公开市场中资产交换价值形成的过程，而交换价值数额的大小还是要由资产本身所具有的效用价值来决定。也就是说，资产的效用决定了它的市场价格。

其次，成本法应用的思路是：资产的价值取决于对它的投入及其损耗。但在估算过程中对资产投入及损耗数额的计量并不是以历史成本来计的，而是以现时市场的市场交换价格为基准来估算的，所以用成本法评估出的结论仍然依赖于影响资产价值变化的各种因素的市场价格，即依赖市场中的大众对资产各因素所具有的效用价值的共同判断。

> 值得注意的是，效用价值论的科学性并不意味着它所对应的收益法在任何情形下都是最科学的评估途径。我们需要随时关注资产的效用，但我们更要考虑被估资产的各种适用条件。

二、评估方法之间的联系

评估方法总体上是由相互关联、内在相关的技巧和程序组成的，其共同目标是获得可靠的评估值。市场法中分析和调整参照物价格与被评估资产价格的差异因素，会用到具有收益法特点的折现和本金化的技巧；在成本法中求功能性贬值等也会用到折现的方法，计算更新重置成本还会用到参照物的概念；成本和市场销售数据的分析通常是收益法运用中不可缺少的部分。成本法、收益法的运用一般都是建立在现行市价基础之上，只是不如市场法表现得那么直接。所有这些内在的联系为评估师运用多种评估方法评估同一条件下的同一资产提供了理论依据。只要这些方法运用得当，评估资产所应用的多种方法、途径之间具有替代性。

三、评估方法的选择

资产评估方法的多样性，为评估师选择适当的评估方法、有效地完成评估任务提供了可能。评估师在评估方法的选择过程中一般应注意以下原则：

第一，评估方法的选择要与评估目的、评估资产的市场条件以及资产的价值类型相适应。评估师应当根据评估业务的具体情况，恰当选取资产评估方法。

第二，资产评估方法必须与评估对象的特点一致。单项资产、整体资产、有形资产、无形资产等不同的评估对象要用不同的评估方法。资产评估对象的状态不同，所用评估方法也不同。例如，一台市场交易很活跃的通用设备可用市场法评估，而专用设备通常采用成本法进行评估。

第三，评估方法的选择受信息来源的制约。各种方法的运用都要根据一系列数据、资料进行分析，资产评估的过程实际上就是搜集资料并进行处理的过程。在评估活动中市场经济发达国家的评估机构更多地采用市场法，而有些国家受市场发育不完善的限制，许多在其他地区适合用市场法的评估活动在这些地区不得不使用其他的方法。

总之，在评估方法选择的过程中，评估师不可机械地按某种固定模式进行选择，要根据评估活动所处的条件来灵活运用。不管选择哪种评估方法进行评估，评估师都应保证评估目的、评估时所依据的各种假设和条件与评估所使用的各种参数数据以及评估结果保持一致。由于各种方法应用中的局限性，在实际工作中，评估师经常运用多种方法评估同一评估对象，以便能够运用不同评估方法得到的评估结果进行相互验证、补充，将多种方法的评估结果进行综合、均衡处理，以使评估结论更富有说服力。

【文摘】

资产评估：苹果树价值投资的故事

从前有一位聪明的老人，他有一棵极好的苹果树，只需稍加照料就可以结出一大堆苹果，每年可为老人带来 100 美元的收入。老人考虑到自己越来越老了，于是他打算退隐来享受余生，便决定卖出这棵苹果树。这位老人很有经验，为了能卖出合理的价钱，他在一种发行量很大的报纸上刊登了一则广告，声称他要将苹果树卖给出价最合适的人。

第一个对广告做出反应的人愿意出 50 美元，他出这个价钱的依据是，把这棵苹果树砍掉当烧柴卖只能卖 50 美元，因此他认为这棵苹果树只值 50 美元。老人说："你的出价只是这棵苹果树的清算价值。对于一棵果树，就说这棵苹果树吧，如果它已经不能再产苹果了，并且在苹果树的木材价格达到相当高的水平以致用它来产苹果还不如把它当柴烧时，你的这个价钱也许是合适的。但是很明显，你把事情看得太简单了，你只看到了事情的一部分，没有完全明白其中的道理，因此你看不出我的苹果树的价值远远超过 50 美元。"

第二个拜访老人的购买者出价 100 美元。他出价的依据是："这个价格正好是今年苹果熟了以后所能卖到的价格。"老人说："你对这棵苹果树的认识比第一个人强了一些，至少你看出用这棵苹果树来产苹果比把它当柴烧的价值要大。但是你没有考虑明年、后年及以后各年产出的苹果的价值。因此，100 美元也不是一个合适的价格。"

第三个购买者是一个刚从商学院毕业的年轻人。他说："我将通过网络来销售苹果。我计算过了，这棵苹果树至少还可以产 15 年的苹果。如果我每年可以卖得 100 美元，那么 15 年总共可以得到 1500 美元。因此我愿意出 1500 美元来买你的苹果树。"老人说："很明显，从现在开始未来 15 年中你每年取得的 100 美元收入，与你现在的 100 美元是不等价的。你应该回学校去好好学习财务知识，年轻人，走吧！"

第四个来访者是一位很富有的医生。医生说："我对苹果树没什么了解，但我知道我很喜欢它。我将按市场价格来购买它。上一个小伙子愿意出1500美元，那么这棵苹果树就一定值那么多钱。"老人说："这是不对的。如果存在一个规范的、有规律的苹果树交易市场的话，市场价格会告诉你这棵苹果树价值多少。但是，这样的市场是不存在的，即使存在，把价格当作价值也是和前几个人一样是不合理的。"

第五个购买者是一位会计专业的学生。这位学生要求先看老人的账目。这位老人是个谨慎的人，他对各年的苹果收支都做了详细的记录。他很高兴地把账本取了出来。检查完账目后，学生说："你的账目显示这棵苹果树是10年前你以75美元价格购入的，并且你没有对它提取过折旧。我不知道你这样做是否符合一般会计原则，但假设符合了，这棵苹果树的账面价值是75美元，所以我就出75美元。"老人说："不错，你们学生的书本知识确实很多、很有学问，但客观环境是复杂的，用书本知识解决实际问题是更深的学问。你在这方面还需要更多的锻炼。虽然我的苹果树的账面价值是75美元，但是傻子都能看得出它的真实价值要远远超过75美元。"

第六个对苹果树感兴趣的买家是一位刚从商学院毕业的年轻的股票经纪人。她也要求先看老人的账目。仔细看了老人的账目后，她提出要依据这棵苹果树的收益资本化的价值来出价。这位女士对她为什么要以这种方法来出价进行了解释。她说："尽管这棵苹果树去年给您带来了100美元的收入，但这并不是所取得的利润，它必须扣除掉与这棵苹果树有关的费用，如肥料成本、工具成本、把苹果运到销售点的销售费用、人工费用以及销项税额等。据此可计算出这棵苹果树去年的利润是50美元。而且我还注意到这棵苹果树每年的收入和成本都不一样，因此每年的利润也不一样，我计算了一下，最近3年这棵苹果树的平均利润约为45美元。"

这位女士说："我认为购买这棵苹果树就像投资一家公司一样，它会年复一年地给我创造利润，我要计算我每年能不能取得45美元收益的投资价值，这个价值我们可以把它称为收益资本化价值。现在还应该确定一个合适的投资收益率。我需要比较其他的投资机会，比如购买别人一块路边的草莓地，我的投资收益率有多大。我要求这棵苹果树的投资收益率不能低于其他投资机会的投资收益率。经过比较，我认为20%的投资收益率是比较合适的。因此，用45美元除以20%的投资收益率就是这棵苹果树的收益资本化价值了，即为225美元，这就是我的出价。"老人听得很困惑，他说："感谢你教会了我这么多知识，可是我得好好想想，你能明天再来吗？"

第二天，当这位年轻的女士再次来找老人时，老人似乎还是很困惑，他说："昨天你说的45美元的年利润我不是很明白。我知道你是按会计原理计算出来的，但我认为它是低于真实水平的，因为有些费用我根本就没有支付，比如你所说的卡车的折旧费用。我认为要根据你每年能从苹果树投资中获得的现金来计算苹果树的价值。我简单地测算了一下，这棵苹果树还有15年的经济寿命，前5年内每年可以获得50美元的现金，后10年中每年可以获得40美元的现金。在第15年年末这棵苹果树当柴卖可以获得20美元的现金。我们需要做的就是确定为了获得未来的这些现金，现在需要付多少钱。"

年轻的女士说："这很简单嘛！你是想把包括清算价值在内的所有未来现金净流入都折为现值。这称为折现现金流量法。但是你还需要确定折现率。"

老人说："美国国库券利率为8%，但它是无风险的。而投资这棵苹果树未来能产生的现金都具有不确定性，是有风险的，因此我愿意提高折现率到15%的水平。我算了一下，将以上各年的现金流按15%的折现率折现的价值为270.49美元。取一个整数，我愿意把270美元作为我的卖价。"

年轻的女士说："很好，你真精明，其实你采用的折现现金流量的方法和我采用的收益资本化方法在原理上是一致的，如果运用得当，两者最终计算出来的结果也应该是一致的。但是根据我的判断，你测算的现金流量有点高了。因此，我只愿意出价250美元。"

老人感到年轻女士的讲解很有道理，便露出了满意的笑容，他说："好吧，就按这个价格成交，我从未说我要等到最高的出价，而只是说最合适的出价。"

资料来源：罗贤慧，郑孝庭. 资产评估：苹果树价值投资的故事 [J]. 财会月刊，2009(3).

【练习题】

一、选择题

1. 采用收益法评估资产时,收益法中的各个经济参数存在的关系是( )。

A. 资本化率越高,收益现值越低

B. 资本化率越高,收益现值越高

C. 资产未来收益期对收益现值没有影响

D. 资本化率和收益现值无关

2. 运用市场法时选择3个及3个以上参照物的目的是( )。

A. 使参照物具有可比性   B. 便于计算

C. 排除参照物个别交易的偶然性   D. 避免张冠李戴

3. 资产评估中的基本方法是指( )。

A. 一种具体方法

B. 多种评估方法的集合

C. 一条评估思路

D. 一条评估思路与实现该思路的各种评估方法的总称

4. 从理论上讲,构成资产重置成本的耗费应当是资产的( )。

A. 实际成本   B. 社会平均成本

C. 个别成本   D. 加权平均成本

5. 用市场法评估资产的正常变现价值时,应当参照相同或类似资产的( )。

A. 重置成本   B. 现行市价

C. 清算价格   D. 收益现值

6. 收益法中的折现率作为一种期望投资报酬率,其构成应当包括( )。

A. 无风险报酬率和风险报酬率   B. 行业基准收益率

C. 贴现率   D. 银行同期利率

7. 折现率和本金化率在本质上是( )。

A. 不同的   B. 相同的

C. 部分相同   D. 无可比性

8. 运用成本法评估时,下列方法中属于实体贬值测算方法的是( )。

A. 成本市价法   B. 规模经济效益指数法

C. 类比法   D. 观测法

9. 收益法中的收益指的是( )。

A. 未来预期收益   B. 现实收益

C. 历史收益   D. 账面收益

10. 下列影响因素中，属于功能性贬值的影响因素是(　　　)。

A. 社会需求下降　　　　　　　　B. 市场价格变化

C. 新工艺新材料运用　　　　　　D. 银行利率变化

11. 复原重置成本与更新重置成本相比较，采用相同标准的是(　　　)。

A. 价格水平　　　　　　　　　　B. 材料消耗

C. 设计水平　　　　　　　　　　D. 规模和技术

12. 应用市场法进行资产评估必须具备的前提条件有(　　　)。

A. 需要有一个充分发育、活跃的资产市场

B. 必须具有足够数量的参照物

C. 可以搜集到被评估资产与参照物可比较的指标和技术参数

D. 市场上必须有与被评估资产相同或相类似的全新资产

E. 市场上的参照物与被评估资产的功能相同或相似

13. 运用市场法评估任何单项资产都应考虑的可比因素有(　　　)。

A. 资产的功能　　　　　　　　　B. 市场条件

C. 交易条件　　　　　　　　　　D. 资产的实体特征和质量

E. 资产所处的地理位置

14. 运用收益法涉及的基本要素或参数包括(　　　)。

A. 被评估资产的实际收益　　　　B. 被评估资产的预期收益

C. 折现率或资本化率　　　　　　D. 被评估资产的折旧年限

E. 被评估资产的预期获利年限

15. 从理论上讲，成本法涉及的基本要素包括(　　　)。

A. 资产的重置成本　　　　　　　B. 资产的有形损耗

C. 资产的功能性贬值　　　　　　D. 资产的经济性贬值

E. 资产的获利年限

二、判断题

1. 市场法是根据替代原则，采用比较和类比的思路及其方法来估测资产价值的评估技术规程。任何一个理性的投资者在购置某项资产时，他所支付的价格不会高于市场上具有相同用途的替代品的现行市价。　　　　　　(　　　)

2. 在运用市场法时，资产及其交易活动的可比性要求参照物成交的时间与评估基准日间隔时间不宜过长，主要是为了减少调整时间因素对资产价值影响的难度。　　　　　　　　　　　　　　　　　　　　　　　　(　　　)

3. 运用市场法进行评估时，为了减少评估人员的工作量，选择的参照物最好不要超过 3 个。　　　　　　　　　　　　　　　　　　　　(　　　)

4. 一般情况下，在收益法运用过程中，折现率的口径应与收益额的口径

保持一致。　　　　　　　　　　　　　　　　　　　　　　（　　）

5. 在收益额确定的前提下，资本化率越高，收益现值越高；资本化率越低，收益现值也越低。　　　　　　　　　　　　　　　　　　（　　）

6. 收益法是根据将利求本的思路，采用资本化和折现的思路及其方法来判断和估算资产价值的各种评估技术方法的总称。　　　　　　（　　）

7. 资产评估中的收益现值，是指为获得该项资产以取得预期收益的权利所支付的货币总额。　　　　　　　　　　　　　　　　　　（　　）

8. 折现率与资本化率从本质上讲是没有区别的。　　　　　（　　）

9. 一般情况下，运用收益法评估资产的价值，所确定的收益额应该是资产的实际收益额。　　　　　　　　　　　　　　　　　　（　　）

10. 更新重置成本是按被评估资产的功能重置的全部成本。（　　）

11. 凡是具有潜在收益的资产，都可以用收益法进行评估。（　　）

12. 定基价格指数是评估时点的价格指数与资产购建时点的价格指数之比。
　　　　　　　　　　　　　　　　　　　　　　　　　　　（　　）

13. 被评估土地被企业不合理地使用着，其收益水平很低，因此，该土地使用权的评估值也一定很低。　　　　　　　　　　　　　　（　　）

14. 假设开发法、路线价法等具体评估方法与成本法、市场法和收益法三大基本资产评估方法是没有关系的。　　　　　　　　　　　（　　）

15. 资产评估中的成本法、市场法和收益法三大基本方法具有相互替代性。
　　　　　　　　　　　　　　　　　　　　　　　　　　　（　　）

三、计算题

1. 已知资产的价值与功能之间存在线性关系，参照物与评估对象仅在功能方面存在差异，参照物的年生产能力为1200件产品，成交价格为1500元，评估对象的年生产能力为1000件，试评估该资产价值。

2. 被评估资产在未来5年内的预期收益分别为20万元、22万元、24万元、25万元和26万元，该资产在第6~10年每年的收益均保持在27万元，第10年末资产拟转让，变现价约为120万元。假定折现率为10%，试估算该资产价值。

3. 评估对象为某企业2006年购进的一条生产线，账面原值为150万元，2009年进行评估。经调查分析确定，该生产线的价格每年比上一年增长10%，专业人员勘察估算后认为，该资产还能使用6年。又知目前市场上已出现功能更先进的类似资产，并被普遍运用，新设备与评估对象相比，可节省人员3人，每人的月工资水平为850元。此外，由于市场竞争的加剧，使该生产线开工不足，由此而造成的收益损失额每年为2万元，该企业适用的企业所得税税率为25%，假定折现率为10%，请评估该生产线价值。

第三章 机器设备评估

第一节 机器设备评估概述

一、机器设备的含义

工厂里的技术人员通常将一台（辆）、一套或一组由金属及其他材料制成、由若干零部件装配起来的，在一种或几种动力驱动下，能够完成生产、加工、化学反应、运行等功能或效用的装置称为机器设备。这个定义是从自然科学的角度做的描述，作为资产评估中的机器设备包含的范围往往更广，它还包括人们根据声、光、电技术制造的电气设备、电子设备、仪器仪表等。资产评估准则对机器设备的定义是：机器设备是指人类利用机械原理以及其他科学原理制造的、特定主体拥有或者控制的有形资产，包括机器、仪器、器械、装置、附属的特殊建筑物等资产。

资产评估准则对机器设备的解释强调了它的资产属性，这个定义具有更高的概括性，但它却不像工厂的技术人员解释得那么直观，我们可以结合这两种不同的定义来理解资产评估中的机器设备。

二、机器设备的分类

机器设备品类繁多，功能、形态各异，我们需要将它们做一些归类，这样更便于对评估方法和技巧的选取。例如，有些通用设备能运用在很多不同的场合，这类设备的资产交易市场也比较活跃，因而，采用市场法是最可能的途径；而自制的、非标准的设备没有相应的交易市场，我们可能会运用成本法来估算；有些成套设备或者机组具有独立的获利能力，我们就有可能依据它产生的收益来确定它的价值。现在，我们先来介绍与资产评估关联较多的两种分类方法，即国家固定资产管理中的分类标准和会计核算使用的分类标准。

1.《固定资产分类与代码》国家标准（GB/T14885-94）

此国家标准是由国务院清产核资办公室和国家技术监督局联合编制的，1994年发布。此标准规定了固定资产的分类、代码以及计算单位。其适用的范围包括国内的企业、事业单位、社会团体、行政机关、军队和武警部队以及各级有关管理部门的固定资产管理、清查、登记、统计等工作。

国家标准按照资产的属性分类，并兼顾了行业管理的需要，包括10个门类，其中设备占了7类：①通用设备。②专用设备。③交通运输设备。④电气设备。⑤电子及通信设备。⑥仪器仪表、计量标准器具及量具、衡器。⑦文艺体育设备。另外，还有土地、房屋及构筑物；图书、文物及陈列品；家具用具及其他占了3类。各个门类里面又分多个大类、中类、小类和细类。

标准采用等长度6位数字层次代码结构，共分四层，第一层和第四层以两位阿拉伯数字表示，第二层和第三层以一位阿拉伯数字表示，如下图所示。

XX	X	X	XX
第一层 大类	第二层 中类	第三层 小类	第四层 细类

例如07—金属加工设备；071—金属切削机床；0711—车床；071105—六角车床

目前，国内大部分企业的固定资产管理已采用上述分类方法，由于被评估企业建账和资产管理的需要，评估机构提供的机器设备明细清单也必须符合上述分类要求，因此，这种分类方法是资产评估中使用的最基本的分类方法。

2. 会计核算中使用的分类

由于评估工作经常会参照会计资料，加上我国评估行业发展的特点，很多评估专业人员以及评估机构管理部门的人员都是会计专业出身的，在评估实际工作中常常会模糊资产评估与会计的区别界限，甚至有时会混用，因而了解机器设备会计的分类方法很有必要。

根据我国现行会计制度，机器设备按其使用性质分为六类：①生产用机器设备，指直接为生产经营服务的机器设备，包括生产工艺设备、辅助生产设备、动力能源设备等。②非生产用机器设备，指在企业所属的福利部门、教育部门等非生产部门使用的设备。③租出机器设备，指企业出租给其他单位使用的机器设备。④未使用机器设备，指企业尚未投入使用的新设备、库存的正常周转用设备、正在修理改造尚未投入使用的机器设备等。⑤不需用机器设备，指已不适合本单位使用，待处理的机器设备。⑥融资租入机器设备，指企业以融资租赁方式租入使用的机器设备。

除了上述两种在资产评估中常用的分类方法外，还有一些其他的分类，这些其他的分类方法在评估活动中虽然理论上说并不属主流，但在实际工作中可以根据评估的现实情况在当事方的约定下使用。例如，按机器设备在生产中的作用分类可以分为生产工艺类设备、辅助生产设备和服务设备；按工作原理可以分为热力机械、流体机械、蒸汽动力机械、往复机械等；按服务的行业可以分为冶金机械、矿山机械、纺织机械、化工机械、农业机械、发电设备等；按功能可分为起重机械、运输机械、动力机械、粉碎机械等；而按资产的技术性特点又可分为通用设备、专用设备和非标准设备；按机器设备的组合形式还可以将机器设备分为单台机器设备和机器设备组。这些分类是从不同的视角来对资产进行划分的，它们之间是相互交叉、重叠的，例如，电站锅炉按服务的行业分类属于发电设备，按工作原理分属于蒸汽动力机械，按功能又属于动力机械等。

三、机器设备评估的特点

机器设备自身的特点决定了在评估过程中的工作特点：

1. 尽量逐项核实

由于机器设备种类繁多，单位价值较大，性能用途各不相同，所以应分门别类、逐项逐件地进行核实和评估，以保证评估的真实性和准确性。

2. 机器设备的评估需要以技术检测为基础

由于机器设备包含的技术性强，使用涉及的专业广泛，各行各业千差万别，加上机器设备在其有效使用期内价值的变动较为复杂，这些都要求机器设备的评估需借助于必要的技术检测，来确定机器设备的实物和价值状况，以保证评估结果的科学性。

3. 外部条件变化快

一般来讲，机器设备是企业生产力的主要代表，机器设备的效率在很大程度上决定了利润率的高低，因而机器设备技术一般更新快，许多成新率很高的机器往往由于技术过时而价值大打折扣。另外，一些政策性的规定，如环保要求等，也会使某些机器的使用受到限制。

四、机器设备评估的程序

一般来讲，机器设备的评估需要经过以下步骤：

1. 评估准备阶段

评估准备阶段的主要工作是针对评估项目的实际情况，制订出机器设备评估的工作计划，搜集整理有关的资料和数据。评估准备阶段的具体内容如下：

（1）指导委托方填写和准备与评估事项有关的资料及文件。如反映待评估资产情况的资料（包括机器设备的原价、净值、使用年限、规格型号等）以及证明待评估资产产权状况的证明文件等。

（2）搜集与评估活动相关的价格资料，包括待评估机器设备的现行市价、可对比资产或参照物的现行价格资料以及国家公布的有关物价指数、评估师自己搜集整理的物价指数等。

（3）制定评估方案，落实人员安排，设计评估技术路线。

2. 现场实施阶段

现场实施阶段要求评估师进行现场实地勘察，核定待评估设备数量，并进行技术鉴定。现场对设备的鉴定工作要有详细、完整的记录。这些记录将是评估机器设备价值的重要数据。

（1）逐件核实评估对象。评估师对已被列入评估范围的机器设备进行现场清查核实，以确保评估对象真实可靠，同时要求委托方根据现场清查核实的结果，调整或确定其填报的待评估机器设备清单，并以清查核实后的待评估机器设备作为评估对象。

（2）对被评估设备进行分类。这里所指的分类并不一定是将设备按照最后评估报告中的机器设备分类，而是便于理清工作头绪避免漏评、重评提高工作效率的一种做法。通常是将所有设备按单位价值的大小归入各个类中，再在各个类当中细分；也可以按照机器的技术性特点分类为通用设备、专有设备、非标准设备等。这样分类的好处是便于搜集数据资料以及合理配备评估人员，提高评估结果的准确性。

（3）设备鉴定。对设备进行鉴定是现场工作的重点，包括对设备的技术状况鉴定、使用情况鉴定、质量鉴定以及磨损程度鉴定等。①设备技术状况的鉴定，主要是对设备满足生产工艺的程度、生产精度和废品率，以及各种消耗和污染情况的鉴定，从而判断设备是否有技术过时和功能落后等情况存在。②设备使用情况鉴定，主要是了解设备是处于在用状态还是闲置状态，使用中的设备的运行参数、故障率、零配件保证率以及设备闲置的原因和维护情况等。③设备质量鉴定，主要是了解设备的制造质量，设备所处环境、条件对设备质量的影响，设备现时的完整性、外观和内部结构情况等。④设备的磨损程度鉴定，主要是了解设备的有形损耗，如锈蚀、损伤、精度下降以及无形损耗如功能不足或功能过剩等。

3. 确定设备评估经济技术参数阶段

根据评估的目的和评估项目对评估价值类型的要求以及评估所选择的途径和方法，合理地确定评估所需要的各类经济技术参数。

4. 评定估算阶段

做完上述基础工作后，评估师应根据评估目的、评估价值类型的要求以及评估对象的具体情况，科学地选用评估计算方法进行评定估算。

5. 撰写评估报告及评估说明阶段

在评定估算过程结束之后，应对评估结果进行分析评价，及时撰写评估报告书及评估说明。

6. 评估报告的审核和报出阶段

评估报告完成以后，要有必要的审核，包括复核人的审核、项目负责人的审核和评估机构负责人的审核。在三级审核确认评估报告正确无误后，再将评估报告送达委托方及有关部门。参考样式如表3-1所示。

表3-1　机器设备评估所需资料清单

资料类型		资料目录	说明
业务类资料	1	清查评估明细表	格式由事务所提供
	2	机器设备原始发票复印件	
	3	设备照片	或评估基准日审计报告
	4	评估基准日会计报表及附注	至末级的期初、期末和累计发生额
	5	评估基准日科目余额表	与设备有关的部分
	6	总账、明细账、会计凭证	

续表

资料类型		资料目录	说明
业务类资料	7	设备台账，机器设备使用、保养、检修、工作环境记录、精度、技术参数等资料	
	8	运输设备的行车执照、锅炉、压力容器、吊装设备、电梯设备的年检合格证复印件	
	9	大型设备的安装位置图、结构简图	
	10	非标准设备的竣工图、使用说明书、验收报告	
	11	生产工艺流程及与之相关的设备系统的组成、分布情况	
	12	与机器设备有关的质押、抵押、融资租赁、租赁合同	
备查类资料	13	业务约定书	
	14	向上级单位或股东会报告评估经济行为的申请	
	15	上级单位或股东会同意评估经济行为的批准文件	
	16	委托方与资产占有方营业执照复印件	
	17	委托方与资产占有方承诺函	
	18	设立、变更验资报告	工商备案
	19	公司章程、协议	工商备案
	20	股东会、董事会重大决议等文件	
	21	与评估经济行为有关的合同、协议复印件	

资料来源：俞明轩. 资产评估［M］. 北京：人民大学出版社，2009.

五、机器设备评估时应注意的几个细节

1. 机器设备与其他类资产的混存问题

（1）机器设备与某些不动产。

1）有些设备是附着在土地、房屋及构筑物上的，它们很难拆开单独使用，而这些设备对不动产部分的功能会产生很大的影响，同时，相比较这些不动产而言它们的价值又较小，如旋转屋顶的机构、电梯等。我们在评估时往往将这些设备归到相应的不动产中计算其价值。

2）许多物业为了方便使用，除土地、房屋结构外还配有水、电、通信等附属设备。这些设备虽然没有附着在建筑物上，但拆除这些设备会使物业的价值和设备本身的价值都打折扣，因此，我们在评估这些具有独立功能的物业时，可以将诸如配电设备、泵站、锅炉、电话交换机等列入物业范围，随建筑

物一起评估。

3）许多加工设备都有设备基础等构筑物，我们在评估时不能将设备基础漏掉。一般情况下，简易基础（如机床设备基础等）可以含在设备评估价值中，大型设备基础要单独作为构筑物评估。

（2）机器设备与无形资产。对于一些比较复杂或先进的机器设备，其功能的正常发挥往往还需要有专利、专有技术或计算机软件等无形资产的支持。通常我们将单台设备的或通用性较强的无形资产分开来作为无形资产价值评估，而将成套设备、机组和复杂的检测设备中含有的专用无形资产含在设备价值中一起评估。

（3）机器设备与流动资产。许多成套设备、机组在其价值构成中包含有试车用原材料、配套易损件及技术培训费等。对这样的设备进行评估时，我们应注意不要漏评，同时也避免将它们混入流动资产类引起重评。

2. 权属、凭证问题

虽然评估准则并没有规定评估师需对资产法律权属的正确性提供保证，但从评估机构的专业信誉及社会责任角度来看，对所评估机器设备的一些相关证明文件进行仔细查验还是很必要的，它能使评估结果更具准确性。

由于机器设备一般价值大而且可移动，有些不法企业会出于私利而虚报机器设备，将本不是企业所拥有的隶属他人的设备"借来"充数，有的企业通过不正常的渠道（如走私）获得机器设备，还有的企业将已经作为投资的机器设备仍然算在自己的账下，也有的企业在租赁设备、抵押设备的权属上做文章。虚报手段林林总总，因此，在实际评估过程中我们不仅要查验发票，还要对照付款凭证、购置合同，并且要查验企业相关的账目以确认机器设备在评估基准日是否还在企业固定资产账上等，评估师通过仔细地查验帮助杜绝欺骗行为的发生。

第二节　成本法在机器设备评估中的应用

回顾一下第二章讲到的成本法的概念，再结合机器设备的特点，就不难理解机器设备如何使用成本法评估了。机器设备评估的成本法就是通过估算全新机器设备的重置成本，减去机器设备的各种贬值后所确定的机器设备价值的一种方法。我们先来看看机器设备重置成本的计算方法。

一、机器设备重置成本

1. 机器设备重置成本的构成

按照机器设备的来源我们通常将机器设备分为外购设备和自制设备。

（1）外购机器设备重置成本的构成。大部分的机器设备都是企业通过购买专业机器生产厂商提供的产品获得的，而这些外购的设备又由于产地不同成本构成也不同。外购的国产设备的重置成本一般包括设备自身的购买价格、运输费、安装调试费、手续费、验车费等，这与通过国内经销商购买的进口设备的成本构成差不多，不过我们需要注意，对某些进口设备国家可能有限制规定；直接从境外购置的进口设备除了像购买国产设备发生的那些基本费用外，还有进口从属费用、海关商检费、海外运输保险费、关税以及银行费用等。

（2）自制机器设备重置成本的构成。自制设备成本的构成与外购设备有很大不同，自制设备一般要经过设计、制造（购进原材料、生产、管理）、安装调试等流程。这样，自制机器设备的重置成本一般要包括制造设备所发生的直接成本、间接成本和因资金占用所发生的资金成本以及相关税费、合理利润等。制造设备的直接成本一般包括原材料的购进成本、人工成本、设计费等；间接成本包括管理费用、折旧、维修、水电等费用。

【深度分析1】

为什么自制设备的重置成本还要考虑合理利润

重置成本从资产使用者的角度来看，它是"获得"这项资产的全部支出。它的支出数额通常是参照市场交换价格的。从资产生产者角度来看，市场交换价格是由生产者生产该产品的制造成本、销售费用、资金占用成本、产品销售的税费以及合理利润的社会平均水平的总和构成的。从社会角度来看，这个设备由谁生产又由谁使用并不重要，它的社会交换价值是既定的和客观的，这个价值包含生产者的利润是合理的而且是必须的。"社会视角"认为某生产者自制设备的重置成本在效果上等于这个设备由他方制造出来再在市场上出售给该生产者所交易的价格。

另外，生产者的机会成本也是自制设备重置成本需要包含利润的一个理由。因为生产者在生产自制设备时需要投入人力、财力、物力，而这些资源原本是通过其他途径为生产者带来经济利益的，现在由于它们被用于制造自制设备，也就丧失了在其他途径获利的机会，这个损失就应该在自制设备的重置成本中得到补偿。

2. 机器设备重置成本的计算

第二章已简要地介绍了几种重置成本的估算方法。由于机器设备种类及来源多种多样，成本构成的各方面对总成本的影响权重也各不相同，所以我们需要将机器设备的重置成本拆分为设备本体的重置成本和运杂费、设备安装费、设备基础费以及进口设备从属费用等几个部分来分别进行研究，通过对这些方面各自的估算后再将这几类结果累加起来获得机器设备的重置成本。

（1）设备本体重置成本的估算。设备本体的重置成本也即是设备的购置价格，它指的是设备本身的购买或购建价格，不包括运输、安装等费用。对于市场上正常销售的设备按现行市场销售价格确定；自制设备的购置价是指按照当前的价格标准计算的建造成本及其利税、相关费用等，包括直接材料费、燃料动力费、直接人工费、制造费用、利润、税金以及非标准设备的设计费等。对设备本体价格的获得可通过直接获取和间接获取两种方式。

1）直接法。直接法是根据市场数据直接确定设备本体重置成本的方法。使用这种方法的关键是获得可靠的市场价格资料。对于大部分通用设备，市场价格资料的取得是比较容易的。而非标准、专用设备的价格资料往往很难从市场上直接取得。获得市场价格的渠道一般包括：

第一，市场询价。对于有公开市场价格的机器设备，评估师可以直接通过电话、传真、走访等形式从生产厂商或销售商那里了解相同产品的现行市场销售价格。评估人员应尽可能地多询问一些卖家关于价格的信息，选取比较低的价格作为参照依据。对于由市场询价得到的价格信息，评估师有时还需要进行一定的调整，因为市场询价所获得的报价信息与实际成交的价格之间可能会存在一定的差异。另外，有些机器设备可能已经停产，市面上并无销售，我们就需要找到一个非常近似的产品来进行询价，并且考虑被评估机器与市场上类似设备的各种差异从而调整所询得的价格。

第二，使用价格资料。价格资料是获得机器设备市场价格的重要渠道，它们包括生产厂家提供的产品目录或价格表、经销商提供的价格目录、报纸杂志上的广告、出版的机电产品价格目录、机电产品价格数据库等。在使用上述价格资料时，数据的有效性和可靠性是至关重要的。

机器设备的价格是随时间变化的，有些产品的价格相对稳定，往往几个月或者一年之内保持不变；有些产品的价格变化比较快，如电子产品、计算机、汽车等，这些产品的价格每个月甚至每周都在变化。评估师要注意价格资料的时效性，所使用的价格资料应反映评估基准日的价格水平。另外，查阅价格资料与市场询价一样，也存在报价与成交价之间的差异问题，我们需要考虑购买批量、付款方式等因素对实际成交价格的影响从而相对准确地确定设备的购置价。

2）间接获取设备本体价格。有一些机器设备通过直接法无法获得设备的购置价，我们可以考虑使用一些其他办法来获取，如使用综合估价法、物价指数法、重量估价法等通过获取一些相关信息来计算出它们的购置价。

第一，综合估价法。一些非标准的或市场已经停止销售了的机器设备的市场价格的资料是难以获得的，通常我们可以采用重置核算法来确定机器设备的购置成本。第二章我们简要介绍了重置核算法在估算重置成本时的应用，它是利用成本核算的原理，根据重新取得资产所需的费用项目，逐项计算，然后累加得到资产的重置成本的方法。这个方法我们也可以应用在设备购置成本组成比较复杂的机器设备购置成本的估算上。重置核算法有多种不同用法，在此我们介绍一种称为综合估价法的方法。综合估价法的思路是：根据设备的主材料费用与设备整体的成本费用存在一定的比例关系的规律，通过确定设备的主材料费用，并考虑企业利润、税金和设计的费用，计算出设备的重置成本。它的计算方法如公式（3-1）所示：

$$\text{设备本体重置成本}=\left(\frac{\text{主材费用}}{\text{不含外购件的成本主材费率}}+\text{主要外购件费用}\right)\times\left(1+\text{成本利润率}\right)\times\left(1+\frac{\text{非标设备设计费率}}{\text{非标设备生产量}}\right)\quad(3-1)$$

式中，主材是指在设备中所占的重量和价值比例较大的一种或几种材料。主材费用可依照制造图纸估算出各种主材的净消耗量，再根据各种主材的利用率求出它们的总消耗量，并按材料的市场价格计算出每一种主材的材料费用。其计算方法为公式（3-2）：

$$\text{主材费}=\frac{\text{主材净耗量}}{\text{主材利用率}}\times\text{评估基准日市场价格}\quad(3-2)$$

这里的市场价格指的是不含税价格，主材利用率指的是某种主材扣除一定损耗后的实际用量占该主材总量的比例。

【深度分析2】

为什么购买主材以及主要外购件的市场价格指的是不含税价格

因为主材和外购件都是用于生产的，根据税法相关规定，这些项目的增值税是可以抵扣的。所以计算设备本体的成本时，不需要考虑用于生产的材料的进项增值税，反正随后要抵扣掉。但如果生产材料的购价是含税价格，就需要剔除掉增值税的影响。具体关系是：

$$\text{不含税价格}=\frac{\text{含税价格}}{1+\text{增值税税率}}$$

成本主材费率是指主材费用占加工成本（不含外购件）的比率。一般可以参考同类标准设备的成本主材费率来确定。

那么，$\dfrac{主材费用}{不含外购件的成本主材费率}$ 的含义就是设备制造成本中用于对主材加工制造环节的成本。

$\dfrac{主材费用}{不含外购件的成本主材费率}$ +主要外购件费用就是设备的全部加工成本。

主要外购件费用是指按照评估基准日的市场价格确定的主要外购件的购置成本。主要外购件可依据它在设备价值中所占的比重来确定。价值比重很小的外购件，其成本将综合在主材成本费率中考虑，不再单独计算。

公式中涉及的几项费率一般都能够在类似表3-2的表格中查询到，但有些自制设备与表中的参数有时不会完全一致，这就需要评估人员根据自制机器设备的实际情况做一些调整。

关于销售综合税费率。由于当前正处于税制改革阶段，公式（3-1）中未包含销售税费。在实际评估中，需以评估基准日的税收政策加上综合税金的影响。

【计算演示1】

某设备主材为钢材，主材的净消耗量为25.5吨，评估基准日钢材不含税市场价为3500元/吨。另外，所需主要外购件（电机、泵、阀、风机等）不含税费用为55680元。主材利用率为90%，成本主材费率为55%，成本利润率为15%，销售税费率为18.7%，设计费率为16%，产量为1台。

根据已知条件及公式我们可以求得：

主材费 $=25.5 \div 90\% \times 3500 = 99167$（元）

该设备本体的重置成本 $=(99167 \div 55\% + 55680) \times (1+15\%) \times (1+18.7\%) \times (1+16\% \div 1)$

$=373670$（元）

第二，物价指数法。物价指数法是以设备的原始购买价格为基础，根据同类设备的价格变动指数来确定机器设备本体重置成本的一种方法。在机器设备的评估中，对于无法获得市场价格的机器设备，我们可以采用物价指数法来确定其重置成本。物价指数法的估算过程在第二章中已经有演示，具体操作实务

表 3-2　通用非标准设备估价参数

估价编号	设备名称	单位	主要材料利用率（%）					主要外购件	成本主材费率（%）	成本利润率（%）	销售税金率（%）	设计费率（%）	备注
			钢材	铸铁	耐火材	…	PVC						
06	炉子设备												
0601	加热炉	座	85	90	砖 95 纤维 97			喷嘴、风机、减速机、轴承、电缆等	37~39	9~10	3.413	8~11	
0602	热处理炉	座	85		砖 95 纤维 97			喷嘴、风机、减速机、轴承、电缆等	36~39	9~10	3.413	8~11	
08	槽罐设备												
0801	碳钢小槽	座	90						64~68	10	18.7	10~13	
0802	塑料冷水槽	座					90		68~71	10	18.7	10~13	
0803	电解去油槽（蛇形管加热）	座	板 90 管 96					阳极杆、阴极杆、导电极座、尼龙极座	68~70	10	18.7	10~13	
		座	90					阳极杆、阴极杆、导电极座、尼龙极座					

中我们需要注意以下几点：①对物价指数的种类要明晰，注意是定基还是环比指数。②应注意审查历史成本的真实性。因为在设备的使用过程中，其账面价值可能进行了调整，当前的账面价值可能不能反映真实的历史成本。另外，还需注意二手设备的历史成本应是最初使用者的账面原值，而不是当前使用者的购置成本。③选取的物价指数应与评估对象相配比，一般采用某一类产品的分类物价指数而不是采用综合物价指数。④机器设备在企业账面的历史成本一般还包括运杂费、安装费、基础费以及其他费用。这些费用的物价变化指数与设备本身的价格变化指数往往是不同的，应分别计算，不能混淆。⑤对于进口机器设备，要使用设备出口国的分类物价指数及国内相关税金、费用的变化。

第三，重量估价法。重量估价法用机器设备的重量乘以综合费率，同时考虑利润和税金来确定设备本体的重置成本，并根据设备的复杂系数进行适当调整。综合费率根据相似设备的统计资料确定。其计算方法如公式（3-3）所示：

$$RC = W \times Rw \times K + P + T \tag{3-3}$$

或者

$$RC = W \times Rw \times K (1+r_p) \times (1+r_t) \tag{3-4}$$

式中，RC 为设备重置成本；W 为设备的净重；Rw 为综合费率；K 为调整系数；P 为合理利润；T 为税金；r_p 为利润率；r_t 为综合税率。

这种方法简单，估价速度快，适用于材料单一、制造简单、技术含量低的机器设备重置成本的估算，如结构件和比较简单的大型冲压模具等。

上面介绍的几种方法以及第二章中讲到的功能价值法、规模经济效益指数法、统计分析法等都可以用来间接地估算机器设备本体的重置成本，在评估实务中应结合特定机器设备的具体情况来合理安排估算的方法。

（2）运杂费的计算。运杂费是机器设备从生产地或购买地到使用地之间的运输、装卸、保管等环节发生的费用。

1）国产设备运杂费计算。国产设备运杂费的计算通常有两种方法。方法之一是根据机器设备的生产地点、使用地点以及重量、体积、运输方式，根据铁路、公路、船运、航空等部门的运输计费标准逐项计算并汇总。这种方法计算数据准确性较高，但计算量较大。以铁路运输为例，计算运费的一般程序是：

第一，按《货物运价里程表》计算出发站至到站的运价里程。

第二，根据货物运单上填写的货物名称查找《铁路货物运输品名分类与代码表》、《铁路货物运输品名检查表》，确定适用的运价号。

第三，整车、零担货物按货物适用的运价号，集装箱货物根据箱型、冷藏车货物根据车种分别在"铁路货物运价率表"中查出适用的运价率（即基价1和基价2，以下同）。

第四，货物适用的基价 1 加上基价 2 与货物的运价里程相乘之积后，再与按本规则确定的计费重量（集装箱为箱数）相乘，计算出运费。

综上得出铁路货物运费计算方法如公式（3-5）所示：

运费=（基价1+基价2×运价里程）×[1+加（减）成率]×计费重量　　　（3-5）

其中，加（减）成率是运输部门对特殊货物或运输方式做出的增加费用比率的规定。

第五，运输过程中的其他费用，如保价费、铁路建设基金及附加费等杂费依据相应法规计算。

铁路货运运价率参照表 3-3。

表 3-3　铁路货物运价率

办理类别	运价号	基价1		基价2	
		单位	标准	单位	标准
整车	1	元/吨	5.60	元/吨·公里	0.0308
	2	元/吨	6.30	元/吨·公里	0.0349
	3	元/吨	7.40	元/吨·公里	0.0405
	4	元/吨	9.30	元/吨·公里	0.0454
	5	元/吨	10.10	元/吨·公里	0.0511
	6	元/吨	14.60	元/吨·公里	0.0724
	7			元/吨·公里	0.2265
	冰保	元/吨	9.20	元/吨·公里	0.0526
	机保	元/吨	11.20	元/吨·公里	0.0750
零担	21	元/10千克	0.115	元/10千克·公里	0.00052
	22	元/10千克	0.165	元/10千克·公里	0.00072
集装箱	1吨箱	元/箱	10.0	元/箱·公里	0.0348
	10吨箱	元/箱	118.5	元/箱·公里	0.4402
	20英尺箱	元/箱	215.0	元/箱·公里	0.9674
	40英尺箱	元/箱	423.0	元/箱·公里	1.5184

另一个方法是按设备的原价的一定比率作为设备的运杂费率，以此来计算设备的运杂费，这通常是在大型企业机器设备数量多，为了提高评估工作效率的一种做法。其计算方法如公式（3-6）所示：

国产设备运杂费=国产设备原价×国产设备运杂费率　　　（3-6）

运杂费率一般可通过查询费率表或根据购销合同中对运杂费率的规定来计算，参见表3-4。

表3-4　机械行业国产设备运杂费率

地区类别	建设单位所在地	运杂费率（%）	备注
一类	北京、天津、河北、山西、山东、江苏、上海、浙江、安徽、辽宁	5	指标中包括建设单位仓库离车站或码头50千米以内的短途运输费。当超过50千米时按每超过50千米增长0.5%费率计算，不足50千米的，按50千米计算
二类	湖南、湖北、福建、江西、广东、河南、陕西、四川、甘肃、吉林、黑龙江、海南	7	
三类	广西、贵州、青海、宁夏、内蒙古	8	
四类	云南、新疆、西藏	10	

2）进口设备的国内运杂费。进口设备的国内运杂费是指进口设备从出口国运抵我国后，从所到达的港口、车站、机场等地，将设备运至使用的目的地现场所发生的港口费用、装卸费用、运输费用、保管费用、国内运输保险费用等各项运杂费，不包括在运输超限设备时发生的特殊措施费。

其中，港口费用是指进口设备从卸货至运离港口所发生的各项费用，包括港口建设费、港务费、驳运费、倒垛费、堆放保管费、报关费、转单费、监卸费等。同样的，进口设备运杂费也可以简化为用运杂费的一定比例即运杂费率来计算，其计算方法如公式（3-7）所示：

进口设备国内运杂费=进口设备到岸价×进口设备国内运杂费率　　　（3-7）

国内陆运和海运方式运杂费率的参考样式如表3-5和表3-6所示。

表3-5　机械行业进口设备海运方式国内运杂费率

地区类别	建设单位所在地	运杂费率（%）	备注
一类	北京、天津、河北、山东、江苏、上海、浙江、广东、辽宁、福建、安徽、广西、海南	1～1.5	进口设备国内运杂费指标是以离港口距离划分指标上、下限：20千米以内为靠近港口取下限；20千米以上、50千米以内为邻近港口取中间值；50千米以上为远离港口取上限
二类	山西、河南、陕西、湖南、湖北、江西、吉林、黑龙江	1.5～2.5	
三类	甘肃、内蒙古、宁夏、云南、贵州、四川、青海、新疆、西藏	2.5～3.5	

表3-6 机械行业进口设备陆运方式国内运杂费率

地区类别	建设单位所在地	运杂费率（%）	备注
一类	内蒙古、新疆、黑龙江	1~2	进口设备国内运杂费指标是以离陆站距离划分指标上、下限：100千米以内为靠近陆站取下限；100千米以上、300千米以内为邻近陆站取中间值；300千米以上为远离陆站取上限
二类	青海、甘肃、宁夏、陕西、四川、山西、河北、河南、湖北、吉林、辽宁、天津、北京、山东	2~3	
三类	上海、江苏、浙江、广东、安徽、湖南、福建、江西、广西、云南、贵州、西藏	3~4	

（3）设备安装费和基础费的计算。设备安装费是指设备在安装过程中发生的必要的、合理的人工费、材料费、机械费等全部费用。一般较大型的设备安装以专门的安装工程方式进行，若工期较长或设备安装后至投入使用的时间较长，还应计算资金成本。

设备的基础是为安装设备而建造的特殊构筑物。设备基础费是指建造设备基础所发生的人工费、材料费、机械费及全部用费。有些特殊设备的基础列入构筑物范围，不按设备基础计算。

在评估实务中，如果机器设备的数量不多，我们可以逐项计算上述各项费用并加总。但如果计算量很大的话，我们可以采用类似运杂费计算中的通过查询费率来简化计算过程的做法。安装费和基础费相关的计算方法分别如公式（3-8）至公式（3-13）所示：

国产设备安装费=设备原价×设备安装费率　　　　　　　　　　（3-8）

进口设备安装费=相似国产设备购置价×国产设备安装费率　　　（3-9）
或

进口设备安装费=进口设备到岸价×进口设备安装费率　　　　　（3-10）

国产设备基础费=国产设备购置价×国产设备基础费率　　　　　（3-11）

进口设备基础费=替代国产设备购置价×国产设备基础费率　　　（3-12）
或

进口设备基础费=进口设备到岸价×进口设备基础费率　　　　　（3-13）

机械行业建设项目概算指标中规定：进口设备的安装费率可按相同类型国产设备的30%~70%选取，进口设备的机械化、自动化程度越高，取值越低；反之越高。

机器设备的安装费与施工条件和施工水平相关，不可避免地会因偶发事件造成安装费的变动。在计算安装费时，我们一般不单独考虑特定个体的实际费用，而更多的是以安装费的平均水平或正常水平为计算标准。

机械行业建设项目概算指标对基础费也做了规定：进口设备的基础费率可按国产设备基础费率的30%～70%选取，进口设备机械化、自动化程度越高，取值越低；反之越高。一些特殊情况，如进口设备的价格较高而基础简单的，基础费率应低于标准，反之则高于标准。

（4）进口设备从属费用的计算。进口设备的从属费用包括国外运费、国外运输保险费、关税、消费税、增值税、银行财务费、外贸手续费，如果是车辆则包括车辆购置附加费等。

进口设备从属费用的计算方法如公式（3-14）至公式（3-21）所示：

$$海运费 = 设备离岸价 \times 海运费率 \tag{3-14}$$

$$国外运输保险费 = (设备离岸价 + 海运费) \times 保险费率 \tag{3-15}$$

$$关税 = 设备到岸价 \times 关税税率 \tag{3-16}$$

$$消费税 = \frac{(关税完税价 + 关税) \times 消费税税率}{1 - 消费税税率} \tag{3-17}$$

$$增值税 = (关税完税价 + 关税 + 消费税) \times 增值税税率 \tag{3-18}$$

$$银行服务费 = 设备离岸价 \times 银行服务费率 \tag{3-19}$$

$$进口手续费 = 设备到岸价 \times 外贸手续费率 \tag{3-20}$$

$$车辆购置附加费 = (到岸价人民币数 + 关税 + 消费税) \times 费率 \tag{3-21}$$

式中，设备到岸价 = 设备离岸价 + 海运费 + 保险费；费率及税率都是可以查询得到的。

至此，对机器设备重置成本的几个构成方面的估算方法我们有了大致了解，将这些估值加总就可以得到机器设备重置成本的估算值。然而运用成本法对机器设备进行评估的路才只走了一半，算出重置成本值相当于我们得到了一个全新的设备，一般而言，被评估的机器都是使用过了的资产，还需要扣除掉一些损耗后才能得到我们想要的对被评估资产价值的最终评估值。

二、实体性贬值

机器设备在使用过程中，由于零部件受到摩擦、冲击、振动等作用，使得机器的零部件产生磨损、破裂、疲劳等现象，造成零部件的几何尺寸发生变化，精度降低，使用寿命缩短。这是典型的机器设备的有形磨损，也称为第Ⅰ种有形磨损。另外，即使设备没有被使用，它也会受到自然界中的空气、水分、射线、温度等的影响与侵蚀，出现腐蚀、老化、生锈、变质等现象。这类损耗称为第Ⅱ种有形磨损。由上面这些有形损耗引起的机器设备贬值就称为实体性贬值。

设备的实体性贬值从设备制造完毕后就开始发生。实体性贬值的大小与机器产出的时间、存放的环境、工作负荷、维修保养状况有着密切的关系。

对机器设备的实体性贬值的估算可以通过以下几种方法来实现。

1. 技术鉴定法

评估师运用一定的检测设备依据物理、生化反应的原理对设备各部分进行技术鉴定，判断设备的损耗程度，从而确定设备的实体性贬值的方法称为技术鉴定法。这种方法对实体损耗程度的计量是比较精准的，但却耗时、耗钱，一般只针对价格高、生产中的关键设备应用全面的技术鉴定。

2. 观察法

对机器设备做技术鉴定的情形并不太多，更多的还要结合感官检测确定贬值。机器设备的磨损一般会伴随一些症状的变化，如振动变大、噪音增大、温度升高、精度下降、生产能力下降、能耗增高、故障率升高等。观察法就是评估师通过现场观察，查阅机器设备的历史资料，向操作人员询问设备的使用情况、使用精度、故障率、磨损情况、维修保养情况、工作负荷等，对所获得的信息进行分析、归纳、综合，依据经验判断设备的磨损程度及贬值率，继而算出实体性贬值的方法。当然，在观察过程中，评估师也可以借助一些简单的测量手段或工具以得到更为准确的结果。

在应用观察法估算大型机器的实体性贬值时，往往还会综合多名评估师对设备实体贬值的判断，得出更为合理的结论。另外，还有一些第三方比较权威的统计数据诸如"实体性贬值率参考表"这样的资料可以在一定程度上指引评估师的估价行为。

观察法虽然是一个主观判断的过程，但它在实际应用中却是简便易行且可靠的一种方法，因为对于一个合格的、忠于职业操守的评估师来讲，观察分析法既运用了评估师对以往评估实践总结的智慧，同时加上还有行业各种经验数据的支持，使得这种方法不失为操作性很强的一种方法。机械设备实体性贬值率参考见表3-7。

3. 使用年限法

使用年限法是从使用寿命的角度来估测贬值的方法，所以也称为寿命比率法。这种方法假设机器设备在整个使用寿命期间内，设备价值随着设备使用寿命的消耗而同比例损耗。因此，实体性贬值率的计算公式可表示为公式（3-22）：

$$设备实体性贬值率 = \frac{设备已使用年限}{设备已使用年限 + 设备尚可使用年限} \quad (3-22)$$

表 3-7　机械设备实体性贬值率评估参考

设备分类	状态说明	实体性贬值率 （%）	成新率 （%）
新设备及使用不久的设备	全新或刚使用不久的设备。在用状态良好，能按设计要求正常使用，无异常现象	0～10	100～90
较新设备	已使用一年以上或经过第一次大修恢复原设计性能后使用不久的设备，在用状态良好，能满足设计要求，未出现过较大故障	11～35	89～65
半新设备	已使用二年以上或大修后已使用一段时间的设备，在用状态较好，基本上能达到设备设计要求，能满足工艺要求，需经常维修以保证正常使用	36～60	64～40
旧设备	已使用较长时间或几经大修，目前仍能维持使用的设备，在用状态一般，性能明显下降，使用中故障较多，经维护仍能满足工艺要求，可以安全使用	61～85	39～15
报废待处理设备	已超过规定使用年限或性能严重劣化，目前已不能正常使用或停用，即将报废	86～100	14～0

公式（3-22）是计算机器设备实体性贬值率的典型算式，但不是所有的机器设备都是以"年"为单位反映寿命，例如，汽车的寿命用行驶里程反映，而大型建筑施工机械按工作台班反映寿命更为合理。尽管反映寿命的单位不同，但评估机器设备实体性贬值率的原理与按"年"计量的评估方法是一样的，因此可统称为使用年限法。

【计算演示 2】

一台包装机可包装牛奶 60 万盒，现在包装机的计数器上显示已完成 20 万盒包装任务。那么该设备的实体性贬值率为 20/60＝33.33%。

对于复杂的机器设备，其各个部件的使用寿命是不同的，如果每个部件都是可以独立更换的，那么该整台机器的贬值率可以用公式（3-23）来计算：

$$实体性贬值率 = \sum k_i P_i \tag{3-23}$$

式中，k_i 为第 i 个部件占整台设备的成本权重；P_i 为第 i 个部件的实体性贬值率。

应用使用年限法的难点主要在确定总使用年限和尚可使用年限。

设备总使用年限是指设备的使用寿命。它可分为物理寿命、经济寿命和技术寿命。设备的物理寿命就是机器自身的自然寿命，是指机器设备从开始使用到报废为止所经历的时间，物理寿命长短取决于机器设备自身的质量、使用保养和维修情况等；设备的经济寿命是指从开始使用到经济上不合算而停止使用所经历的时间。经济寿命与机器设备本身的物理性能和机器使用的外部环境的变化有关；有的机器设备虽然还可以继续使用，但生产效率不高，维护、修理费用却居高不下，此时的生产成本高于购买新的或租赁设备的相应成本，再继续使用反而不划算了。设备的技术寿命也称为有效寿命，它是指设备投入使用直至因技术落后而被淘汰所经历的时间。它受社会技术进步和技术更新的影响。

在估算机器设备的实体性贬值时，通常优先选择经济寿命作为其总使用年限。这是国际资产评估行业的通行做法，同时也是比较合理的选择，因为企业的最终目的是盈利，而机器的经济寿命包含了对企业综合收益效率的考虑。

在应用使用年限法时，我们一般是将总使用年限减去实际使用年限作为尚可使用年限。但这样做并不一定总是正确的。例如，有的机器使用年限已经超过了预计的总使用年限，减后的差是负数，对这样一些比较旧的机器就不适合直接用减法确定尚可使用年限了。我们可以通过技术鉴定的途径来确定机器的尚可使用年限，也可以参照国家规定的折旧年限结合实际使用情况来确定。

总使用年限与尚可使用年限是对应的两个指标，如能确定其中一个指标，另外一个就很容易求得。因为它们的差值等于实际使用年限，而实际使用年限是能客观计量的。

以上我们讲述的使用年限法都含有一个假定条件，那就是机器设备的投资是一次完成的，没有更新改造和追加投资等情况发生。但如果遇到机器设备投资分次完成或是经过大修理、技术更新改造和追加投资等情况，则需运用综合年限法。

所谓综合年限法，是指根据机器设备投资分次完成、机器设备进行过更新改造和追加投资以及机器设备不同构件部分的剩余寿命不相同等情况，经综合分析判断，并采用加权平均计算法，确定被评估机器设备的成新率的方法。

这种方法的思路是：将每一次投资看成一次独立的投资，分别计算出它们的重置成本；然后以每个重置成本为权数，分别乘以它们各自的已使用年限，计算出加权投资年限（相当于设备的整体已使用年限），再继而计算出成新率。公式（3-24）和公式（3-25）在计算中将被运用：

$$加权投资年限 = \frac{\sum (重置成本 \times 已使用年限)}{\sum 重置成本} \tag{3-24}$$

$$成新率 = \frac{尚可使用年限}{尚可使用年限+加权投资年限} \qquad (3-25)$$

【计算演示3】

某企业 2000 年购入一台设备，账面原值为 3 万元。2005 年、2007 年两次更新改造，当年投资分别为 3000 元和 2000 元。2010 年对该设备进行评估，假定 2000~2010 年该设备年物价指数上升 10%，该设备的尚可使用年限经检测鉴定为 7 年，试估算该设备的成新率。

各期投资重置成本分别计算如下：

2000 年：$30000 \times (1+10\%)^{10} = 78000$（元）

2005 年：$3000 \times (1+10\%)^5 = 4830$（元）

2007 年：$2000 \times (1+10\%)^3 = 2660$（元）

计算加权投资年限如下：

$$加权投资年限 = \frac{\sum(重置成本 \times 已使用年限)}{\sum 重置成本} = \frac{78000 \times 10 + 4830 \times 5 + 2660 \times 3}{78000 + 4830 + 2660}$$

$$= \frac{812130}{85490} \approx 9.5$$

计算成新率如下：

$$成新率 = \frac{尚可使用年限}{尚可使用年限+加权投资年限} = \frac{7}{7+9.5} = 42\%$$

4. 修复费用法

修复费用法是指以修复机器设备的实体有形损耗并使之达到全新功能状态所需要支出的金额。在估测被修复机器设备实体有形损耗时常会用到。

使用修复费用法时，资产评估师要注意区分设备的有形损耗可分为两部分：可修复性损耗和不可修复性损耗。可修复是指机器设备不仅在技术上是可以修复的而且在经济上是合理的一种情形；不可修复是指机器设备或设备的某个部件在技术上不可修复或虽然在技术上可修复但在经济上并不划算，这样的损耗我们就称为不可修复性损耗。在很多情况下设备的可修复性损耗和不可修复性损耗是同时存在的，评估师应分别计算它们的贬值。

【计算演示4】

某企业有一台设备，已经使用了 2 年，它的经济寿命为 20 年，设备的重置成本为 200 万元。现在该设备的电机部分已损坏，修复需要 3 万元。试计算该设备的实体性贬值。

很显然，修复电机在技术上可行、经济上合算，是为可修复性损耗。

可修复损耗：3 万元。

其他部分正常运行，不需要进行修复（全部换上新的是不经济的），它的损耗为不可修复性损耗。

$$不可修复损耗 = （200-3） \times \frac{2}{20} = 19.7 （万元）$$

$$实体性贬值 = 3 + 19.7 = 22.7 （万元）$$

三、功能性贬值

由于无形磨损而引起资产价值的损失称为机器设备的功能性贬值。设备的功能性贬值主要体现在超额投资成本和超额运营成本两方面。

1. 第Ⅰ种功能性贬值

我们在第二章已讲过的一次性功能性贬值，指的就是第Ⅰ种功能性贬值，它是由于技术进步，新材料、新工艺不断出现，使得相同功能的新设备的制造成本比过去降低，从而使原有设备发生贬值。它主要反映为更新重置成本低于复原重置成本。复原重置成本与更新重置成本之差即为第Ⅰ种功能性贬值，也称为超额投资成本。

【计算演示5】

某机器设备购建时的各项成本如表3-8所示，在评估基准日以下数据发生了变化：钢材价格上涨了23%，人工费上涨了39%，机械费上涨了17%。辅材现行市价为13328元。电机、阀等外购件现行市场价为16698元。假设利润、税金水平不变。由于制造工艺的进步导致主材利用率提高，钢材的用量比过去节约了20%。人工工时和机械工时也分别节约了15%和8%。试计算该设备超额投资成本引起的功能性贬值。

表3-8　原始成本

序号	成本项目	原始成本（元）	备注
1	主材	50160	钢材22.8吨×2200元
2	辅材	11200	铝、橡胶、聚乙烯、铜等

序号	成本项目	原始成本（元）	备　注
3	外购件	13800	电机、阀
4	人工费	29900	598 工时×50 元
5	机械费	13650	136.5 小时×100 元
	成本小计	118710	
6	利润	17807	15%
7	税金	25529	18.7%
	含税完全成本价	162046	

复原重置成本计算如表 3-9 所示。

表 3-9　复原重置成本

序号	成本项目	原始成本（元）	复原重置成本（元）
1	主材	50160	61697
2	辅材	11200	13328
3	外购件	13800	16698
4	人工费	29900	41561
5	机械费	13650	15971
	成本小计	118710	149225
6	利润	17807	22388
7	税金	25529	32097
	含税完全成本价	162046	203740

更新重置成本计算如表 3-10 所示。

表 3-10　更新重置成本

序号	成本项目	计算过程	更新重置成本（元）
1	主材	22.8×2200×0.8×1.23	49357
2	辅材		13328
3	外购件		16698
4	人工费	598×50×0.85×1.39	35327

续表

序号	成本项目	计算过程	更新重置成本（元）
5	机械费	136.5×100×0.92×1.17	14693
	成本小计		129403
6	利润		19410
7	税金		27828
	含税完全成本价		176641

超额投资成本引起的功能性贬值计算如下：

复原重置成本−更新重置成本 = 203740−176641 = 27099（元）

在实际评估工作中，一次性功能性贬值只在资产的重置成本采用复原重置成本时才会考虑。如果是用的更新重置成本，那么在计算贬值时就不能再算上一次性功能性贬值了，因为更新重置成本中已经将被估机器设备价值中所包含的超额投资成本部分剔除掉了。如果再在评估值中减去一次性功能性贬值那就重复计算了。

2. 第Ⅱ种功能性贬值

超额运营成本是由于新技术、新工艺的发展和应用，使得采用新技术、新工艺的先进设备在运营费用上低于老设备，如生产材料、辅助材料消耗量的降低、通过提高效率使得单位产品的投入下降等。超额运营成本引起的功能性贬值也就是设备未来超额运营成本的折现值，也被称为第Ⅱ种功能性贬值，也就是第二章我们讲到的营运性功能性贬值。

在评估过程中，对于设备的超额运营成本，一般通过对比的方式来衡量先进的与老的设备之间的使用成本差异，如生产效率是否提高、维修保养费用是否降低、材料消耗是否降低、能源消耗是否降低、操作工人数量是否减少等。

计算步骤在第二章已经讲述过，在此不再赘述。值得注意的是，技术过时的设备在营运成本高的同时上缴所得税却减少了。

【计算演示6】

表3-11　技术陈旧设备功能性贬值

项　　目	技术先进设备	技术陈旧设备（被评估设备）
月产量	10000件	10000件
单件产品中的工资额	1.0元	1.5元

续表

项　　目	技术先进设备	技术陈旧设备（被评估设备）
月工资成本	10000 元	15000 元
月工资差异额		15000−10000＝5000 元
年工资成本超支额		5000×12＝60000 元
所得税差额（税率25%）		−15000 元
扣除所得税后年净超额工资		45000 元（60000−15000）
资产剩余使用年限		5 年
假定折现率10%，5 年年金折现系数		3.7908
功能性贬值额		170586 元（45000×3.7908）

四、经济性贬值

　　机器设备经济性贬值，是指由于外部环境因素引起的设备价值贬值。引起经济性贬值的因素很多，主要包括以下几项内容：由于市场竞争导致产品需求量减少，设备开工不足，生产能力相对过剩；原材料、能源等价格上涨、工资等费用增加，造成成本增加，而产品的售价没有相应提高；国家有关能源、环境保护等限制或削弱产权的法律法规，使产品生产成本提高或者使设备强制报废，缩短了设备正常使用寿命等。上述因素的影响导致企业出现两个症状：设备利用率下降以及收益额减少。针对这两种现象我们在第二章分别介绍了用直接计算法和间接计算法来估算经济性贬值的大小。这里我们再用一个综合实例来说明经济性贬值的估算方法。

【计算演示7】

　　一条自行车生产流水线，设计年生产能力为 50000 辆，该流水线经评估其价值为 800 万元。由于市场上自行车供过于求，该流水线目前年生产 30000 辆即可满足销售需要。假设每辆车成本为 300 元，预计在未来 5 年内，每辆自行车成本上升15%，而销售单价由于竞争原因只能上升相当于成本的10%，试求这条生产线的经济性贬值。

　　1. 用直接法计算收益减少带来的经济性贬值

　　首先算出每辆自行车成本上升与售价上升相抵后的利润损失额：

　　损失额＝300×（15%−10%）＝15（元）

抵减所得税后每辆自行车净损失额：

净损失额 = 15×（1−25%）= 11.25（元）

假定折现率为10%，那么5年的总损失额 P_1 为：

$P_1 = 11.25×30000×(P/A，10%，5) = 1279496.25$（元）

2. 用间接法测算设备利用率下降带来的贬值

假设生产的规模效益指数为0.7，则贬值额 P_2 为：

$$P_2 = 8000000×\left[1-\left(\frac{3}{5}\right)^{0.7}\right] = 2405054.5$$（元）

3. 这条生产线的经济性贬值额 = P_1+P_2 = 3684550.75（元）

经济性贬值是外界因素对机器设备价值的影响。这种影响主要是从机器的整体盈利水平和整体利用率方面来考虑的，它并不针对每一个机器实体。一般来说，机器设备是单件，没有整体获利能力的，评估时可以不考虑经济性贬值；而对生产流水线、大型工程设备等具有整体获利能力的设备进行评估，则需要考虑经济性贬值的影响。

第三节　市场法在机器设备评估中的应用

机器设备评估的市场法是通过分析最近机器设备交易市场上与被评估设备类似的设备的成交价格，并对被评估对象和参照物设备之间的差异进行调整，由此确定被评估设备价值的方法。市场法比较适用于有成熟的市场、交易比较活跃的机器设备的评估。

如果被评估机器设备有成熟的市场，用市场法估算设备的评估值与重置成本法相比要简单得多。由于该方法直接以市场价格为基础，充分反映了机器设备的现时市场评价，因此，其评估值具有较强的可靠性和说服力，该方法在市场经济发达国家被广泛使用。

一、运用市场法评估机器设备的基本步骤

1. 对评估对象进行鉴定，获取基本资料

评估师通过鉴定被评估设备，来掌握设备的基本资料，具体包括设备类别、设备价格、交易目的、交易方式、已使用年限、设备的实际状态、名称、

生产厂家、出厂日期、设备性能等。

2. 进行市场调查，选择参照物

在设备交易市场选择参照物，最重要的是参照物与被评估对象具有可比性，同时参照物的成交价格应具有代表性。尽管在选择参照物时要求其品质尽可能与被评估设备相接近，但是两者之间总会存在一定差异，需要评估师对这些差异进行调整。在参照物与被估对象比较之前，评估师先要确定哪些因素可能影响机器设备的价值、哪些因素不构成影响，从而对机器设备的价值做出准确、合理的估算。一般来讲，设备的可比较因素主要有个别因素、时间因素、地域因素、交易因素。

（1）个别因素。个别因素是特定机器设备所具有的能够用来区分各个体之间差异的因素。在机器设备评估中一般有以下因素：名称、型号规格、生产能力、制造厂家、技术指标、附件、设备的出厂日期、役龄、安装方式、实体状态等。

（2）时间因素。不同交易时间的市场价格会不相同，资产评估师应选择与评估基准日最接近的交易个案，并对参照物的时间影响因素做出调整。

（3）地域因素。不同地区经济发达程度不同，资产交易的市场价格也会有差异，评估参照物的选取应尽量与被评估对象在同一地区。如被评估对象与评估参照物存在地区价格差异，则需要做出调整。

（4）交易因素。设备的交易因素，是指交易动机、交易背景对价格的影响。如以清偿、快速变现为目的的设备其售价一般会低于正常的交易价格。另外，交易数量也是影响机器设备售价的一个重要因素，大批量购买价格一般要低于单台购买价格。

3. 调整差异

找出具体影响参照物与被估机器设备价值差异的因素后，需要对这些因素的大小进行量化，确定调整系数或调整值，从而计算出被估机器设备对比特定参照物得出的相对价值。

4. 确定最终评估值

由于在评估过程中会选择多个交易个案，因此需将多个参照物设备调整后的价格通过算术平均或加权平均来确定评估值。此外，由于采用市场法评估的仅仅是设备的购买价格，一般不包括运杂费、安装调试费等，所以在评估设备的在用续用价值时，还要在购买价的基础上加上必要的相关费用。

二、市场法评估机器设备的常用方法

1. 直接匹配法

直接匹配法是指寻找与评估对象几乎完全相同的市场参照物，按参照物的市场价格来直接确定评估对象的价值的方法。第二章第一节的【引例 1】就是用这种方法估算的。值得注意的是，在许多情况下，要找到完全相同的两台设备几乎是不可能的，评估师需要对被评估设备与参照物之间的细微差异进行调整。在使用直接比较法时，被评估设备与参照物之间的差异必须是很小的，价值量的调整也应很小，并且这些差异对价值的影响容易直接确定，否则就不能使用直接比较法。

2. 因素调整法

因素调整法是指通过比较分析相似的市场参照物与被评估设备的可比较因素差异，并对这些因素逐项做出调整，由此确定被评估设备的价值。这种方法是在无法获得基本相同的市场参照物的情况下，以相似参照物作为分析调整的基础。例如，当评估一台由 A 公司制造的电动机时，如果市场上没有 A 公司生产的类似产品，但是有 B 公司和 C 公司生产的近似电动机，我们就以这两家公司的产品作为参照物，来比较参照物与被评估设备之间的各种可比因素的影响不同而进行调整，最后估算出被评估资产的价值。

这种方法与直接比较法相比带有更浓重的主观色彩。为了减少调整时因主观因素产生的误差，所选择参照物应尽可能与评估对象相似。从时间上来讲，参照物的交易时间应尽可能接近评估基准日；在地域上，尽可能与评估对象在同一地区；还有，评估对象与参照物应具有较强的可比性，在产品的技术构成以及实体状态方面尽可能保持一致。

【计算演示 8】

用市场法评估某机器设备，在资产市场上找到相似的已成交的两套设备 A 和 B，相关数据见表 3-12。已知该类资产市场价格在 2009 年每月上涨 1%，工人平均工资 2000 元/月，企业回报率为 10%。通过统计资料发现，该设备年生产能力每增加 10000 台，交易价格会增加 10 万元。试估算该设备的价值。

表 3-12 设备 A、B 相关数据

对比因素	计量单位	参照设备 A	参照设备 B	被评估设备
交易时间		2009.2.5	2009.8.5	2009.11.5（评估基准日）
交易价格	元	2000000	3000000	
生产能力	台/年	150000	160000	180000
生产人员定员	人	130	140	150
已使用年限	年	5	4	5
尚可使用年限	年	15	14	15
成新率	%	70	80	75

根据上述条件，确定需要进行可比的因素有交易时间、自动化程度影响、生产能力、新旧程度。

（1）与被评估设备相比交易时间带来的差异：

参照设备 A：$2000000×9\%=180000$（元）

参照设备 B：$3000000×3\%=90000$（元）

（2）年生产能力的差异：

参照设备 A：（18万台-15万台）×10万元/万台=300000（元）

参照设备 B：（18万台-16万台）×10万元/万台=200000（元）

（3）自动化程度带来的差异：

按照设备 A 的工作效率，假设将它调整为与被评估设备一样的生产能力，则需要的工人数为：180000÷（150000÷130）=156（人）。

同样，设备 B 如果变为被评估设备的能力，则需要的工人数为：180000÷（160000÷140）=157.5（人）。

那么与被评估设备相比，自动化程度带来的差异为：

参照设备 A：$(156-150)×2000×12×(P/A,10\%,15)×(1-25\%)=821458.8$（元）

参照设备 B：$(157.5-150)×2000×12×(P/A,10\%,15)×(1-25\%)=1026823.5$（元）

（4）新旧程度带来的差异：

参照设备 A：$75÷70=1.071$

参照设备 B：$75÷80=0.938$

（5）调整差异并得出评估值：

与参照物 A 对比分析调整差异后的评估结果为：

（2000000+180000+300000+821458.8）×1.071＝3532560.9（元）

与参照物 B 对比分析调整差异后的评估结果为：

（3000000+90000+200000+1026823.5）×0.938＝4049180.4（元）

若取简单平均，则最终被评估设备的评估值为 3790870.7 元。

3. 成本比率调整法

成本比率调整法是通过对大量市场交易数据的统计分析，掌握相似的市场参照物的交易价格与其全新设备售价的比率关系，再用此比率对应到被评估机器设备，继而求得被评估机器设备的价值的方法。具体做法是先估算参照物设备的市场交易价格与其重置成本的比值，然后将该比值乘以被评估设备的重置成本得出设备评估值。

这种方法虽然显得有些粗糙，但对于那些无法在市场上找到很相近的参照设备时仍然是一个可行的途径。只要找到大的类别相同的参照物即可运用。因为同类型设备尽管规格型号、生产能力等指标不同，但它们贬值率的变化规律是基本相同的。一旦找到了贬值率的变化规律，即交易价与其全新价的比，再确定评估设备的重置成本，就可以计算出其评估值。所以，应用这种方法最重要的是评估师要搜集充分的数据资料，用统计的方法分析掌握类似设备的使用年限、售价等和成本之间的关系，来对应大类内的设备价值变化规律。从而能够据此评估市场上无法找到基本相同或者相似参照物的设备的价值。

【计算演示 9】

某企业有一台 A 厂生产的砖窑设备，运转正常，但市场上这个系列的设备早已匿迹。其重置成本为 120 万元，通过查询资料得知这种砖窑设备的成本比率为 0.5132，那么该设备的评估值为：120×0.5132＝615840（元）。

第四节　收益法在机器设备评估中的应用

用收益法评估机器设备是通过预测设备的获利能力，对未来资产带来的净利润或净现金流按一定的折现率折为现值，作为被评估机器设备的价值。

收益法评估机器设备会有一定的局限，它一般用于以下几个方面：

一、收益能够量化的设备

大部分单台设备不具备获利能力，这部分设备的评估就不适宜收益法。而对一些生产线或者成套设备以及一些独立运作的设备，如车辆，能够以它运作带来的收益来衡量其设备价值，这部分设备用收益法来估算是合理的。但机器带来的收益有时会由人力及其他资源共同创造，这时界定机器的净收益就是必要的了。

二、作为其他方法的补充

我们在成本法评估机器设备一节中讲述用直接法计算经济性贬值时，实际上就应用了收益法的技术。收益法可作为一种补充方法，经常用来确定设备的功能性贬值和经济性贬值，也可以用来分析企业是否存在无形资产。例如，一个企业的机器设备，使用成本法评估的评估值是 800 万元，用收益法验证得到的结果却是 400 万元，这就提示我们很有可能存在几百万元的贬值没有考虑到。反过来，用收益法得到的结果如果是 1300 万元，则说明企业可能存在某种无形资产被漏估了。

三、租赁设备

对于租赁设备，一般是设备所有者将设备的使用和运营整体转让给承租方，这样在所有者看来设备就等同于一项投资，而这项投资或者说租赁设备的价值就是在租期内给所有者带来的租金收入。由于租赁设备的这种特点，对它的价值的认定常常以未来的租金收入来衡量，也就是常常用收益法来评估租赁设备的价值。在应用收益法评估租赁设备时有几个问题需要注意：

1. 确定租赁设备的纯收益

需要核实租赁设备的维护、保养及管理费用是不是包含在租金内。在认定租赁设备的价值时要取其所有者获得的净收益。

2. 租金为客观收益水平

企业实际的设备租赁价格并不一定反映市场价值状况。我们需要分析租赁市场上类似设备的租金水平并进行适当的调整，调整的因素包括租赁期间、租赁方式、地点、规格和役龄等。

【计算演示10】

　　某租赁设备年租金300000元，为设备支出的总费用为5000元/年，经过检测该设备的收益期为12年，折现率为15%，试估算该设备的价值。

　　评估值 $= (300000-5000) \times (P/A, 15\%, 12) = 295000 \times 5.4206 = 1599077$（元）

【文摘】

试论资产评估调账

一、评估调账的适用范围

　　所谓评估调账，是指被评估企业按照评估确认价值调整资产、负债的账面价值，或者按照评估确认的价值，重建一套新的总账和明细账的会计处理过程。

　　（一）应予调账的资产评估

　　1. 有关企业改组改制的评估

　　①财政部印发的《企业兼并有关会计处理问题暂行规定》（财会[1997]30号）规定：企业兼并时被兼并企业应按评估价值调整其资产、负债的账面价值。②财政部印发的《企业会计准则解释第1号》（财会[2007]14号）规定：企业引入新股东改制为股份有限公司，相关资产负债应以公允价值计量。③财政部印发的《企业会计准则解释第2号》（财会[2008]11号）规定：企业进行公司制改制的，应以经评估确认的资产、负债价值作为认定成本，该成本与其原账面价值的差额，应当调整所有者权益。④财政部《关于股份有限公司有关会计问题解答》（财会[1998]16号）规定：公司购买其他企业的全部股权时，被购买企业保留法人资格的，被购买企业应当按照评估确认的价值调账。财政部会计司在《企业会计准则讲解》中，又重申了这一规定。另外，以上公允价值与评估价值，正常情况是相等的。

　　2. 企业发生其他形式的产权变动时进行的评估

　　财政部《关于股份有限公司进行资产评估增值处理的复函》（财会二字[1995]25号）指出："资产重估增值只有在法定重估和企业产权变动的情况下，才能调整被重估资产账面价值。"此处产权变动应既包括以上改组改制，也应包括其他形式的产权变动，如一个自然人通过购买取得有限责任公司的全部股权。

　　（二）不应进行调账的资产评估

　　因为实践需要或文件规定，有些情况下虽然进行了资产评估，但无须或不许按评估结果调账。例如，企业清算的资产评估；资产拍卖前的资产评估；吸收合并中被合并（被购买）企业的资产评估；个人或企业购买其他法人企业部分股权，该法人企业所进行的资产评估；企业因为对外融资或资质论证等需要而进行的资产评估；企业对外投资而对投出资产进行的资产评估。

二、评估调账的基本方法

（一）分录调整法

评估调账的分录调整法，就是通过会计分录，按照评估确认的价值对原账面价值进行调整。具体会计分录为：

借：资产类各科目中评估增值的明细科目（增值额）

负债类及资产类备抵科目中评估减值的明细科目（减值额）

贷：资产类各科目中评估减值的明细科目（减值额）

负债类及资产类备抵科目中评估增值的明细科目（增值额）

贷：递延所得税负债（以上借方发生额大于贷方发生额的差额按预计税率计算的所得税）

贷：资本公积（以上借方发生额大于贷方发生额的差额）

或借：递延所得税资产（以上借方发生额小于贷方发生额的差额按预计税率计算的所得税）

或借：资本公积、盈余公积、利润分配—利润（以上借方发生额小于贷方发生额的差额，其中资本公积、盈余公积以其账面余额冲完为限）

评估确认价值中如涉及所有者权益科目变动的，可参照负债科目处理。

以上列举的会计分录属于评估调账的通用分录，由于应予调账的资产评估，一般均为对企业全部资产、负债的评估，因此调账需要涉及的明细账户会很多，加上评估基准日至调账日期间多有资产、负债变动，所以采用上述调账方法操作很麻烦，实践中较难运用。

（二）重建新账法

根据评估结果分类汇总表和评估明细表重建一套新账，这种方法称为重建新账法。重建新账法又可分为重建明细账法和全部重建账法两种：

1. 重建明细账法

采用该方法时，应根据各科目的评估明细表重建明细账，而总账则采用上述分录调账法，编制分录进行调整。如果评估基准日后各科目未发生增减变动或虽有变动但未记账，调整后总账各具体科目的余额，应与按评估明细表重建的各该科目明细账的余额合计数相等，如果试算时发现不等，应查明原因予以更正。

2. 全部重建账法

采用该方法时，总账可按"资产评估结果分类汇总表"各科目评估值建账，明细账则按评估明细表评估值建账；如果评估结果汇总表中，关于评估确认的净资产变动所在科目使用不当，建账时应参照以上分录应记科目直接记入。

三、评估基准日后的评估调账

（一）期后事项对评估调账结果的影响

由于需要调账的资产评估操作、评估结果审查确认等需要花费较多的精力和较长的时间，以及其他因素影响，自评估基准日到评估调账日往往需要经过一段较长的时间。这一时间内，除企业重组后即解散的情况外，其他产权变动企业一般都处于持续经营状态，因此期后事项的发生和存在就很难避免。

本文中所谓的评估基准日期后事项（简称期后事项），是指自评估基准日至评估调账日这一时间段内发生的、除评估以外的经济活动。期后事项对调账结果的影响，可分以下几种：

1. 调账前资产增加

评估基准日至评估调账前（以下简称调账前）资产增加，一般不对调账结果发生影响。但是，如果增加的资产属于企业内部资产价值转移，转出资产的评估增减值将对转入资产的调账操作发生影响。例如，在调账前，在产品完工转换为产成品，或者材料通过加工转换为产成品，并均已入账，这样增加的产成品的价值将受到在产品、材料评估增减值的影响：

对产成品的影响值=转入产成品的在产品或材料数量×在产品或材料的评估单价高于账面单价的差额

如果以上公式计算结果为正数，为产成品成本应增加额（以下简称应加价）；是负数时，为产成品成本应降低额（以下简称应降价）；如果产品已销售，则需要增加销售成本或冲回已确认的销售成本。

其他实物资产在调账前发生内部转移或销售，导致另外实物资产或销售成本增加的，应比照以上公式，计算转移后形成的实物资产的应加价或应降价，或者调增、调减销售成本。

2. 调账前实物资产减少

如果作为期后事项的实物资产减少，且仍按评估前单位成本记账（含内部资产转移减少），则：

其对减少的实物资产的影响值＝减少数量×（评估确认的单位成本－评估前单位成本）

如果以上公式计算结果为正数，为调账后结余该项实物资产应调减的价值；反之，则为调账后结余该项实物资产应调增的价值。

3. 债权债务的增减变动

债权、债务如果在调账前经当事人双方确认后发生增减变动并已记账，不论认定数与账面数的差额是否与评估增减值一致，均会对调账结果发生影响而需要作补充调整，影响的情况为与评估增减值方向相反、金额相等：①债权、债务评估时增值，调账后债权、债务的账面余额则大于应计金额而应调减。②如果债权、债务评估时减值，调账后债权、债务的账面余额则小于应计金额的差额而应调增。

例如，W公司改制时，账面欠S投资公司长期贷款20万元，评估确认数为本息31万元，评估增值11万元；另N厂欠W公司货款18万元，评估确认数为5万元，评估减值13万元。评估后调账前，W公司分别与S公司、N厂在法院主持下达成协议：①S公司放弃8万元的利息诉求，确认本金20万元、利息3万元，分两次在半年内还清，首次10万元已于调账前自银行转入S公司账户。②N厂欠W公司货款经协商保留15万元，当时还清（已收到），其余3万元豁免。上述债务重组协议调账前均已履行并已作账务处理。试分析两笔债务重组业务对评估调账操作的影响：

（1）长期借款变动应调减调账后余额（S公司）＝31－20＝11（万元）

应收账款变动应调增调账后余额（N厂）＝18－5＝13（万元）

（2）分析：①对S公司：长期贷款重组并还款记账后调账前账面余额＝20－10＋3＝13（万元）；评估调账后账面余额＝13＋11＝24（万元）；账面应保留余额＝10＋3＝13（万元）；调账后账面金额大于应计金额11万元（24－13）应予调减。②对N厂：应收账款重组并记账后调

账前账面余额 = 18−3−15 = 0（万元）；评估调账后账面余额 = 0−13 = −13（万元）；账面应保留余额为 0（万元）；调账后账面金额小于应计金额 13 万元（−13−0）应予调增。③以上债权、债务变动影响应调整金额均与评估增减值金额相等、方向相反。

（二）期后事项对评估调账影响的处理

由于期后事项的发生和存在，导致评估调账或重建新账后账面实际余额与应有余额不一致。因此，在评估调账或重建新账后，应对期后事项进行适当处理，以消除期后事项对评估调账或重建新账的影响。消除期后事项影响的方法主要有以下几种：

1. 剔除法

剔除法是指在评估调账时，将变动部分的资产、负债的评估增减值不列入调账范围，权当这部分资产、负债未列入评估：①调账前实物资产发生变动的，其增加或减少的部分不列入评估调账范围，其余部分未变动的按比例列入评估增、减值的调账范围。②债权、债务调账前进行债务重组重新确认余额的，该笔债权、债务不论评估增减值，皆不列入调账范围，但是，采用重建新账法时，应按重组后应计余额进行补充调整。③实物资产调账前以原价转入其他科目的，转出减少的部分不列入评估调账范围，转入增加的部分按转入资产应调整价值列入调账范围。

2. 二次调整法

该方法可分两步进行：第一步为评估调账或重建新账，即按假定调账前没有发生期后事项进行调账或重建新账，以使调账后或新账的账面值与评估值相等。第二步为期后事项影响调整，是将期后事项对调账结果有影响的数据排除，再进行一次补充调整，以达到再次调整后的账面价值与应计价值相等。采用重新建账法时，则只进行第二步调整。

应强调说明的是，第二步的期后事项影响调整，无论属上述增加、减少的哪一种情况，调整时对应科目均应与评估调账时评估增减净额所在科目一致，即为调增或冲回所有者权益和递延所得税负债或递延所得税资产。

3. 滞后入账法

滞后入账法是指将基准日后至评估调账前发生的所有资产、负债的增减变动事项均暂不入账，待评估调账或重建新账后，再按调账后的单位成本或计量基础计算调账前的资产、负债变动的应计价值和进行账务处理。

资料来源：潘春明，稽大海. 试论资产评估调账 [J]. 评估与会计，2009（7）.

【练习题】

一、选择题

1. 评估行业在确定设备使用年限时一般首选(　　)。

A. 物理寿命　　　　　　　　　　B. 技术寿命

C. 经济寿命　　　　　　　　　　D. 均可

2. 机器设备本体的重置成本通常是指设备的(　　)。

A. 购买价+运杂费　　　　　　　B. 建造价+安装费

C. 购买价+运杂费+安装费　　　D. 购买价或建造价

3. 下列关于运用物价指数法估测设备重置成本的说法中,正确的是(　　)。

A. 一般应采用综合物价指数

B. 对进口设备应采用国内物价指数

C. 所得到的重置成本一般反映更新重置成本

D. 所得到的重置成本一般反映复原重置成本

4. 判断设备已使用年限,不需考虑的因素是(　　)。

A. 设备更新改造情况　　　　　　B. 设备利用情况

C. 技术进步情况　　　　　　　　D. 设备磨损情况

5. 已知某机器设备的有形损耗率为30%,该设备的已使用年限为9年,则该设备的尚可使用年限为(　　)年。

A. 21　　　　　　　　　　　　　B. 29

C. 30　　　　　　　　　　　　　D. 39

6. 机器设备重置成本中的直接费用包括(　　)。

A. 各种管理费用　　　　　　　　B. 总体设计费用

C. 人员培训费用　　　　　　　　D. 安装调试费用

7. 估测通用设备的重置成本,评估师一般应首先考虑使用(　　)。

A. 价格指数法　　　　　　　　　B. 功能价值法

C. 重置核算法　　　　　　　　　D. 询价法询价再考虑其他费用

8. 当被评估设备已停产时,评估师应考虑参考(　　)来确定被评估设备的重置成本。

A. 设备的账面原值　　　　　　　B. 设备的账面净值

C. 国际市场相同设备的价格　　　D. 国内市场类似替代产品的价格

9. 对设备使用程度的判断通常是建立在(　　)的基础上的。

A. 查账　　　　　　　　　　　　B. 询证

C. 预测　　　　　　　　　　　　D. 技术检测

10. 设备的经济寿命是指(　　)所经历的时间。

A. 从开始使用到经济上不合算　　　B. 从开始使用到技术落后被淘汰

C. 从开始使用到评估基准日　　　　D. 从开始使用到不能正常工作

11. 机器设备的重置成本应包括(　　)。

A. 机器设备的日常维修费用　　　　B. 机器设备的购置费用

C. 机器设备的大修理费用　　　　　D. 机器设备操作人员的培训费用

E. 机器设备的调试费用

12. 进口设备的重置成本包括(　　)。

A. 设备购置价格　　　　　　　　　B. 设备运杂费

C. 设备进口关税　　　　　　　　　D. 银行手续费

E. 设备安装调试费

13. 当利用参照物及比较法估测被评估设备的重置成本时，需考虑的重要参数有(　　)。

A. 设备交易的时间差别因素

B. 设备的生产能力因素，包括年产量、单位时间产量

C. 设备所在地与参照物所在地的地区自然景观

D. 被评估设备所在地与参照物所在地同设备供应地的距离和通达条件

14. 机器设备的经济性贬值通常与(　　)有关。

A. 市场竞争　　　　　　　　　　　B. 产品供求

C. 技术进步　　　　　　　　　　　D. 设备保养

15. 收益法一般适合于(　　)的价值评估。

A. 单台设备　　　　　　　　　　　B. 成套设备

C. 通用设备　　　　　　　　　　　D. 生产线

二、判断题

1. 物价指数法是评估设备的重置成本最好的估测方法。　　　　　　(　　)

2. 各种机器设备原始成本的费用构成都是相同的。　　　　　　　　(　　)

3. 技术检测是机器设备评估的基础工作之一。　　　　　　　　　　(　　)

4. 机器设备评估现场工作完成的标志是查明了实物，落实了评估对象。

(　　)

5. 在用续用是机器设备评估的基本前提。　　　　　　　　　　　　(　　)

6. 设备的重置成本，是指评估时点再获取与评估对象相同或相似的全新设备的取得成本。　　　　　　　　　　　　　　　　　　　　　　　(　　)

7. 对于不需要安装的小型设备，其现行市场购置价可以视同其重置成本。

(　　)

8. 机器设备的已提折旧年限就是机器设备的实际已使用年限。　（　　）

9. 在利用市场询价法估测机器设备的重置成本时，通常是不直接把设备供应商的报价作为估测的结果。　（　　）

10. 机器设备的技术水平是决定其成新率的关键。　（　　）

11. 利息费用是机器设备评估中确定机器设备重置成本时必须考虑的一个因素。　（　　）

12. 设备的有形损耗率相当于设备实体损耗状况与全新状态的比率。
　（　　）

13. 已提完折旧的设备，其成新率为零。　（　　）

14. 修复费用法是估测设备实体有形损耗率最为普遍适用的方法。（　　）

15. 运用物价指数法估测机器设备的重置成本其实仅考虑了价格变动因素。
　（　　）

三、计算题

1. 被评估生产线年设计生产能力为 10000 吨，评估时，由于受政策调整因素的影响，产品销售市场不景气，如不降价销售产品，企业必须减产至年产 6000 吨；或采取产品降价措施以保持设备设计生产能力的正常发挥。假设政策调整将会持续 3 年，降价将会造成每吨产品净损失 100 元，折现率为 10%，生产线的规模经济效益指数为 0.6，试估算所能出现的经济性贬值率以及该设备的经济性贬值额。

2. 被评估设备购建于 1995 年，账面价值为 30000 元，2000 年和 2003 年进行过两次技术改造，主要是添置了一些自动控制装置，当年投资分别为 3000 元和 2000 元。2005 年对该设备进行评估，假设 1995～2005 年每年该设备的价格上升率为 10%，尚可使用年限为 8 年。试估算被评估设备的成新率。

第四章　房地产评估

【学习目标】
　　了解房地产及其评估的相关概念。
　　了解土地使用权及其相关概念。
　　了解在建工程及其相关概念。
　　了解建筑物及其相关概念。
　　掌握成本法、基准地价修正法和路线价法在房地产评估中的运用。
　　掌握收益法、市场法和剩余法在房地产评估中的应用。

第一节　房地产评估概述

　　一般来说，房屋所有权转让的同时伴随着土地使用权的转移，但由于土地和土地上的建筑物都各自具有较高的价值并且它们的价值变化规律并不相同，因此，评估房地产的价值时有必要将土地和房屋作分别分析后再考虑它们的综合作用。

一、房地产相关概念

1. 地产

　　地产即土地资产，是指具有权益属性的土地。特指能给其所有者（或使用者）带来利益的土地。例如，一块小山包，它根本就是个荒山，既不能用来盖房子，也不能用来种庄稼，它的存在不会给它的所有人带来任何经济利益。那么这个山包就只能算作是土地财产，而不能将它列为土地资产。

那么城市里的公园土地算不算地产呢？也不是。它能给人们带来愉悦的享受，它对人是有好处的，但它是公益性的场所，它的所有者并没有从这块土地里获得相应的收益。所以这样的土地也不能作为资产。

不管特定的土地作用有多大，只要不能给其所有者带来经济利益或带来的收益无法以货币衡量，就不能作为资产。也就是说，这样的土地不符合我们在资产评估中所定义的地产概念。

当然，收益能够量化的土地也不见得就一定是地产。比如，果园的用地或者用于修路的土地，它们是资产，但我们通常将它们划入不动产范畴，而只将用于房屋建设的用地及其相关权利才称为地产。

2. 房地产

房地产是指土地和土地上的房屋及其附属物以及与它们相应的各种财产权利。

3. 土地权利

土地资产的各种权利我们很有必要了解，因为权利的不同会直接影响地产的价值。在我国，城市土地的所有权属于国家，农村和城市郊区的土地，除由法律规定属于国家所有的以外，土地属于农民集体所有。集体土地不能进入房地产市场流转，国有土地所有权也不能进入房地产市场流转。

我们国家实行国有土地所有权与使用权相分离的制度，土地使用权可以拥有和转让，地价一般是指土地使用权的价格。土地使用权价格又因土地使用年限的长短区分为各种年期的使用权价格，土地出让的最高年限由国务院确定。

土地使用权出让是指国家以土地所有者的身份将土地使用权在一定年限内出让土地使用者，并由土地使用者向国家支付土地使用权出让金的行为。土地使用权出让可以采取协议、招标、拍卖和挂牌等方式。土地使用权出让最高年限按下列用途确定：居住用地70年；工业用地50年；教育、科技、文化、卫生、体育用地50年；商业、旅游、娱乐用地40年；综合或者其他用地50年。

土地使用权转让是指土地使用者将土地使用权再转移的行为，包括出售、交换和赠与。凡未按土地使用权出让合同规定的期限和条件投资开发、利用土地的，土地使用权不得转让。土地使用权转让时，土地使用权出让合同和登记文件中所载明的权利、义务随之转移。

土地使用权出租是指土地使用者作为出租人将土地使用权随同地上建筑物、其他附着物租赁给承租人使用，由承租人向出租人支付租金的行为。未按土地使用权出让合同规定的期限和条件投资开发、利用土地的，土地使用权不得出租。

　　土地使用权抵押时，其地上建筑物、其他附着物随之抵押。地上建筑物、其他附着物抵押时，其使用范围内的土地使用权随之抵押。

二、地产的特性

1. 地产的自然特性

地产的自然特性是指土地自身所具有的特性。它与土地所在地的政治、经济环境没有关系。

（1）不可移动性。通常一项资产的实物会随着产权的改变而跟随产权所有者移动，但土地资产却是例外。每一块土地在地球上都有固定的区位，无论产权如何变化都不能使其移动。土地的这一特性使土地的利用会受到位置的限制，附属于该位置的水源、阳光、交通、社会环境等的不同都使得土地的价值有了优劣之分，从而产生级差地租。

（2）土地资源的不可再生性。土地是自然的产物，地球的地质特性决定了土地的总量是不会增加的，因而土地是不可再生资源。

（3）永久使用性。土地只要合理使用，其利用价值就不会消失。土地虽然不可再生，但却可以反复利用，无论以什么用途被利用，只要方法得当，土地始终不会减少。这种永久的使用性可给其土地占有人带来永续不断的利益。

2. 地产的经济特性

地产的经济特性是指地产在使用过程中所表现出来的特性。

（1）土地的可垄断性。谁拥有了对土地的控制权，谁就同时获得了这块土地附属的一切排他性权利。由于土地具有可垄断性，在土地所有权或使用权让渡时，就必然要求实现其垄断利益，在经济上获得收益。

（2）土地利用的多样性。多数土地可以用作不同的用途，既可作为农林牧的经营用地，也可作为其他如道路、工业、居住、办公、商业等用途。同时，不同的用途又可以选择不同的利用方式。例如，居住用地，可以建平房，也可以建多层楼房。因土地具有这种特性，从而使得对土地的使用出现了竞争、优选的问题。这种多样性客观上要求地产评估中要确定土地的最佳用途。

（3）稀缺性。土地的稀缺是一个相对的概念，它是相对需求而言的稀缺。虽然合理的利用土地不会使土地的面积减少，但由于人口数量的增长、城市化的发展和人们消费观念的不断变化，使人们对房屋面积的需求越来越大，而土地的数量是固定的，位置又不可移动，这就使得土地出现相对的短缺。

　　分析完地产的特性，我们再来结合地产及土地上的建筑的特性来综合分析它们协同作用后的特性。

三、房地产的特性

1. 房、地不可分割性

任何房屋都不能离开土地而独立存在。房地产转让、抵押时，房屋的所有权和该房屋占用范围内的土地使用权同时转让、抵押。

2. 供求区域性

地产的不可移动性直接导致了房地产的价格呈区域性分布的特点。一个地域房地产的供给过剩并不能解决另一个地域供给不足的问题。这种房地产供求关系的地区差异又造成了区域之间房地产价格的差异。

3. 价格互动性

一般来讲，地价的变化会引起房价的正向变化；反过来，房价的涨跌也会引起地价的起伏。在评估时应该注意这个变化特点。

4. 不易变现性

由于房地产位置固定、用途不易改变且单价高，因此房地产的变现能力往往不强。

5. 房地产的长期使用性

由于土地可以永续使用，建筑物也是耐用品，其使用时间可达数十年甚至上百年。即使使用期间房屋破旧或受损，也可以通过修复来延长其使用期。当然，评估时还要考虑土地使用权期限的国家规定。

6. 投资风险性

由于土地的稀缺导致对房地产的需求有可能会偏离理性的轨道，而强烈的需求又会使得房价高企不下，这就造就了房地产业注定成为一个高投资高回报率的行业。然而高回报的背后伴随着的是风险。其投资风险主要源于几个方面：首先，房地产位置固定性和不易变现性特点有可能造成长期的空置、积压；其次，房地产的开发周期较长，投资额非常巨大，从取得土地到房屋销售完成需要 3~5 年的时间，在此期间如果影响房地产发展的某些因素发生变化都会对房地产的投资效果产生影响；最后，自然灾害、战争、社会动荡等，都会对房地产投资产生无法预见的影响。

7. 政策限制性

房地产市场受国家和地区政策的影响较大。城市规划、土地利用规划、土地用途管制、住房政策、房地产信贷政策、房地产税收政策等都会对房地产的价格产生直接或间接的影响。

四、房地产评估的原则

由于房地产自身的特殊性，决定了在房地产评估过程中除了要遵循资产评估的一般原则外，还要遵循一定的专业性原则。这些原则主要有以下几点：

1. 合法原则

合法原则指的是房地产评估要在法律规定的框架下进行。房地产评估首先应以估价对象的合法权益为前提来进行，所谓合法权益即估价对象的产权合法、使用合法、处分合法。其合法性必须以相关的法律规定为依据。产权合法，应以房地产权属证书和有关合法证明为依据；使用合法，应以城市规划、土地用途管制等为依据；处分合法，应以法律、法规或合同（如土地使用权出让合同）等处分方式为依据。合法原则是房地产评估过程的基本前提和重要基础。

2. 最有效使用原则

土地及其建筑物可以有商业、工业、住宅等多种用途。同一房地产在不同用途下收益不相同。在市场经济条件下，房地产权利人可以通过竞争决定房地产用途，使房地产达到最有效的使用。当然，房地产的最佳使用选择首先必须在法律法规允许的范围内，必须受城市规划的制约。因此评估房地产价值时，不能只考虑房地产现时的用途，而要考虑在合理、合法的条件下实现房地产最佳使用的可能，以最佳使用所能带来的收益评估房地产的价值。

3. 不完全可替代性原则

跟一般资产类似，房地产也存在价值可替代关系。例如，在同一小区内的两宗房产，在面积、功能大致相同的情况下，其交易价格就能够互为替代。但是，由于房地产商品特有的区域性和极强的个体差异决定了房地产商品很难像机器设备等能够批量生产的商品那样具有完全可替代性，也就是说，房地产产品之间价值只存在不完全可替代性。

4. 房、地分估合一原则

房、地分估合一原则指的是在评估时要针对房产和地产的不同特征分别进行分析评估，然后再将二者综合起来进行分析，最终确定房地产的整体价格的原则。房产和地产所具有的不同特性决定了在对它们进行评估时必须采取不同的方法和程序，因此实行房、地分估有利于深入分析各自的价值变化规律，从而使被评估的房产和地产的价格更为准确合理。与此同时，房产和地产的价格又有互动性，而且房产和地产往往是同时交易的，地价寓于房价之中并通过房价来实现，因此，进行房、地综合计价又是必需的。

5. 供需原则

房地产价格的形成在很大程度上是由房地产市场的供求状况决定的。但这个市场又有其特殊性——不可移动的土地位置、地块的个别性、自然供给缺乏弹性等限制了土地的经济供给，而对房地产的需求不断膨胀加上房地产的消费又具有很强的个性，种种因素使得房地产市场极易出现卖方或买方垄断而形成不完全竞争。因此，我们在评估房地产价值时既要考虑市场的价格均衡作用，更要看清市场中人为因素的影响。

第二节　房地产价格构成及影响因素

一、房地产价格类型

房地产价格有各种表现形式，可根据其权益的不同、价格形成方式和实物形态等来进行分类。

1. 根据权益的不同可分为所有权价格、使用权价格和其他权利价格

房地产交易时，相关的各种权益有所有权、使用权、抵押权、租赁权、典权等。所针对的房地产权益不同，其价值就不同。房地产的使用权价格是指房地产使用权的交易价格。抵押权价格是为房地产抵押而评估的房地产价格。租赁权价格是承租方为取得房地产租赁权而向出租方支付的价格。一般来讲，房地产所有权价格高于房地产使用权价格；抵押权价格由于存在清偿风险而低于正常的市场交易价格。

2. 按价格形成方式可分为市场交易价格、理论价格、评估价格

这是分别从现实、理论和评估角度来划分的房地产价格。市场交易价格是房地产在市场交易中实际成交的价格。在正常的市场条件下，买卖双方都以自身的利益出发，在彼此自愿的条件下，最终以某一价格达成房地产交易。由于房地产交易条件和交易环境的复杂性，市场价格会处于波动之中，最终交易价格可能是合理的，也可能并不尽然。

理论价格是经济学理论中所说的"公开市场价值"，即假设将该房地产置于一个完全竞争的市场上，由供求各方充分竞争后所得到的市场价格。显然，这样形成的价格是公允的。但同样很明显的是，这只是一种理想化的状态，它并没有考虑现实的影响。

评估价格，是评估师模拟市场对资产估算出的一个近似的价格。由于资产并没有真正地处于交易的市场中，因此评估值并不是真实的成交价，它是评估师参考理论价格以及评估时点房地产的市场表现，再加上自己的经验、阅历等判断推算出的"现时"房地产的价值。不同的评估师可能会得出不同的结论。但只要他们是按照资产评估相关的规程估算出的，结果也不会相差太远。

不管使用什么方法，评估主体如何变化，最后的结论都应该有一个共同点，那就是房地产的评估值必须是公允的。由于引起房地产评估的经济行为是多种多样的，既包括了正常条件，也包括了非正常条件。所以，房地产评估价格既包括了正常条件下的公允价值，也包括了非正常条件下的公允价值。

3. 按房地产价格表示单位可划分为总价格、单位价格、楼面地价等

房地产总价格，是指一宗房地产的整体价格。

房地产单位价格，有三种情况：对土地而言，是指单位土地面积的土地价格；对建筑物而言，是指单位建筑面积的建筑物价格；对房地产单位价格而言，是指单位建筑面积的房地产价格。房地产的单位价格能反映房地产价格水平的高低。

楼面地价，又称为单位建筑面积地价，是指平均到每单位建筑面积上的土地价格。

$$楼面地价 = \frac{土地总价格}{建筑总面积} \qquad (4-1)$$

而

$$容积率 = \frac{建筑总面积}{土地总面积} \qquad (4-2)$$

所以

$$楼面地价 = \frac{土地单价}{容积率} \qquad (4-3)$$

4. 其他类型

其他的如公告地价，是政府定期公布的土地价格，在有些国家和地区一般作为征收土地增值税和征用土地补偿的依据。申报地价，是土地所有人或使用人参照公告地价向政府申报的土地价格。

5. 按房地产的实物形态可划分为土地价格、建筑物价格和房地产价格

（1）土地价格。土地价格主要包括基准地价、标定地价、出让底价和土地交易价格等。

1）基准地价。基准地价是地方政府按照城市土地级别或均质地域分别评估后确定的商业、住宅、工业等各类用地和综合土地级别的土地使用权的平均

价格。

　　基准地价的评估是以城镇整体为单位进行的，对应的使用年期为各用途土地的法定最高出让年期。基准地价由政府组织评估或委托评估，评估结果须经政府认可。

　　基准地价有以下特点：基准地价是一个区域性的平均地价；基准地价是各类用地的平均地价；基准地价是政府在一定时期内评估的覆盖整个城镇的土地使用权价格；基准地价是土地单位面积的价格。

　　2）标定地价。标定地价是根据需要评估并确定的，正常地产市场中具体宗地在一定使用年期内的价格。标定地价一般也是政府委托或组织评估的，它以基准地价为依据，根据土地使用年限、地块大小、土地形状、容积率、微观区位等条件，通过系数修正进行评估得到。也可以通过评估方法进行估算获得。

　　标定地价有以下特点：标定地价是政府评估的具体地块的价格，即宗地价格；在一般情况下，标定地价不进行大面积评估，只是出于土地使用权出让、转让、抵押、出租等市场交易活动的需要或进行股份制企业资产评估时才进行评估。

　　3）出让底价。出让底价，是政府根据正常市场状况下宗地应达到的地价水平，综合考虑各种政策因素的影响，确定的某一宗地出让时的最低价格控制标准。它也被称为一级土地市场的交易底价。在我国，政府垄断了土地供应，其出让土地的价格将对整个土地市场的地价产生重要影响。因此，出让底价要兼顾当前利益和长远利益来综合确定。

　　4）土地交易价格。土地交易价格是指土地使用权转移双方按照一定的法律程序，在土地市场中实际达成的交易价格。一般通过协议、招标、拍卖、市场流通而实现，它反映了市场供求、政策因素、经济形势、地价政策、交易双方心理等各要素对某一宗地地价的综合作用。

　　（2）建筑物价格。建筑物价格是指建筑物部分的价格，不包含其占用的土地的价格。建筑物价格主要取决于建筑材料和建筑难度。

　　1）结构材质差异。建筑物按结构件材质分类为钢结构、钢筋混凝土结构、混合结构、砖木结构等。结构不同建筑成本不一样，通常成本按上面的排序依次下降。

　　2）用途不同。一般将建筑物按用途分为住房、工业建筑、办公建筑、医院、场馆等，不同用途建筑成本也不完全相同，我们在评估时应该注意这种用途不一带来的建筑物价格差异。

　　（3）房地产价格。房地产价格，指的是建筑物连同其占用的土地的价格。房地产的价格主要由土地取得成本、土地开发成本、建筑安装成本以及相关的税费加上适当的利润组成。土地取得成本包括土地价格以及拆迁、安置费用；土地开发成本包括基础设施建设、前期费用、公共设施配套建设费用等；建筑安装费则是在建筑过程中的各项支出。

二、房地产价格的影响因素

影响房地产价格的因素通常分为一般因素、区域因素和个别因素。

1. 一般因素

一般因素是指对一定范围内所有房地产价格都产生一般性的、普遍的、共同的影响因素。这类因素主要包括经济因素、社会因素、行政因素和心理因素。它们一般很难量化，只作为定性因素进行分析，需要借助评估师的经验加以判断，以掌握房地产价格的基本水平和变化趋势。

（1）经济因素。

1）经济发展因素。国家发展的整体水平，如国民经济增长速度、GDP 水平、居民收入水平、物价指数等都会对地价乃至整个房地产价格的形成产生影响。经济发展速度快，各行业对房地产的需求也就相应增大，房地产价格看涨；在经济发展速度放慢甚至萧条时，房地产的价格就会出现徘徊甚至下跌。在一定程度上，房地产价格的变化能够从侧面反映出经济发展的状况。

2）产业结构因素。产业结构因素即第一产业、第二产业和第三产业在国民生产总值中的比例关系以及各自的比重，包括房地产业在其中所占的比重。一般来讲，第三产业的比重越大，房地产价格也就相应较高。

3）财政金融因素。存款利率、贷款利率、物价上升指数、税率等财政金融因素对房地产价格的形成有着紧密的联系。如金融状况恶化会导致银根紧缩，从而一方面造成市场对房地产的需求减少，另一方面因开发资金不足，使房地产的供给量也随之下降。

（2）社会因素。

1）人口因素。一个地区人口的数量、结构及其素质直接决定着对房地产的需求，从而对房地产的价格产生重要的影响。人口数量、人口密度对房地产需求的影响是直接而直观的，而其他一些因素如居民的素质也会影响一定区域内房地产价格的变动。一般而言，居民素质较高的地区，居住环境维护得较好，房地产价格水平一般趋高；居民素质较低的地区，人员组成复杂，秩序欠佳，房地产价格则相应也会处于相对低落的状态。

2）房地产投机因素。房地产投机是市场经济条件下一种正常的社会现象，即所谓囤积居奇，谋获超常利润。房地产的价格变化会促使投机的要素进入房地产业，与此同时，大量的投资又会促使房地产价格的变动。

（3）行政因素。行政因素是指影响房地产价格的制度、政策、法规、行政措施等方面的因素，主要有土地制度、住房制度、城市规划、土地利用规划、房地产价格政策和税收政策等。

土地制度和住房制度对土地价格的影响非常大。土地使用制度科学合理，可以调动土地利用者或投资者的积极性，促进土地资源合理配置，带动土地增值，导致地价上涨。

城市规划、土地利用规划、城市发展战略等因素决定了一个城市的发展方向和发展规模，还决定了城市用地结构、城市景观轮廓线、地块用途、利用程度等。土地被规划为住宅区、商业区、工业区、农业区等不同区域，对房地产价格影响极大。

【深度分析1】

为什么城市规划对土地价值的影响至关重要

城市规划通常会根据城市总体发展需要对特定区段的建设做统一规划，比如规定规划区域内建造房地产的类型、容积率的限制等。一般来讲，在同一地理位置，建造商业用途的房地产价值会高于建普通住宅的价值，但如果政府对该地域的土地有用途规定的话，开发者可能就不能按自己的意愿来建造价值较高的房地产类型，这时的土地就不能以最佳用途来衡量它的价值了。对土地上建造房地产类型的规定实际上就是限制了该地块上房地产的价值，同时也就间接地限制了土地的价值。关于对容积率的限制，我们知道，容积率 = $\dfrac{建筑总面积}{土地总面积}$，那么在同一地块上，容积率大的建筑物就比容积率小的建筑物能够拥有更多的建筑总面积，而房地产的价值一般是通过房屋的建筑面积来衡量的，因此，容积率的大小直接决定了特定地块上房地产的价值大小，从而也就决定了该地块价值的大小。

（4）心理因素。心理因素是不可低估的一股力量，许多投机都来源于恐涨的盲目跟风。另外，一些趣味欣赏、崇洋或者迷信风水的心理都有可能导致区域性的房地产价格变化。

2. 区域因素

区域因素，是指某一特定区域内的自然条件与社会、经济、行政、技术等因素相结合所产生的区域特性，对该区域内的各块土地的价格水平产生影响的因素。在房地产价值的评估中，对于不同类型（如住宅、商业、工业等）的房地产，影响其价格的区域因素是不同的。

对于住宅类房地产来说，影响其价格的区域因素主要有：离工作地点的距离及交通设施状况；商业街及商业网点配置状况；学校、公园、医院等的配置状况；噪声、空气污染等的程度；景观环境状况；当地居民的职业、教育水平、社会阶层等居住环境的状况；街道的宽度、构造等状况；变电所、污水处理场等危险设施或污染源的状况等。这些因素反映了房屋的舒适、便利、安全、健康的程度，也就直接决定了房产的价值。

对于商业类房地产来说，影响其价格的区域因素主要有：腹地的大小及其商业群落状况；顾客的来源及其购买能力状况；顾客的交通手段及交通状况；营业类别及竞争状况等。这些因素的好坏直接影响房产使用者的赢利期望。

对于工业用房地产来说，影响其价格的区域因素主要包括：道路、港口、铁路等运输设施的便利程度及建设状况；动力供应和供水排水状况；与关联产业的位置关系；与生产紧密相关的气候、地质、水文条件等。

3. 个别因素

个别因素是指房地产自身的各种因素，包括土地的个别因素和建筑物的个别因素。

（1）土地的个别因素。

1）区位因素。区位因素即房地产的宗地位置，是影响房地产价格的首要因素。区位分为自然地理区位和社会经济区位。土地的自然地理区位是固定不变的，而社会经济地理区位却会随着城市建设和经济发展程度发生变化。一般而言，区位因素的优劣与土地价格成正向关系。

2）占地状况。占地状况是指土地的面积、宽度和深度状况。一般来说，占地状况的这3个具体因素都应该适度为宜，不要过度或不足。

3）形状因素。形状不规则的土地不利于利用，甚至会降低地价。一般认为宗地形状以矩形为佳，特殊情况，在街道的交叉口、三角形等不规则土地的地价也可能畸高。

4）内质因素。内质因素是指土地的地理、地质、地势、地形因素。

5）容积率因素。该因素也是影响土地价格的主要因素之一。容积率决定了建筑面积的大小。

6）用途因素。土地的用途对地价影响相当大，同样一块土地，在不同用途下，表现出来的土地价值不同，这主要来自城市规划的限制。

（2）建筑物的个别因素。影响建筑物价格的个别因素主要有面积、构造、材料；设计、设备；施工质量；楼层、朝向以及建筑物与周围环境的协调。

第三节 房地产的收益法评估

收益法主要用于收益性房地产的评估业务。收益性房地产是指那些以获得长期、连续收益为目的的房地产项目。对这类房地产评估，我们一般以它能够为其所有者带来的全部收益作为收益性房地产的实际价值。收益性房地产获取收益的方式主要有两种：出租和自营。用于出租的房地产有住宅、写字楼、商铺、仓库等，它是通过转让使用权而使所有者获得租金收益；而用于自营的有旅馆、剧场、娱乐中心、厂房等，它是通过房产所有人对资产的使用而获得的营业性收益。不管是哪一种方式，收益通常都是在一个长期的时段内获取的，而资产评估是估算基准日的价值，因此，我们有必要按一定的风险比率将未来的收益折算成现时价值，从而得出该宗房地产的评估值（房地产的价格）。计算公式在第二章中已经列出，即公式（2-3）：

$$\text{评估值 } V = \sum_{i=1}^{n} \frac{\text{未来各期收益 } A_i}{(1+\text{折现率 } r)^i}$$

式中，i 是收益年限 = 1，2，…，n。

这个公式可以说是对收益法含义的直接描述，所以它在任何类型的资产应用收益法评估时都能用这个基本公式。

当未来各期收益固定不变时，基本公式变形为公式（4-4）：

$$V = \frac{A}{r} \times \left[1 - \frac{1}{(1+r)^n} \right] \tag{4-4}$$

我们可以通过年金现值的方法得出公式（4-4）的变形为：

$$V = A \times (V/A, \ r, \ n) \tag{4-5}$$

式中，（V/A，r，n）是年金现值系数。

当每年收益一定且收益为无限年期时：

$$\text{评估值 } V = \frac{A}{r} \tag{4-6}$$

式中，r 在这里为资本化率。

收益法的计算公式无外乎上面几种，但在运用时需要注意参数在下面几个方面的变化。

一、净收益

1. 客观净收益

净收益是指归属于房地产的除去各种费用后的收益，一般以年为单位。在确定净收益时，我们采用的应该是房地产的客观净收益而不是它的实际净收益。所谓实际净收益，是指在现实状况下被评估房地产实际取得的净收益。由于种种原因，个体在使用资产时获得的收益可能会偏离社会正常的收益水平，例如，当收益人在法律上、行政上或经营上享有某种特权或受到特殊的限制，致使房地产的收益偏高或偏低，而这些权利或限制并不能随同房地产实物一同转让，所以用这时的收益值来衡量资产的收益能力就不准确。还有，当房地产在评估前和评估时点并未处于最佳利用状态，收益会偏低；而当收益权利人经营不善，导致亏损，收益可能为零甚至为负值。由于我们的评估值通常作为正常市场交易的参考，那么我们就需要将实际净收益进行一些修正，剔除掉其中特殊的、偶然的因素，得到在正常的市场条件下房地产用于法律上允许的最佳利用状态下的净收益值。当然，其中还应包含对未来收益和风险的合理预期。我们把这样的收益称为客观净收益。只有客观净收益才能作为评估的依据。

2. 客观总收益

客观净收益是计算估值的一项指标。但这个值并不能直接计量，它是通过公式（4-7）计算得来的：

$$净收益 = 总收益 - 总费用 \tag{4-7}$$

总收益是指以收益为目的的房地产和与之有关的各种设施、劳动力及经营管理者要素共同作用产生的收益。也就是指被评估房地产在一年内所能得到的所有收益。同样地，计算总收益时，是以客观收益即正常收益为基础，而不以实际收益计算。

3. 客观总费用

总费用是指取得总收益所必需的各项支出，如维修费、管理费等。也就是为创造收益所必须投入的正常支出。总费用也应该是客观费用。

关于净收益的计算，实际估算过程因评估对象的收益类型不同而有所不同，有以下几种形式：

（1）出租型房地产净收益的计算。净收益为租赁收入扣除维修费、管理费、保险费和税金。租赁收入包括有效毛租金收入和租赁保证金、押金等的利息收入。

房地产主从租户那里未来将收取的毛租金并不能完全代表物业的真实收益

水平。在上一个租户退租和下一个租户承租之间可能房屋会出现一段时间的空置，或可能在承租期内租户会拖欠租金（延迟支付租金、少付租金或不付租金），这些都是业主可能会遭受的损失。因此，从房屋的长期收益来看，这些损失应该从毛租金里扣除掉，扣掉损失后的租金才是有效毛租金，其计算方法如公式（4-8）所示。

　　　　有效毛租金＝毛租金－空置损失－租金损失　　　　　　　　　　　（4-8）

　　　　房地产的价值一般都比较高，所以在房屋出租时，为了保证房屋被妥善使用房主会收取承租方一定的押金，这个押金在退租时返还。由于押金的数额较大同时租赁期限又较长，那么这个押金所产生的利息就不是一个小数目，我们在租赁收入中应该计入这笔利息收入。

　　　　维修费、管理费、保险费应根据租赁契约规定的项目决定取舍。若保证合法、安全、正常使用所需的费用都由出租方承担，应将几项费用全部扣除；若维修、管理等费用全部或部分由承租方负担，应对几项费用中的部分项目做相应调整。关于税金，国家对房屋的出租方主要征收房产税、城镇土地使用税、营业税、印花税、所得税、城市维护建设税和教育费附加税费。征收办法各地政策会有不同，评估时要依据当地的相关法规来计算。

　　　　（2）商业经营型房地产净收益的计算。有些房地产会被用于生产、经营，此时房地产的所有者同时又是经营者。房屋通过参与经营活动而产生收益。但在商业经营过程中，经营者获得的收益并不全部来自房地产的创造，有一部分收益是商业活动过程中产生的。所以，我们在计算房地产的净收益时就要从经营的总收益中扣掉商业收益这一部分。那么净收益应是：商品销售收入扣除商品销售成本、经营费用、商品销售税金及附加、管理费用、财务费用和商业利润。

　　　　（3）尚未使用或自用的房地产净收益的计算。对于尚未使用或正处于空置期的房地产，从其财务账上看是没有收益的，但这种现象可能只是暂时的，我们不能忽视它未来的收益能力。我们可比照有收益的类似房地产的有关资料，再按上述相应的方式来计算客观净收益。

【深度分析2】

自用的房地产哪来的收益

　　　　自用的房地产在会计账上没有收益记录，那如何用收益法估算呢？这个问题我们可以从机会成本来理解。理解方式有两种：其一，对房地产所有者甲来讲，如果正在用的房地产不是自己的而是从乙那里租用的，那么甲就需要向乙支付租金。而现在甲用的是自己的房子，这在效果上就好像甲节省了这笔租金，或者说，甲因为使用自己的房屋而赚得了这笔租金。那么这个"假想"赚得的租金就是该房地产的收益。其二，如果甲不是自用自己的房产，而是将它租出去，那么他的房地产就会有收益，这个"假想"的租金收入即为房地产的收益。不管你喜欢哪种理解方法，这里的收益都应该是参照市场行情而定的客观净收益。

（4）混合型房地产的净收益估算。对于现实中包含有上述多种收益类型的房地产的收益的估算，可以将其看成各种单一收益类型房地产的组合，先分别求取，然后进行综合。

二、还原利率

在房地产评估中，人们习惯将折现率或资本化率称为还原利率。由于房地产由房屋和地产两部分构成，并且房屋和土地定价的机理和价值变化的运行规律也不一致，所以它们的投资风险也是不一样的，因而在选取折现率时要分别考虑。具体如下：

1. 还原利率的种类

（1）综合还原利率。这是将土地和附着于土地之上的建筑物看作一个整体评估所采用的还原利率。此时评估的是房地产整体的价值，采用的净收益也是房地合一的净收益。其计算方法如公式（4-9）所示：

$$V_{综} = \sum_{i=1}^{n} \frac{A_{综i}}{(1 + r_{综})^i} \qquad (4-9)$$

式中，$V_{综}$ 为房地产综合价值；$A_{综}$ 为未来各期房地产综合净收益；$r_{综}$ 为房地产综合还原利率；n 为房地产综合收益年限。

（2）建筑物还原利率。建筑物还原利率是单纯估算建筑物（房屋）价值时所用的还原利率。这时所对应的净收益是建筑物本身所产生的净收益，不包括土地产生的收益。其计算方法如公式（4-10）所示：

$$V_{房} = \sum_{i=1}^{n} \frac{A_{房i}}{(1 + r_{房})^i} \qquad (4-10)$$

式中，$V_{房}$ 为建筑物（房屋）价值；$A_{房}$ 为未来各期房屋的净收益；$r_{房}$ 为房屋的还原利率；n 为房屋收益年限。

（3）土地还原利率。土地还原利率是单纯评估土地的价格时所采用的还原利率。这时所对应使用的净收益是土地单独创造的收益，不包括除土地以外的其他方面贡献的任何收益。其计算方法如公式（4-11）所示：

$$V_{地} = \sum_{i=1}^{n} \frac{A_{地i}}{(1 + r_{地})^i} \tag{4-11}$$

式中，$V_{地}$ 为土地价值；$A_{地}$ 为未来各期土地净收益；$r_{地}$ 为土地还原利率；n 为土地收益年限。

2. 还原利率的计算方法

（1）净收益与售价比率法。这种方法是从市场中已经交易过了的与被评估房地产相似的多个实例中取得各综合还原利率，再将这些还原利率平均，就可求得被评估资产的还原利率。在实际计算过程中，如果能够直接收集到各宗房地产的还原利率，就直接将它们平均；如果没有现成的还原利率数据可用，就先取得各宗资产的各自收益以及成交价格，然后用收益除以价格来反推出各自的还原利率。

【计算演示1】

已知在资产市场中交易的几宗房地产交易价格及其各自净收益如下，通过还原利率=净收益/成交价，计算出各自还原利率。结果如表4-1所示。

表4-1   还原利率的计算

纯收益（万元/年）	价格（万元）	还原利率（%）
10	100	10
12	115	10.4
15	160	9.4
20	220	9.1
35	360	9.7
25	245	10.2

根据上表推算出被评估房地产的综合还原利率为：（10% +10.4% +9.4% +9.1% +9.7% +10.2%）÷6=9.8%。

在计算还原利率的现有方法中，这是一种简单且比较可靠的方法。在使用此法时要注意：要有足够的可比销售实例，参照物的位置、大小、使用年限以及土地使用强度等应该与被估资产尽量相似而且是选择近期公开市场的销售记录；还有，应对每个可比实例的净收益进行研究，弄清楚各自的净收益是否反映了市场租金的普遍水平，所有相关的费用是否已从总租金中扣减等。这些因素都会影响到市场法求取还原利率的准确性。

（2）调整法。调整法是用安全利率加风险调整求取还原利率的方法。许多国家将该国国库券的利率确定为安全利率，我国也可用银行中长期利率作为无风险利率。风险调整一般会根据影响被估房地产的外部环境状况，估计投资的风险程度，确定一个调整值，再把它与安全利率相加即得到还原利率值。风险调整主要考虑行业风险、经营风险、财务风险以及整体国民经济发展对企业预期收益的影响等因素。这种方法简便易行，对市场要求不高，应用比较广泛，但是风险调整值的确定主观性较强，不容易掌握。

（3）排序插入法。评估师首先收集交易市场上各种投资项目对应还原利率的资料，然后把各项投资按还原利率的大小排队。评估师将被估房地产的投资风险与上述排序中项目做比较，并将它插入其中，继而确定被估项目大致的还原利率的大小。

三、用收益法估算

从公式 $V = \dfrac{A}{r} \times \left[1 - \dfrac{1}{(1+r)^n} \right]$ 可以看出，当收益年限 n 超过 40 年，还原利率 r 不低于 8% 时，公式中的 $\dfrac{1}{(1+r)^n} < 0.05$，也就是说 $1 - \dfrac{1}{(1+r)^n} \approx 1$，这样我们就可以近似得到 $V = A/r$。而房地产的收益年限及还原利率一般都符合这个条件，因此有时为了简化工作，常常在要求精度不大的情形下直接用公式 $V = A/r$ 计算房地产综合价值、房屋价值及土地价值。

从前面的定义可以知道下面的等量关系是恒定的，如公式（4-12）和公式（4-13）所示：

$$V_{综} = V_{房} + V_{地} ; \tag{4-12}$$

$$A_{综} = A_{房} + A_{地} \tag{4-13}$$

另外，由于 $V = A/r$，所以 $V_{综} \, r_{综} = V_{房} \, r_{房} + V_{地} \, r_{地}$。

进一步可推算得到综合还原利率与建筑物还原利率和土地还原利率之间的关系，如公式（4-14）所示：

$$r_{综} = \frac{V_{房} \, r_{房} + V_{地} \, r_{地}}{V_{综}} \tag{4-14}$$

在用收益法时还要注意土地使用权的使用期限的政策规定，这些规定会直接影响房地产的整体使用时间。例如,某住宅用地使用权根据国家规定还剩下45年的使用期,而建筑物的使用年限还有50年,那么土地使用权到期后的政策就变得很重要了。如果土地到期后国家连同建筑物一起无偿收回,那么建筑物的使用期就不是它自身的50年而只能算作45年。不过,《中华人民共和国物权法》似乎否定了无偿收回的说法,《中华人民共和国物权法》指出,"住宅建设用地使用权期间届满的,自动续期"。但是,对续期是否还需要再为土地使用权付费以及付费标准如何并没有明确规定,所以在评估房地产时要时刻关注政策的最新变化。但在标准明确之前我们一般还是以最保守的方法来估算,即以土地到期国家无偿收回作估算假定。

【计算演示2】

    某房地产公司于2002年3月以有偿出让方式取得一块土地50年的使用权,并于2004年3月在此地块上建成一座砖混结构的写字楼,当时造价为每平方米2000元,经济耐用年限为55年,残值率为2%。目前,该类建筑重置价格为每平方米2500元。该建筑物占地面积500平方米,建筑面积为900平方米,现用于出租,每月平均实收租金为3万元。另据调查,当地同类写字楼出租租金一般为每月每建筑平方米50元,空置率为10%,每年需支付的管理费为年租金的3.5%,维修费为建筑重置价格的1.5%,土地使用税及房产税合计为每建筑平方米20元,保险费为建筑重置价格的0.2%,土地资本化率7%,建筑物资本化率8%。试根据以上资料评估该宗地2008年3月的土地使用权价值。

    估算思路:

    1. 计算总收益

    总收益指的是客观收益,它反映的是同类资产的社会平均收益水平,因而在这里不能以3万元作为计算总收益的依据。

    年总收益 $= 900 \times 50 \times (1-10\%) \times 12 = 486000$(元)

    2. 计算总费用

    总费用是取得该收益所必需的各项支出的和,当然各项支出也应该是客观值。

    (1)年管理费 $= 486000 \times 3.5\% = 17010$(元)

    (2)年维修费 $= 2500 \times 900 \times 1.5\% = 33750$(元)

    (3)年税金 $= 20 \times 900 = 18000$(元)

    (4)年保险费 $= 2500 \times 900 \times 0.2\% = 4500$(元)

    年总费用 $=$(1)$+$(2)$+$(3)$+$(4)$= 17010 + 33750 + 18000 + 4500 = 73260$(元)

3. 计算房地产净收益

年净收益=年总收益－年总费用=486000－73260=412740（元）

4. 计算房屋净收益

租金收入是房、地共同创造的。一般来讲，房屋不可能脱离地产而单独创造效益。单纯的房屋带来的收益很难从总的收益中区分开来，但我们可以依据房屋的价值与其成本成正相关关系，通过计算房屋的成本来确定房屋的价值。由于我们要计算的是评估基准日以后的房屋价值，这样我们就要取评估基准日的房屋重置成本作为房屋的总价值而不是以房屋建造时的造价为参照标准。

房屋重置成本=2500×900=2250000（元）

根据资料显示，房屋还可使用51年（55-4），但土地的使用权只剩44年（50-6），以2008年3月为评估基准日时土地使用权的国家相关规定并没有明确使用权到期后如何处置土地权属续期的问题，因此我们暂时只能以比较保守的预计来假定土地使用权到期后企业放弃土地及房屋。在这种假设条件下，房屋的实际使用年限就只有44年，而残值率指标也没有意义了，因为企业放弃土地和房屋意味着房屋残值为零。

房屋还能使用44年，加上基准日前已经用了4年，该房屋总的使用年限就是48年，那么年贬值为：

年贬值额=房屋重置成本/使用年限=2250000÷48=46875（元）

房屋现值=房屋重置价－年贬值额×已使用年数

$$=2500×900-46875×4=2062500（元）$$

$$房屋的年净收益=\frac{房屋现值\ V×r}{1-\frac{1}{(1+r)^n}}=\frac{0.08×2062500}{1-\frac{1}{(1+0.08)^{44}}}=170778.1（元）$$

5. 计算土地净收益

年土地净收益=年房地产净收益－房屋年净收益=412740－170778.1=241961.9（元）

6. 计算土地使用权价值

$$土地使用权价值=\frac{241961.9}{7\%}×\left[1-\frac{1}{(1+7\%)^{44}}\right]=3280497.2（元）$$

7. 评估结果

此宗土地使用权在2008年3月的价值是3280497.2元。

第四节　房地产的市场法评估

市场法始终是一种简便易行而且可靠的方法。在对房地产进行评估时，如果被评估类型的房地产交易存在活跃的市场就应该首先采用此法来估算其价值，因为很少有一种资产像房地产那样价值巨大并且价格变动捉摸不定，因而用任何主观的判断都难免偏离其在某一特定时点的真实价值，而房地产交易的市场价格代表了社会普遍买卖双方对资产价值最终认同的相互妥协，所以用这个结果反映资产在这一时点的价值是合理的。

房地产的市场法评估就是通过与近期交易的类似房地产进行比较，并对一系列因素进行修正，而得到被估房地产在评估基准日的市场状况下的价值水平。这些因素主要有交易情况因素、交易日期因素、个别因素以及房地产状况因素等几类。基本计算公式如公式（4-15）所示：

$$P = P' \times A \times B \times C \times D \qquad (4-15)$$

式中，P为被评估房地产评估价值；P'为可比交易实例价格；A为交易情况修正系数，A=正常交易情况指数（100）/可比实例交易情况指数；B为交易日期修正系数，B=评估基准日价格指数/可比实例交易时点的价格指数（100）；C为区域因素修正系数，C=被估对象所处区域因素条件指数（100）/可比实例所处区域因素；D为个别因素修正系数，D=被估对象个别因素条件指数（100）/可比实例个别因素条件指数。

这是基本计算公式，在实际评估活动中，有时C和D是合在一起作为房地产状况修正系数计算的；有时又需要单独修正土地容积率和土地使用年期，这样公式就会有些变化，我们需要灵活应对，及时增减。更完整的公式如公式（4-16）所示：

$$P = P' \times A \times B \times C \times D \times 容积率修正系数 \times 土地使用年期修正系数 \qquad (4-16)$$

市场法评估的一般步骤包括收集交易资料、确定可比交易案例、因素修正及确定评估值四个步骤。

一、收集交易资料

运用市场法评估房地产价值，必须有充裕的交易资料，这是市场法运用的基础和前提条件。评估师必须注意日积月累，在平时就要时刻关注房地产市场变化，随时收集有关房地产交易实例。如果等到需要时才去临时找案例，往往因为时间紧迫，很难收集到足够的交易案例。而交易案例太少，用市场法评估的价值就不能满足客观、合理的要求。

二、确定可比交易案例

在进行房地产价值评估时，需要针对被评估房地产的特点，选择符合一定条件的交易实例作为供比较参照的交易实例。可比实例选择是否适当，直接影响到运用比较法评估的结果精度，因此对可比实例的选择应特别慎重。选取的参照物尽量符合以下条件：与被评估房地产的用途相同；与被评估房地产所处的地区应相同或在同一供求范围的类似地区；与被评估房地产的评估目的及其相对应的价值类型相同；与被评估房地产的建筑结构要相同或相似；与被评估房地产的评估基准日尽量接近，一般不应超过 2 年，对于价格波动剧烈的时期，参照物交易日期更应该离基准日接近；交易实例必须是正常交易或可以修正为正常交易。

三、因素修正

这是最为重要的一个步骤。因素修正具体包括交易情况修正、交易日期修正、区域因素修正、个别因素修正、容积率修正、土地使用年期修正等。

1. 交易情况修正

在房地产市场上，房地产价格的形成往往具有个别性，因此运用市场法进行房地产评估，需要对选取的交易实例交易情况进行修正，将交易中由于个别因素所产生的价格偏差予以剔除，使其成为正常价格。房地产交易中的特殊情况较为复杂，主要有以下几种：

（1）有特殊利害关系的经济主体间的交易。如亲友之间、有利害关系的公司之间、公司与本单位职工之间，通常都会以低于市价的价格进行交易。

（2）交易时有特别的动机。这以急于脱售或急于购买最为典型。例如，有人为了扩大经营面积，收购邻近的建设用地，往往会使交易价格抬高。

（3）买方或卖方不了解市场行情。往往使房地产交易价格偏高或偏低。

（4）其他特殊交易的情形。例如，契税本应由买方负担却转嫁给了卖方。

（5）特殊的交易方式。例如，拍卖、招标等。

交易情况的修正没有非常严格的技术标准，而更多地依赖于评估师的职业判断。将比较判断的结果代入到 A 系数的求值公式中，如果可比实例交易的价格低于正常情况下的交易价格，则分母小于100；反之则大于100。

2. 交易日期修正

可比实例的交易日期与被评估房地产的评估基准日往往不是同时进行的。而房地产市场的价格可能在不断变化之中。因此，需要根据房地产价格的变动情况，将交易实例房地产价格修正为评估基准日的房地产价格。这就是交易日期修正。

【计算演示3】

某宗房地产交易日期是2009年3月。根据资料显示，该地区此类房地产从2008年初至2009年5月每月下降1%，随后又每月反涨3%至今，求评估基准日为2010年2月底的交易日期修正系数。

$$B = (1-1\%)^3 \times (1+3\%)^9 = 1.266$$

3. 区域因素修正

区域因素是土地所在地区的自然、社会、经济、行政等因素相结合所产生的地区特征，对于土地价格水平产生影响的因素。区域因素主要包括地区的繁华程度、交通状况、基础设施状况、人文环境等。进行区域因素修正时，要首先确定比较因素，即根据具体的评估对象，选择确定的比较内容，然后评价各因素的比较修正系数。

区域因素修正通常采用多因素评定法，它是对不同的因素根据其影响程度分别设定不同权重的标准分值，然后参照实例或者将被评估地产与设定的标准进行比较、打分，最后以总分的比值作为修正率。这种通过打分决定某种因素的强弱高低的方法在市场调查和商业选址中被广泛使用，通常被称为打分法。

【计算演示4】

假设甲、乙、丙都是商业用地，对被评估地块甲的区域因素修正如表4-2所示。

表4-2　对地块甲的区域因素修正

区域因素	被评估地块甲	参照实例乙	参照实例丙
商服繁华程度	25	24	29
道路通达程度	20	21	22
交通管制	10	9	10

续表

区域因素	被评估地块甲	参照实例乙	参照实例丙
交通流量	10	9	11
商业区综合环境	20	17	20
自然条件	7	7	9
规划因素	8	7	8
总分值	100	94	109

甲参照地块乙、丙的区域因素修正率分别为：

乙的区域因素修正率：100÷94×100% = 106.4%

丙的区域因素修正率：100÷109×100% = 91.7%

4. 个别因素修正

个别因素是指构成房地产的个别特征并影响其价格的因素。个别因素比较的内容主要有：地块的面积、形状、宗地基础及市政设施状况、地形、地质、临街类型、临街深度、邻近位置等。进行个别因素修正的方法与区域因素修正方法基本相同。

【计算演示 5】

假设上述地块甲、乙、丙的面积分别是 4000 平方米、4760 平方米、3100 平方米，其形状依次为正方形、三角形、三角形。其个别因素比较结果如表 4-3 所示。

表 4-3　个别因素比较结果

个别因素	被评估地块甲	参照实例乙	参照实例丙
面积	20	21	19
形状	25	24	22
地质条件	25	24	27
临界深度	30	31	28
总分值	100	100	96

甲参照地块乙、丙的个别因素修正率为：

乙的个别因素修正率 = 100÷100×100% = 100%

丙的个别因素修正率 = 100÷96×100% = 104.17%

5. 容积率修正

城市规划对城市不同区域建筑的建筑容积率有不同的规定。容积率大小直接影响土地利用程度的高低，容积率越大，土地利用率越高，地价也越高；反之，地价越低。对容积率进行修正可以消除由于容积率不同而造成的地价差异。

容积率与地价的关系并非呈线性关系，需要根据具体区域的情况具体分析。实际估价时，要通过对容积率与地价水平的相关程度的分析，并根据容积率与地价的相关系数，编制容积率修正系数表。

$$容积率修正系数 = \frac{被估宗地的容积率修正系数}{可比实例的容积率修正系数} \quad (4-17)$$

【计算演示6】

假设甲、乙、丙的容积率分别为1.3、2.5和0.7，查阅该城市《容积率修正系数表》如表4-4所示。

表4-4 容积率修正系数

容积率	0.1	0.4	0.7	1.0	1.1	1.3	1.7	2.0	2.1	2.5
修正系数	0.5	0.6	0.8	1.0	1.1	1.2	1.6	1.8	1.9	2.1

甲对乙的容积率修正系数为：$1.2 \div 2.1 \times 100\% = 57.1\%$
甲对丙的容积率修正系数为：$1.2 \div 0.8 \times 100\% = 150\%$

四、确定评估值

每一宗交易实例在以上因素调整后就能得出被评估房地产的估值，选取多个交易实例作参照就可能会得到几个不同的值，将多个交易实例估算出的评估值进行适当的平均，最后就得出了被评估房地产的价值。

第五节　房地产的成本法评估

房地产成本法评估途径是以假设重新购建被估房地产所需要的成本为依据而评估房地产价值的一种方法，它以重置一宗与被估房地产可以产生同等效用的房地产所需投入的各项费用之和为基础，再加上一定的利润和应纳税金来确定被估房地产的价值。

用成本法评估房地产资产时一般用于房地产市场发育不成熟，成交实例不多，无法利用市场法、收益法等方法进行评估的情况。对于政府办公楼、学校、医院、图书馆、机场、博物馆、公园、新开发地等这一类比较特殊的房地产评估比较适用，而对商业、住宅用地的使用权用成本法评估则需要借助一些市场和收益的数据作变换后才能准确使用，它就没有其他途径来得更直接。

由于房屋与土地具有不同的自然及经济特性，如房屋是人类劳动的产物，一般会随时间推移而发生贬值，但土地因其特有的自然及社会特性使得它的价值并不表现为随时间贬值的特性，因此对土地价值和房屋价值评估的成本法计算公式并不相同。

房地产应用成本法评估的思路是先分别估算房、地的价值再将它们合起来的方法。总体的计算方法如公式（4-18）所示：

$$\text{房地产评估值} = \text{建筑物重置成本} + \text{土地使用权重置成本} - \text{房地产实体性贬值} - \text{房地产功能性贬值} - \text{房地产经济性贬值} \quad (4-18)$$

一、土地使用权的成本法评估

土地使用权从形式上讲无实体性有形损耗，但土地使用权会随其使用权年限的减少逐渐丧失其价值，在这里我们称之为土地使用权功效损失。土地使用权不存在功能性贬值，但土地使用权会因闲置而发生经济性贬值。那么土地使用权的价值计算方法应该如公式（4-19）所示：

$$\text{土地使用权评估值} = \text{土地使用权的重置成本} - \text{使用权功效损失} - \text{经济性贬值} \quad (4-19)$$

在这个公式里面，功效损失可以用使用年限法来确定，如公式（4-20）所示：

$$\text{土地使用权功效损失} = \text{土地使用权重置成本} \times \frac{\text{土地已使用年限}}{\text{土地已使用年限} + \text{土地剩余使用年限}} \quad (4-20)$$

经济性贬值计算参照第三章【计算演示7】：

$$\text{土地使用权经济性贬值} = \text{土地年收益损失额} \times \left(1 - \frac{\text{所得税}}{\text{税率}}\right) \times \text{土地剩余使用年限年金现值系数} \quad (4-21)$$

下面重点讲述土地使用权的成本构成及计算，它的估算公式为：

$$\text{土地使用权重置成本} = \text{待开发土地取得费} + \text{土地开发费} + \text{利息} + \text{利润} + \text{税费} + \text{土地增值收益} \quad (4-22)$$

公式中几项费用说明如下：

1. 待开发土地取得费

土地取得费是为取得土地而向原土地使用者支付的费用，分为两种情况：

（1）国家征收集体土地而支付给集体土地所有者的费用，包括土地补偿费、地上附着物和青苗补偿费及安置补助费等。

（2）为取得已利用城市土地而向原土地使用者支付的拆迁补偿费用，这是对原城市土地使用者在经济上的补偿，补偿标准各地的规定不同，评估师要及时查询与评估基准日接近的最新资料。

2. 土地开发费

取得了土地的使用权还不能马上在地上盖房子，还需要进一步的开发，主要有下面几项费用：

（1）基础设施配套费。对于基础设施配套常常简称为"三通一平"和"七通一平"。"三通一平"是指：通水、通路、通电、平整地面。"七通一平"是指：通上水、通下水、通电、通信、通气、通热、通路，平整地面。对于具有实际开发意义的用地来讲，"三通一平"只是最基本的条件，还不能在上面盖工商业或住宅项目，只有完成"七通一平"，项目才能正常运行。因此，资产评估中的土地一般是指已经具有"七通一平"的功能的土地。

（2）公共事业建设配套费用。公共事业建设配套费用主要指邮电、图书馆、学校、公园、绿地等设施建设的费用。这与用地项目大小、用地规模有关。基础设施配套是开发者由于生产的需要而自行完善的费用支出。而公共事业建设配套并不要求开发者实际去开发这些设施，而是根据一定的比率上交给国家相关部门由国家来统筹安排。

（3）小区开发配套费。同公共事业建设配套费类似，各地根据用地情况确定合理的项目标准。

3. 利息

由于土地价值大，开发商一般需要向银行贷款付息，因此利息应计入成本。

在用成本法评估土地价格时，投资包括土地取得费和土地开发费两大部分。由于这两部分资金的投入时间和占用时间不同，因此计息期也各不相同。土地取得费在土地开发动工前即要全部付清，而在开发完成销售后方能收回，因此计息期应为整个开发期和销售期。土地开发费在开发过程中逐步投入，销售后收回，若土地开发费是均匀投入的，则计息期为开发期的一半。如果开发期超过一年，那么还有可能要考虑复利。

【深度分析3】

自有资金的利息应计入成本吗

对于开发商从银行贷款的利息支出，大家一致认为应该计入成本。但对开发商的自有资金利息是否计入成本却有两种观点。

一种观点认为，从机会成本来看，开发商的钱由于用到房地产开发中，就不能同时将之放到银行获得利息收入了。在他们看来，自有资金用于开发导致了资金的利息损失，所以它应该被计入成本。

另一种观点认为，房地产开发与其他行业一样，这些投资者之所以要投入资金用于某种生产是因为生产出的产品能够给他们带来利润，而这个预期利润会高于将这些资金存放在银行获得的利息收入，所以才导致了资金向这些行业的流动。这种观点的结论是：自有资金的投入成本是通过利润来补偿的，利润中已经包含了对利息损失的考虑。所以，自有资金的利息不应该计入成本。

你赞成哪一种观点呢？不管你倾向于哪一种，目前的实际情况是，用于房地产开发的所有资金的利息都计入成本。

4. 利润和税费

投资的目的是为了获取相应的利润。对土地进行投资，当然也要有利润，这是社会资金流入该行业的动力所在。这里的利润也应该是客观值，它通常是以土地取得费和土地开发费之和作为投入基数，以社会平均利润率为乘数来计算的。这样算出来的利润值应该能够反映社会的普遍收益水准。税费是指土地取得和开发过程中所必须支付的税负和费用，此项需通过查询近期相关文件规定获得。

5. 土地增值收益

这是土地开发者向政府缴纳的一项费用。开发者以规定的费率上缴。

【深度分析4】

土地增值收益是什么

土地改变用途通常会使土地的价值有较大的改变。例如，由农地转变为建设用地，新用途的土地收益将远高于原用途土地的收益，土地的价值也就增值了。当然这种增值是在国家的许可下实现的，这个增加的收益，总体上是由土地发展权带来的，它应该由土地所有者、土地投资开发者和原土地使用者共同分享这部分增值。但这个收益一般是在投资者开发完成后实现的，这样土地投资者就掌管了全部的增值收益。因此，国家要从投资者手里收回一部分再将它们分配给土地所有者和原土地使用者，使得三方的利益达到均衡。国家从投资者那里收取的这部分费用就是土地增值收益。实际操作中，它是投资者获得土地时就预先向国家缴纳的，它是土地成本价值与土地增值收益率的乘积。土地成本价值一般包括土地取得费、土地开发费、利润及利息四部分；土地增值收益率则是地方政府通过分析相关数据信息后确定的统一遵守的比率。

【计算演示7】

有一块土地面积为 10000 平方米，该地块的土地征地费用（含安置、拆迁、青苗补偿费和耕地占用税）为每亩 10 万元，土地开发费为每平方公里 2 亿元，土地开发周期为 2 年，第一年投入资金占总开发费用的 35%，开发商要求的投资回报率为 10%，当地土地出让增值收益率为 15%，银行贷款年利率为 7%，试评估该土地的价值。

1. 计算土地取得费

土地取得费 = 10（万元/亩）= 150（元/平方米）

2. 计算土地开发费

土地开发费 = 2（亿元/平方公里）= 200（元/平方米）

3. 计算投资利息

土地取得费的计息期为 2 年，土地开发费为分段均匀投入，那么：

土地取得费利息 = $150 \times [(1+7\%)^2 - 1] = 21.74$（元/平方米）

土地开发费利息 = $200 \times 35\% \times [(1+7\%)^{1.5} - 1] + 200 \times 65\% \times [(1+7\%)^{0.5} - 1]$
　　　　　　　 = 7.48 + 4.47 = 11.95（元/平方米）

利息合计：33.69 元/平方米

4. 计算开发利润

开发利润 =（土地取得费 + 土地开发费）× 10% =（150 + 200）× 10%
　　　　 = 35（元/平方米）

5. 计算土地增值收益

土地增值收益 = [（1）+（2）+（3）+（4）]× 15%

6. 计算土地价值

土地单价 = [土地取得费 + 土地开发费 + 投资利息 + 开发利润]×（1 + 15%）

$$= (150+200+33.69+35) \times (1+15\%) = 481.49 \ (元／平方米)$$

土地总价 $=481.49 \times 10000 = 4814900$ （元）

该宗土地的价值为 4814900 元。

二、建筑物重置成本的估算

建筑物的重置成本包括开发成本、管理费用、投资利息、销售税费以及开发利润等几个方面。它们的具体含义在随后的内容中一并解释，现在我们来介绍几种重置成本的计算方法。

1. 单位成本法

单位成本法是估算建筑物重置成本使用最广泛的方法。评估师通过查阅有关部门定期公布的成本手册，或调查近期建成的类似建筑物的单位造价资料，并根据它们在建筑时间和建筑规格方面的差异进行相应修正，就可以得到被估对象的单位成本，进而计算出重置成本。

【计算演示 8】

表4-5　单位成本法估算重置成本示例

参照建筑物单位重置成本	5000 元／平方米
规模、形状修正系数	0.98
修正后单位重置成本	5000×0.98＝4900 元／平方米
基本价格（被估房屋 200 平方米）	4900×200＝980000 元
修正项目	+100000 元
其中：固话及网络系统	−40000 元
中央空调设备	140000 元
建筑物价值	1080000 元
车库与庭院开发成本	+30000 元
被估建筑物重置成本	1110000 元

2. 重编预算法

重编预算法是建筑成本估算方法中最详细和最精确的方法。该方法根据建筑物的竣工图纸或者按评估要求绘制的工程图估算出建造建筑物所需的各种材料、设备的数量和标准人工时数，然后逐一乘以估价时点各材料、设备的单位价格和人工劳务费标准，再累加求和得到建筑物的重置成本。它的数学表达方法如公式（4-23）所示：

$$\begin{matrix}\text{建筑物} \\ \text{重置成本}\end{matrix} = \sum \left[\left(\begin{matrix}\text{实际} \\ \text{工程量}\end{matrix} \times \begin{matrix}\text{现行单价} \\ \text{或定额}\end{matrix} \right) \times \left(1 + \begin{matrix}\text{工程} \\ \text{费率}\end{matrix} \right) \pm \begin{matrix}\text{材料} \\ \text{差价}\end{matrix} \right] + \begin{matrix}\text{按现行标准} \\ \text{计算的各项} \\ \text{间接费用}\end{matrix}$$

$$(4-23)$$

尽管重编预算法是最专业的估算建筑成本的方法，但却很少被采用。一方面，它的运用要求评估师具备非常丰富的建筑技术知识，否则，各项费用累加后的误差将会很大。另一方面，该方法耗费的时间和精力也比其他方法多。所以一般只针对结构比较简单的建筑物的重置成本的估算。

3. 预决算调整法

预决算调整法是以被估建筑物决算中的工程量为基础，按现行工程预算价格、费率将其调整为按现行价格水平计算的建筑工程造价，再加上间接成本，从而得出建筑物的重置成本。

运用该方法的好处是不需要对工程量重新计算，它的假定条件是建筑物原工程决算是合理的，所以只需将建筑物建造时决算的各类价格及费率用评估时点的标准取代就能够完全等同于现时重置成本。但用预决算调整法进行评估，必须要具备完整的建筑工程竣工预、决算资料。

预决算调整法主要适用于用途相同、结构相同且数量较多的建筑物评估。这样，可以通过选择若干有代表性的典型建筑物按该法评估得出重置成本，然后以估测出的典型建筑物的重置成本与该建筑物原预决算价格比较，求出一个调整系数，推算出其他相同、相似建筑物的重置成本。

【计算演示9】

表4-6　预决算调整法估算重置成本示例

项　目	数　量	现行单位成本	成本（元）
基础工程	150 立方米	200 元/立方米	30000
墙体工程	160 平方米	400 元/平方米	64000
楼地面工程	150 平方米	200 元/平方米	30000
屋面工程	150 平方米	300 元/平方米	45000
给排水工程			25000
供暖工程			15000
电气工程			20000

续表

项　目	数　量	现行单位成本	成本（元）
合　计			229000
正常税费		建设成本的20%	45800
重置成本			274800

三、新建房地产的成本法评估

土地和建筑物的重置成本取得后加总就是房地产项目的整体重置成本。当然，在实际评估过程中并不需要很明显地将它们分开估算然后再合起来，而是将它们的成本构成明晰后直接合在一起来计算。

对于新建房地产，如果评估基准日为房地产开发建成日，就不用考虑折旧，可以直接用总的开发成本来进行计算。开发成本为房地产开发过程中所发生的各种费用，包括土地征收及拆迁补偿费、前期工程费、基础设施费、建筑安装工程费、配套设施费和管理费用等。新建房地产价值的估算方法如公式（4-24）所示：

$$新建房地产价值 = 土地取得费用 + 开发成本 + 管理费用 + 利息 + 销售税费 + 利润 \qquad (4-24)$$

1. 土地取得费用

土地取得的途径有征收、拆迁改造和购买等，根据取得土地的不同途径，分别测算取得土地的费用，包括有关土地取得的手续费及税金。

2. 开发成本

开发成本主要由五个方面构成：

（1）勘察设计和前期工程费，包括临时用地、水、电、路、场地平整费；工程勘察测量及工程设计费；城市规划设计、咨询、可行性研究费、建设工程许可证执照费等。

（2）基础设施建设费，包括由开发商承担的建筑内外的自来水、雨水、污水、煤气、热力、供电、电信、道路、绿化、环境卫生、照明等建设费用。

（3）房屋建筑安装工程费，可假设为开发商取得土地后将建筑工程全部委托给建筑商施工，开发商应当付给建筑商的全部费用。包括建筑安装工程费、招投标费、预算审查费、质量监督费、竣工图费等。

（4）公共配套设施建设费，包括由开发商支付的非经营性用房如居委会、派出所、托儿所、自行车棚、信报箱、公厕等；附属工程如锅炉房、热力点、变电房、开闭所、煤气调压站的费用等；文教卫生系统如中小学、文化站、门诊部、卫生所用房的建设费用。商业网点如粮店、副食店、菜店、小百货店等经营性用房的建设费用应由经营者负担，按规定不计入商品房价格。

（5）开发过程中的税费及其他间接费用。

3. 开发利润

利润率应根据开发类似房地产的平均利润率来确定。

4. 管理费用

管理费用主要是指开办费和开发过程中管理人员的工资等。

5. 投资利息

以土地取得费用和开发成本之和作为计算利息的基数。

6. 销售税费

销售税费主要包括以下几项内容：

（1）销售费用，包括销售广告宣传费、委托销售代理费等。

（2）销售税金及附加费（两税一费），包括营业税、城市维护建设税、教育费附加。

（3）其他销售税费，包括应当由卖方负担的印花税、交易手续费、产权转移登记费等。

四、旧有房地产的成本法评估

旧有房地产是指那些正在使用的房地产，它与新建房地产有些不同。首先，旧有房地产不存在土地征地环节，它已经是既成的可直接建房的土地；其次，旧有房地产的建筑物部分会发生贬值。用成本法估算旧有房地产如公式（4-25）所示：

$$旧有房地产价值 = 土地现时价值 + 建筑物重置成本 - 建筑物贬值 + 利息 + 销售税费 + 利润 \quad (4-25)$$

土地现时价值是土地重新取得的价格或重新开发的成本，采用前面讲述的土地使用权评估的方法可以求得；或者参照周边土地市场价格经过调整也可直接取得。

建筑物的重置成本仍然要选择更新重置成本，这里要注意的是，在重置过程中仍需考虑建筑的利润、资金投入的利息以及一些税费等。

建筑物贬值就是建筑物的价值减损。它一般由两方面因素引起：一是自然因素，即因建筑物使用而使建筑物磨损、建筑物自然老化以及功能减弱，所有这些因素均导致建筑物价值减损，这种减损又被称为自然折旧或有形损耗；二是社会经济因素，它是由于技术革新、建筑工艺改进或人们观念的变化，引起原有建筑设备相对陈旧、设计风格落后，由此导致建筑物价值降低，这种减损称为无形损耗。

从建筑物重置成本中扣除建筑物损耗，即为建筑物现值，因此，确定建筑物贬值额就成为房产评估中的关键一环。下面我们来介绍两种计算贬值的方法：

1. 直线折旧法

直线折旧法又称定额法，这种方法假设建筑物的价值损耗是均匀的，它在耐用年限内每年的贬值额相等，那么建筑物每年的贬值额的计算方法如公式（4-26）所示：

$$D = \frac{C-S}{N} = C \times \frac{1-R}{N} \tag{4-26}$$

式中，D 为年贬值额；C 为建筑物的重新建造成本；S 为建筑物的净残值，即建筑物在达到耐用年限后的剩余价值扣除旧建筑物拆除、清理等处理费用后所剩余的价值；N 为建筑物的耐用年限；R 为建筑物的残值率，即建筑物的净残值与重新建造成本的比率。

【参考数据】

各种结构的非生产用房的耐用年限和残值率：

钢筋混凝土结构：60 年，0%；

砖混结构一等：50 年，2%；

砖混结构二等：50 年，2%；

砖木结构一等：40 年，6%；

砖木结构二等：40 年，4%；

砖木结构三等：40 年，3%；

简易结构：10 年，0%。

耐用年限用公式（4-27）计算更为准确：

耐用年限＝建筑物已使用年限＋建筑物尚可使用年限 (4-27)

2. 成新率折扣法

成新率折扣法根据建筑物的建成年代、新旧程度、功能损耗等确定建筑物的成新率，再直接求取建筑物的现值。计算方法如公式（4-28）所示：

建筑物价值＝建筑物重置成本×成新率 (4-28)

【计算演示 10】

一座仓库建筑面积为 2000 平方米，钢筋混凝土框架结构，层高 4.5 米，外墙贴白色墙砖，内墙及天棚为涂料，铝合金门窗，配两台货运电梯，通上、下水，通电，通信，通路。2000 年建成并投入使用。

试求 2008 年 12 月 31 日的仓库价值（不含土地）。

评估师决定用成本法来估算这座仓库的价值。首先列出重置成本的构成如下：

重置成本=建安工程费+管理费用+税费+利息+开发商利润

1. 建安工程费估算

评估师运用市场比较法的思路，收集到与被评估仓库相似的另一仓库，其建安工程费为 1200 元/平方米。与被评估仓库比较，存在如下可比差异：参照物层高为 5.0 米，而被评估仓库为 4.5 米；参照物没有配备货运电梯。

经评估师分析，层高高出 0.5 米会使建筑成本上升 5%，未配货运电梯建安成本会节约 30 元/平方米。

那么被评估仓库的建安工程费=$1200 \times (1-5\%) + 30 = 1170$（元/平方米）。

2. 管理费用估算

根据评估师掌握的同类仓库的历史成本分析，与被评估仓库建筑规模相近的仓库的管理费为建安工程费的 2%，那么单位面积的管理费用为 $1170 \times 2\% = 23.4$（元）。

3. 城建税费

经收集、汇总当地建设税费有关文件、资料，建设税费为 120 元/平方米。

4. 建设期利息

查《工程项目建设工期定额》，合理工期为一年，利息率取一年期固定资产贷款利率 5.49%。假设投资是分段均匀投入的，则摊到每平方米的利息为 $(1170 + 23.4 + 120) \times [(1+5.49\%)^{0.5} - 1] = 35.57$（元）

5. 开发商利润

若当地对仓库建设投资的年平均利润率为 9.5%，则建筑利润为 $(1170 + 23.4 + 120) \times 9.5\% = 124.77$（元/平方米）。

6. 单位面积重置成本计算

单位重置成本=$1170 + 23.4 + 120 + 35.57 + 124.77 = 1473.74$（元/平方米）

7. 成新率计算

假设该仓库正常使用时它的价值损耗是均匀的，技术鉴定此仓库的使用年限为 60 年，它已经使用 9 年，那么它的成新率就是 $(60-9) \div 60 = 85\%$。

8. 评估价值

仓库价值（不含土地）=重置成本×成新率=$1473.74 \times 85\% \times 2000 = 2505358$（元）

第六节　房地产的剩余法评估

房地产开发的第一站就是取得土地使用权。现阶段我国的土地出让很多都是采用拍卖的方式，那么房地产开发商如何在拍卖会上确定其能够接受的报价上限呢？首先，通常房地产开发商会了解待售土地的条件，如坐落位置、面积大小、形状、周围环境以及政府对这块地的规划限制，以确定该地块在未来的最佳用途和最大的开发程度。其次，他还要根据市场状况预测建筑完成后的房地产项目能够取得的收益，同时还需考虑完成开发全过程所必须花费的建筑费、设计费、相关税费、各类预付资本的利息等。最后，开发商最为关心的——应得的正常开发利润。认真匡算完以上数据后，开发商就知道在拍卖会上他能够举的最后一张价格牌是什么了。他会将房地产的预计销售收入扣除以上所有费用和正常利润，得出的数值就是这个开发商愿意为购买土地支付的最高价格了。

一、剩余法的基本概念

基本上所有的开发商都会以这样的思路来评价他们期望获得的土地的价值，当然，我们的评估师在某些时候估算土地的现值时也会有着同样的思维逻辑，这种对价值的评价方法在房地产开发中被称为剩余法。剩余法也叫作假设开发法、倒算法或预期开发法。剩余法是将被估房地产开发后的预期价值，扣除正常投入费用、正常税金及合理利润后，依据该剩余值测算被估房地产价值的方法。

剩余法的应用并不局限于从未来成品房销售的收益扣除各种成本、费用及利润来估算土地价值这种单一做法。事实上，在房地产开发全部流程形成的产业链上，任何前后不同环节组成的业务链段都可以运用剩余法的思路来倒推前环节的价值。比方说假定某宗房地产开发有五个重要的环节：生地——熟地——地基基础完工——结构主体完工——全部竣工。某开发商可选择从"熟地"接手而到"主体完工"后将项目转让，这个过程同样可用剩余法来估算。他首先通过预计"主体完工"后转让得到的收益，再扣减掉从"熟地"到"主体完工"所需要的全部投入以及期望利润，而计算出他能够接受的取得"熟地"的最高出价，也就是他所认定的"熟地"的价值。

从理论上看，不同环节组成的房地产开发过程都能用剩余法来估算前环节的价值。但假设开发法主要适用于以下房地产的评估：一是待开发土地的评估。用开发完成后的房地产价值减去建造费、专业费等。二是将生地开发成熟地的土地评估。用开发完成后的熟地价减去土地开发费用。三是待拆迁改造的再开发地产的评估。

运用剩余法应把握待开发房地产在投资开发前后的状态以及投资开发后的房地产的经营方式。待开发房地产投资开发前的状态，常用的包括生地、毛地、熟地、旧房和在建工程等；投资开发后的状态，包括熟地和房屋（含土地）等；投资开发后的房地产的经营方式，包括出售（含预售）、出租（含预租）和自营等。

二、剩余法估算

在评估待开发土地价值时，假设开发法运用得较为广泛。用剩余法估算土地现值完整流程的基本方法如公式（4-29）所示：

地价＝预期房地产价格－建筑费－专业费用－销售费用－利息－税费－利润

$$(4-29)$$

公式（4-29）仅是完整流程的表达形式，实际应用中可根据评估对象的业务链构成适当调整等式项。该公式中具体参数含义如下：

预期房地产价格，通常可以采用市场比较法并加入一些对未来价格趋势判断来确定房地产完成开发后的成品价值。

建筑费包括直接工程费、间接工程费、建筑承包商利润等，一般按照当地现行的建筑工概（预）算标准测算，或参照当地统计局每年公布的各类物业建安成本统计值推算。

专业费是指地质勘察费、建筑设计费、工程概（预）算费用等，通常按照建筑费用的一定比例估算。

税费是指销售费用以及有关税金。销售费用包括中介代理费、广告宣传费、交易手续费等。税金主要指不动产销售的营业税、印花税等。税费一般按照建成后不动产总价的一定比例计算。还有开发商运用资本的利息和开发利润与第五节土地成本法估算中的含义是一样的。

【计算演示 11】

有一宗已完成"七通一平"的待开发建筑用地，土地面积为 2000 平方米，建筑容积率为 4.5，拟开发成写字楼，建设工期 2 年，建筑费为 3000 元/平方米，专业费为建筑费的 10%，建筑费和专业费在建设期内均匀投入。该写字楼建成后出售，预计售价 12000 元/平方米，销售费用为楼价的 2%，销售税费为楼价的 6.5%，当地银行年贷款利率为 6%，开发商要求的投资利润率为 15%。

请估算该宗土地目前的单位地价和楼面地价。

1. 估算建成后写字楼的销售毛收入

房地产总价 = 2000×4.5×12000 = 108000000 （元）

2. 建筑费 = 2000×4.5×3000 = 27000000 （元）

3. 专业费 = 27000000×10% = 2700000 （元）

4. 销售费用及销售税费 = 108000000×（2% + 6.5%）= 9180000 （元）

5. 利息

购买土地款一次付清，计息期 2 年

建筑及专业费 2 年内均匀支付，平均计息期 1 年

总利息支出 = 地价×[（1+6%）^{2}-1] +（27000000+2700000）×[（1+6%）-1]

= 0.1236×地价+1782000

6. 利润 =（地价+建筑费+专业费）×15% =（地价+27000000+2700000）×15%

= 0.15×地价+4455000

7. 用公式计算

地价 = 房地产总价-建筑费-专业费-销售费用-税费-利息-利润

= 108000000-27000000-2700000-9180000-（0.1236×地价+

1782000）-（0.15×地价+4455000）

解方程：地价 = 49374214.82 （元）

49374214.82÷2000 = 24687.11 （元）

24687.11÷4.5 = 5486.02 （元）

该宗地的单位地价是 24687.11 元/平方米，楼面地价为 5486.02 元/平方米。

第七节 房地产的路线价法评估

一、路线价法的基本概念

路线价法是根据土地价值随距街道距离增大而递减的原理，在街道上特定地域设定单价，并依此单价配合深度百分率表及其他修正率表，用数学方法来计算临街同一街道宗地地价的一种评估方法。

　　路线价是指对面临特定街道而接近距离相等的市街土地，设定标准深度，求取的该标准深度的若干宗地的平均单价。

二、路线价法的基本思路

　　路线价法认为，市区内各宗土地的价值与其临街深度大小关系很大，土地价值随临街深度增加而递减，一宗土地越接近道路部分价值越高，离开街道越远价值越低。一般来讲，临接同一街道的宗地的地价相近，我们可以根据这种相似性将某个区域甚至整个城市划分为不同的地价区段。同一路线价区段内的宗地，由于宗地的深度、宽度、形状、面积、位置等仍有差异，地价也会出现差异，我们能够通过制定针对路线价的各种修正及调整来确定各特定地块的地价。

　　路线价法的理论基础是替代原理。路线价是标准宗地的单位地价，可将它看作可比较实例，对路线价进行的各种修正可视为可比较因素修正。

三、计算公式

　　路线价法的常用计算方法如公式（4-30）所示：

宗地价格=路线价×深度百分率×临街宽度　　　　　　　　　　　（4-30）

　　如果宗地条件特殊，属街角地、两面临街地、三角形、梯形地、不规则形状地、袋地等，那么公式（4-30）还需变形为公式（4-31）或公式（4-32）：

宗地价格=路线价×深度百分率×临街宽度×其他条件修正率　　　（4-31）

或者

宗地价格=路线价×深度百分率×临街宽度±其他条件修正额　　　（4-32）

　　前面讲过的土地评估方法如收益法、市场法适用于对单个宗地进行评估，而路线价法适用于同时对大量土地进行评估，特别适用于土地课税、土地重划、征地拆迁等需要在大范围内对大量土地进行评估的场合。路线价法的运用是否得当，还依赖于较为完整的道路系统和排列整齐的宗地以及完善合理的深度修正率表和其他条件修正率。

四、计算参数的确定

1. 路线价

（1）路线价区段的划分。地价相近、地段相连的地段一般划分为同一路线价区段，路线价区段为带状地段。街道两侧接近性基本相等的地段长度称为路线价区段长度。路线价区段一般以路线价显著增减的地点为界。原则上，街道不同的路段，路线价也不相同，如果街道一侧的繁华状况与对侧有显著差异，同一路段也可划分为两种不同的路线价。繁华街道有时需要附设不同的路线价，住宅区用地区位差异较小，所以住宅区的路线价区段较长，甚至几个街道路线价区段都相同。

路线价区段划分完后，对每一路线价区段求取该路线价区段内标准宗地的平均地价，附设于该路线价区段上。

（2）标准宗地的确定。路线价是标准宗地的单位价格，路线价的设定必须先确定标准宗地面积。标准宗地是指从城市一定区域中沿主要街道的宗地中选定的深度、宽度和形状标准的宗地。标准深度是指标准宗地的临街深度。临街深度是指宗地离开街道的垂直距离。

（3）路线价的决定。路线价的确定主要采取两种方法：第一种是由熟练的评估师依土地买卖实例用市场法等基本评估方法确定；第二种是采用评分方式，将形成土地价格的各种因素分成几类分别加以评分，然后合计，换算成附设于路线价上的点数。第一种方法是各国通用的方法。根据选定的标准宗地的形状、大小，然后评估标准宗地价格，根据标准宗地价格水平及街道状况、公共设施的接近情况、土地利用状况划分地价区段，附设路线价。

2. 深度百分率

深度百分率也称作深度系数，是指将某地块沿平行街道的方向，以单位深度将地块细分，地价随地块各部分距临街的深度而变化的相对程度。这种随深度变化而引起的相对价格关系，如果编制成一张表就称为深度百分率表。制作深度百分率表是运用路线价法的重点及难点所在，它的原则是，地块的各部分随着距街道距离的加大而呈递减的趋势，即深度越深，接近性越差，价格也就越低。根据这个原则和思路，实际评估中，常用四三二一法则、苏慕斯法则、霍夫曼法则来确定深度百分率。这几个法则的机理类似，我们仅以四三二一法则来说明深度百分率表的制作。

四三二一法则（4-3-2-1 Rule），是将标准深度 100 英尺（30.48 米）的普通临街地，将它与街道平行方向划分为四等份，即由临街面算起，第一个 25 英尺（7.62 米）的价值为路线价的 40%，第二个 25 英尺（7.62 米）的价值为路线价的 30%，第三个 25 英尺（7.62 米）的价值为 20%，第四个 25 英尺（7.62 米）的价值为 10%。我们将这些价值的百分率称为相应等份内的单独深度百分率。如果超过 100 英尺（30.48 米），则需用九八七六法则来补充，即超过 100 英尺（30.48 米）的第一个 25 英尺（7.62 米）的价值为路线价的

9%，第二个 25 英尺（7.62 米）为 8%，第三个 25 英尺（7.62 米）为 7%，第四个 25 英尺（7.62 米）为 6%。

这就是单独深度百分率确定的方法。有时为了计算方便我们还要列出累计深度百分率和平均深度百分率。将标准深度的平均深度百分率设为 100%，平均深度百分率与累计深度百分率之间的关系如公式（4-33）所示：

平均深度百分率＝累计深度百分率×标准深度÷宗地深度　　　　（4-33）

例如，一块从街心纵深 50 英尺（15.24 米）的地块的累计深度百分率等于前 25 英尺（7.62 米）的单独深度百分率加上后 25 英尺（7.62 米）的单独深度百分率，即 40%＋30%＝70%。

0~50 英尺（15.24 米）范围内的平均深度百分率等于前 25 英尺（7.62 米）的单独深度百分率加上后 25 英尺（7.62 米）的单独深度百分率后再除以 50%，即（40%＋30%）×100÷50＝140%。

以此类推得到表 4-7：

表 4-7　深度百分率

深度（英尺）	25	50	75	100	125	150	175	200
单独深度百分率（%）	40	30	20	10	9	8	7	6
累计深度百分率（%）	40	70	90	100	109	117	124	130
平均深度百分率（%）	160	140	120	100	87.2	78	70.9	65

选用深度百分率表中的参数时要注意，当深度百分率指的是单独或累计深度百分率时用公式：宗地价格＝路线价×深度百分率×临街宽度来计算地价。如选用平均深度百分率时则要用宗地的面积来计算，如公式（4-34）所示：

宗地价格＝路线价×平均深度百分率×宗地面积　　　　（4-34）

【计算演示 12】

（1）有临街宗地 A、B、C、D 和 E，如图 4-1 所示，深度分别为 25 英尺、50 英尺、75 英尺、100 英尺和 125 英尺，宽度分别为 10 英尺、10 英尺、20 英尺、20 英尺和 30 英尺。路线价为 3000 元/英尺，设标准深度为 100 英尺，试运用四三二一法则计算各宗土地的价值。

从图 4-1 可以看出，每宗地块都是临街并跨过不同的深度，这样我们选用累计深度百分率计算比较便捷。借用上边的深度百分率表，根据公式：宗地价格＝路线价×累计深度百分率×临街宽度。

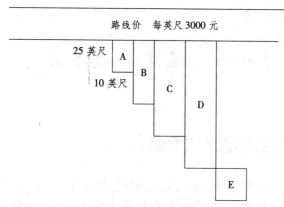

图 4-1　临街宗地

计算得出:

A = 3000×0.4×10 = 12000 (元)

B = 3000×0.7×10 = 21000 (元)

C = 3000×0.9×20 = 54000 (元)

D = 3000×1.0×20 = 60000 (元)

E 地块深度从 100 英尺到 125 英尺, 适合用单独百分率计算:

E = 3000×0.09×30 = 8100 (元)

再来看另一种算法的例子:

(2) 某路线价地段, 标准深度为 16~18 米, 路线价为每平方米 2000 元, 被评估宗地为一临街矩形地块, 临街宽度为 15 米, 临街深度为 20 米, 该路线价区段临街地深度百分率见表 4-8, 求其地块价格。

表 4-8　临街地深度百分率

临街深度 h (米)	h<4	4≤h<8	8≤h<12	12≤h<16	16≤h<18	h≥18
平均深度百分率 (%)	1.3	1.25	1.2	1.10	1.00	0.4

根据公式:宗地价格 = 路线价×平均深度百分率×宗地面积

计算得出:

地价 = 2000×(1.3×15×4+1.25×15×4+1.20×15×4+1.10×15×4+1.00×15×2+

　　　0.4×15×2)

　　 = 2000×333 = 666000 (元)

第八节 在建工程评估

一、在建工程的含义与特点

在建工程是指在评估时点尚未完工或虽然已经完工，但尚未竣工验收、交付使用的建设项目。在建工程的评估具有自身的特点，与单独的土地、已建成的房地产评估有些不同。

1. 在建工程情况复杂

在建工程的范围很广，情况复杂。以建筑工程为例，它包括建设中的各种房屋建筑物，也包含各种设备安装，范围涉及各个行业，具有较强的专业技术特点。

2. 在建工程之间可比性不强

在建工程的工程进度差异很大，有的工程项目刚刚投资兴建，有的已经完工但尚未交付使用。这些工程进度上的差异就会造成在建工程资产功能上的差异。因此，在建工程之间的可比性较差，评估时直接可比案例较少。

3. 在建工程的投资不能完全体现在建工程的形象进度

由于在建工程的投资方式和会计核算要求，其账面价值往往包括预付材料款和预付设备款，同时也记录在建工程中的应付材料款及应付设备款等。有些工程的付款方式是由合同规定的，可能有时预付很多而工程进度未能跟上，有时预付较少而进度超出。因此，在建工程的投资并不能完全体现在建工程的形象进度。

4. 建设工期长短差别较大

有些在建工程如厂区内的道路、设备基础等，一般工期较短；有些在建工程如高速公路、港口码头等的建设工期很长。

5. 在建工程的价格受后续工程的影响

对于建设工期较长的在建工程，建造期间的材料、工费、设计等都可能发生变化，使在建工程的成本以及建成后发挥的效益都具有很多不确定性，因此，在建工程的价格与后续工程的进度和质量有着非常密切的关系。

二、在建工程评估的主要方法

1. 形象进度法

形象进度法是选择足够的可比销售资料，根据在建工程建造完成后的房地产市场价格，结合工程形象进度评估在建工程价值的方法。

应用形象进度法评估在建工程价值的计算方法如公式（4-35）所示：

$$在建工程价值 = 建造完成后的房地产市场价值 × 工程形象进度百分比 × (1-折扣率) \quad (4-35)$$

式中，工程形象进度百分比计算方法如公式（4-36）所示：

$$工程形象进度百分比 = \frac{实际完成建筑工作量+实际完成安装工作量}{总工作量} \quad (4-36)$$

其中，在建工程建造完成后的房地产市场价值，一般可以采用市场法或收益法评估。折扣率的确定需要考虑营销支出、广告费和风险收益等因素。已经完成或接近完成的在建工程，可以采用这种方法进行评估。

2. 假设开发法

与土地剩余法评估一样的原理，用假设开发法评估在建工程的价值时，将被估在建工程预期开发完成后的价值，扣除后续的正常的开发费用、销售费用、销售税金及开发利润，以确定被估在建工程价值的一种评估方法。

应用假设开发法评估在建工程价值的计算方法如公式（4-37）所示：

$$在建工程价值=房地产预售价-（后续工程成本+后续工程费用+正常利税） \quad (4-37)$$

式中，房地产预售价可以用市场法或收益法评估。

这种方法主要适用于那些建成后用于出售而且实际完成工程量较少的在建工程，不适用于无盈利性的房地产项目。

3. 成本法

成本法评估在建工程是按在建工程客观投入的成本来估算，也就是以开发或建造被评估在建工程已经耗费的各项必要费用之和，再加上正常的利润和应纳税金来确定被估在建工程的价值的方法，成本法的计算方法如公式（4-38）所示：

$$在建工程价值=土地取得费用+专业费用+建造建筑物费用+正常利税 \quad (4-38)$$

式中，土地取得费用是指为获得土地而发生的费用，包括相关手续费和税金；专业费用包括咨询、规划、设计等费用；建造建筑物费用是指在评估基准日在建工程已经耗费的各项必要建造费用之和；正常利税包括建造商的正常利润和营业税等。

【练习题】

一、选择题

1. 单位建筑物面积地价是指平均每单位建筑面积上的土地价格。它称为（　　）。

A. 楼面地价
B. 总价格
C. 单位价格
D. 土地使用权价格

2. 某宗土地面积为 2000 平方米，单价为 1000 元/平方米，国家规定的容积率为 4，建筑密度为 0.5，则楼面地价为（　　）元/平方米。

A. 250
B. 2000
C. 1000
D. 500

3. 按四三二一法则如临街深度为 50 英尺时，其平均深度百分率为（　　）。

A. 160%
B. 140%
C. 120%
D. 100%

4. 对于整个工程已接近完工只是尚未交付使用的在建工程，可采用（　　）评估。

A. 假设开发法
B. 成本法
C. 形象进度法
D. 市场法

5. 在影响商业房地产价格的区域因素中，对价格影响最大的是（　　）。

A. 交通通达程度
B. 公共公用配套设施状况
C. 区域的繁华程度
D. 城市规划限制

6. 对于施工、形象进度正常的在建工程，其评估价值一般应以在建工程的（　　）为准。

A. 市场价格
B. 账面价值
C. 重置成本
D. 收益价格

7. 在房地产评估中，当无参照物和无法预测未来收益时，则运用（　　）评估较为合适。

A. 成本法
B. 市场法
C. 剩余法
D. 收益法

8. 由于土地用途的改变或土地功能的变化而引起的土地增值通常被称为（　　）。

A. 土地取得费
B. 土地增值收益

C. 土地出让金　　　　　　　　　D. 土地配套费

9. 在正常情况下，用于房地产价值评估的收益应该是房地产的(　　　)。

A. 实际总收益-实际总费用　　　B. 实际总收益-客观总费用

C. 客观总收益-实际总费用　　　D. 客观总收益-客观总费用

10. 土地的"三通一平"是指(　　　)。

A. 通水、通热、通路、平整地面　B. 通水、通路、通电、平整地面

C. 通水、通路、通气、平整地面　D. 通气、通电、通信、平整地面

11. 运用市场法评估房地产价值时，通过区域因素修正后，可将参照物价格修正为(　　　)条件下的价格。

A. 评估对象所处区域　　　　　　B. 参照物所处区域

C. 城市平均区域　　　　　　　　D. 参照物规划区域

12. 造成房地产经济性贬值的根本性标志是(　　　)。

A. 利用率下降　　　　　　　　　B. 部分闲置

C. 实际收益率下降　　　　　　　D. 客观收益下降

13. 土地市场的不完全竞争性是由土地的(　　　)决定的。

A. 稀缺性　　　　　　　　　　　B. 用途多样性

C. 不可再生性　　　　　　　　　D. 价值增值性

14. 下列费用中，属于建筑安装工程费的有(　　　)。

A. 招投标费　　　　　　　　　　B. 质量监督费

C. 测量、勘察设计费　　　　　　D. 竣工图费

E. 城市规划设计费

15. 应该由政府指定并定期公布的房地产价格有(　　　)。

A. 基准地价　　　　　　　　　　B. 交易底价

C. 标定地价　　　　　　　　　　D. 房屋重置价格

E. 转让价格

16. 评估建筑物需考虑的因素包括(　　　)。

A. 产权性质　　　　　　　　　　B. 用途

C. 建筑结构　　　　　　　　　　D. 建设单位

E. 装修质量和水平

17. 基准地价是城市建成区的(　　　)。

A. 单位地价　　　　　　　　　　B. 路线价

C. 平均价格　　　　　　　　　　D. 区域性价格

E. 宗地地价

18. 适用于房地产评估的经济技术原则包括(　　　)。

A. 供求原则   B. 替代原则

C. 最有效使用原则   D. 贡献原则

E. 合法原则

19. 引起建筑物功能性贬值的因素主要有(　　)。

A. 政策变化   B. 使用强度不够

C. 市场不景气   D. 用途不合理

20. 国家征用集体土地而支付给集体经济组织的费用包括(　　)。

A. 土地补偿费   B. 拆迁费

C. 安置补助费   D. 地上附着物补偿费

E. 青苗补偿费

二、判断题

1. 土地使用权价格可因土地使用年限的长短区分为各种年期的土地使用权价格，其出让的最高年限由省、自治区、直辖市以上的人民政府部门制定。（　　）

2. 住宅建设用地土地使用权出让合同约定的使用年限届满，土地使用者未申请续期的，由原土地登记机关注销登记，土地使用权由国家无偿收回。（　　）

3. 运用成本法评估房地产价格、计算投资利息时，所有投资的计息期都应以房地产整个开发期为准。（　　）

4. 土地增值收益主要是由于土地的用途改变或土地功能变化而引起的，这种改变所带来的增值收益应归土地转让者所有。（　　）

5. 标定地价是国家征收城镇土地税收的依据。（　　）

6. 通常情况下，在建工程的投资额一定可以反映在在建工程的形象进度上。（　　）

7. 土地的自然供给和经济供给都是有弹性的。（　　）

8. 国有土地所有权只能在一级市场进行交易，而不能进入二级市场流转。（　　）

9. 由于土地的不可再生性，导致了土地级差地租的产生。（　　）

10. 供需原则是房地产评估中市场法的理论基础。（　　）

11. 最有效使用原则是房地产评估的最高原则。（　　）

12. 贡献原则是房地产分项评估中运用收益法的理论基础之一。（　　）

13. 一个地区房地产价格总水平与该地区的经济发展状况呈正相关关系。（　　）

三、计算题

1. 某土地面积为 1000 平方米，每平方米征地费 100 元、开发费 150 元，土地开发期为 4 年，开发费在开发期内均匀投入，开发商要求的回报率为 10%，当地土地出让增值收益为 12%，银行贷款利率为 6%，试用成本法评估土地价格。

2. 有一宗土地，出让年限为 50 年，资本化率为 10%，预计未来前 5 年的纯收益分别为 15 万元、16 万元、18 万元、15 万元、20 万元，第 6 年开始纯收益可以稳定在 25 万元左右，试评估该宗土地的收益价格。

3. 有一宗"七通一平"待开发建筑用地，面积为 1000 平方米，使用期限为 50 年，容积率为 5，拟开发建设写字楼，建设期为 2 年，建筑费用为 3500 元/平方米，专业费用为建筑费用的 10%，建筑费用和专业费用在整个建设期内均匀投入。写字楼建成后拟对外出租，租金水平预计为 2 元/平方米·日，管理费用为年租金的 2%，维修费用为建筑费用的 1.5%，保险费用为建筑费用的 0.2%，税金为年租金的 17.5%，贷款利率为 6%，房地产综合还原利率为 7%，开发商要求的利润率为地价和开发成本（建筑费用+专业费用）之和的 20%。试评估该宗土地地价。

第五章 无形资产评估

第一节 概　述

一、无形资产及其分类

1. 无形资产的概念及特点

无形资产是指特定主体所拥有或者控制的，不具有实物形态，能持续发挥作用且能带来经济利益的资源。无形资产主要有以下特点：

（1）无实体性与依附性并存。无形资产没有具体的物质实体形态，是隐性存在的资产。但无形资产总会依托一定的有形形式来体现它的价值，例如，土地使用权依托于土地，专利通过专利证书实现，专有技术通过技术图纸、工艺等来呈现。评估师在评估、确定无形资产给使用者带来的好处时，一方面要考虑与无形资产共同发挥作用的有形资产作用的范围，另一方面也要划分有形资产和无形资产各自带来的收益，从而准确地评估无形资产的价值。

（2）控制性。无形资产应当为特定主体所控制，它只被特定主体所拥有或使用。那些能给全社会带来效益的公知技术，就不能被确认为无形资产。

（3）效益长期性。成为无形资产的一个前提是资产必须能够以一定的方式为其控制主体创造效益，而且必须能够在较长时期内持续产生经济效益。如果某种信息或者策略只是偶尔地对企业的生产经营发挥一时的作用，就不能被视为无形资产。

（4）共益性。无形资产区别于有形资产的一个重要特点是，它可以作为共同财产由不同的主体分享其成果。一项无形资产可以在同一时间、不同的地点、由不同的主体所使用，而一项有形资产则做不到。例如，一项先进技术可以使多个企业提高产品质量、降低产品成本；一项技术专利在一个企业使用的同时，并不影响转让给其他企业使用。当然，无形资产的共益性也受到市场有限性和竞争性的制约，例如，由于追求自身利益的需要，各主体对无形资产的使用还必须受相关合约的限制。因此，有形资产的界定是通过物质实体直接界定，而评估无形资产则需要根据其权益界限而确定。

（5）积累性和替代性。无形资产的积累性体现在两个方面：①无形资产的形成基于其他无形资产的发展。②无形资产自身的发展也是一个不断积累和演进的过程。

因此，一方面，无形资产总是在生产经营的一定范围内发挥特定的作用；另一方面，无形资产的成熟程度、影响范围和获利能力也处在不断变化之中。

在承认无形资产具有积累性的同时，还要考虑到它的替代性。如一种技术取代另一种技术、一种工艺替代另一种工艺等，其特性不是共存或积累，而是替代、更新。由于任何一种无形资产都有可能被更先进的无形资产所取代，因而在无形资产评估时必须考虑它的作用期间，尤其是可使用年限。当然这要取决于该领域内技术进步的速度，取决于无形资产之间的竞争。

2. 无形资产的分类

无形资产并不是一个单一的种类，我们需要从不同的角度对它的类型进行划分。

按无形资产能否独立存在，分为可确指无形资产和不可确指无形资产。可确指无形资产包括专利权、专有技术、商标权、著作权、土地使用权、特许权等；不可确指无形资产是指商誉。这是一种不可单独取得、离开企业就将不复存在的特殊无形资产。

无形资产按其自身性质、内容构成，分为技术型无形资产和非技术型无形资产。前者包括专利权、专有技术等；后者则指诸如商标权、特许权、著作权、商誉等类无形资产。

　　无形资产按其获得方式，可分为外购无形资产和自创无形资产。前者是指企业以某种补偿从其他组织获得的无形资产，如外购专利权、商标权等；后者则是指由企业自己研发、创造而获得的无形资产，如自创专利、专有技术、商标权、商誉等。

　　无形资产按其有无专门法律保护，分为有专门法律保护的无形资产和无专门法律保护的无形资产。前者包括专利权、注册商标权；后者如无专门法律保护的专有技术。受法律保护的程度对于无形资产价值有重要影响，评估中要仔细区分。

　　无形资产按其产生来源，可分为权利类、关系类和组合类无形资产。权利类无形资产是由书面或非书面契约的条款而产生的，它对于契约缔结各方具有经济利益；知识产权就属于权利类无形资产。关系类无形资产通常是非契约性的，能短期存在，但对于关系方有巨大价值，如顾客关系、客户名单、工作人员组合等；组合类无形资产是指从无形资产总体价值中扣除可确指无形资产后的剩余价值，通常称为商誉。

二、影响无形资产价值的因素

1. 获利能力

　　获利能力主要是指无形资产的预期收益能力，这是判断无形资产价值高低的重要尺度。一项无形资产，在环境、制度允许的条件下，获利能力越强，其价值越高。有的无形资产，尽管其创造成本很高，但不为市场所需求，或收益能力低微，其价值就很低。

2. 权利级别

　　由于无形资产的共益性，无形资产的所有者不仅能够通过自身使用无形资产带来经济利益，还可以将无形资产的使用权有偿转让给他人使用从而获得好处。这样，同一无形资产对不同的使用者就可能有不同的权利级别，而这些权限的不同会直接影响无形资产的价值。我们在评估中需要注意权利的划分。例如，某项知识产权是对资产的所有权还是使用权，使用权是独占许可使用还是普通许可使用，等等。不同的权限范围，无形资产权利的价值就不同。

3. 技术成熟程度

　　技术与其他产品一样都有一个生命周期。技术的开发程度越高，技术越成熟，应用此技术带来的收益就越稳定，使用风险就越小，价值也相对较高。科技成果的成熟程度如何，直接影响着评估值的高低。

4. 经济使用期限

每一项无形资产一般都有一定的使用期限。这种使用期限，除了考虑法律上规定的保护期限外，更主要的要考虑它能产生实际超额收益的期限。例如，某项发明专利保护期为 20 年，但在它被应用了 8 年后社会普遍使用的技术已经优于这种专利技术，再使用原有专利技术就不经济了。那么，专利能够给使用者带来超额利润的 8 年才是评估该项专利时所应考虑的期限。

5. 风险因素

无形资产从开发到最终受益会遇到各种风险，包括开发风险、转化风险、实施风险、市场风险等，这些风险因素使无形资产价值的实现存在一定的不确定性，从而对无形资产价值产生影响。

6. 市场因素

无形资产的价值会受到市场因素的制约和影响。从无形资产的需求来看，对于可出售、转让的无形资产，如果市场需求大，它的价值就相对较大，当然评估值就较高。从无形资产的供给方面来看，是否存在被估无形资产的替代产品也会削弱它的使用价值。相似产品的市场供给越大，被估无形资产的评估价值就越低。当然，相似无形资产的市场价格对被估无形资产的价值影响更为直接。

三、无形资产转让时价格的支付方式

无形资产在交易过程中，支付方式的不同会导致无形资产的价值稍有不同；反过来，不同价值的无形资产在转让时要求的支付方式也会有区别。

1. 总付

总付是指买卖双方谈妥一项无形资产的价格后，由买方按商定好的价格一次或分期付清的方式。这种支付方式的价额不随无形资产买方的收益多少而变化，与买方对无形资产利用的效果无关。总付方式对买方而言，由于价款已经支付，买方就失去了要求卖方与其共担其风险的机会，同时买方一般也不能够继续从卖方得到技术上的有效协助。而且，在取得经济效益之前就支付大量资金，会影响买方资金的周转。当然，如果买方取得的无形资产在将来获得了意想不到的巨额收益的话，也不用跟卖方分享成果。总的来看，总付方式对卖方来说是利多弊少，一般以这种方式支付的无形资产通常具有较高的投资收益价值，卖方在资产交易中占主导地位。

总付方式一般需要具备几方面的条件：转让的无形资产具有整体性，可以一次性全部转移，并且能够被买方立即吸收，如配方、软件程序等；买方有充足的资金，或买方的实力雄厚，希望尽快摆脱对卖方的依赖；交易的价额相对较小或转让后产生的效益较为确定。

2. 提成支付

提成支付不像总付那样要求受让方对转让的无形资产的总价立即支付，而是以他将来的销售额或利润额或生产的产品数量为基础以一定的比例作为转让价格来支付的形式。提成的基础和提成比例一般在合同中规定。这个比例的确定通常跟无形资产在整个系统中贡献的重要程度直接相关。

一般来讲，采用这种支付方式的无形资产，要么资产本身的创利能力并不强，要么就是该无形资产还处于生命周期的初始阶段，还没有适合的应用环境。它在现时属于那种并不"抢手"的资产。所以，此时一般是买方在资产交易中具有优势话语权。

3. 混合支付

混合支付要求买方在合同开始执行时支付转让费总额的一部分，剩余部分在有产出时以适当的比例提成来支付。首次支付的数额被称为入门费或最低收费额。

【深度分析1】

什么是入门费

为什么卖方要预先收取一定费用呢？我们知道，无形资产的开发费用是很高的。这些费用最初全部由开发者承担，并且无论这项无形资产将来是否能为其开发者带来收益，都不能改变这些费用"已经花销了"的既成事实。所以当这项无形资产转让给其他人使用时，受让人就应该补偿这部分费用给开发者。如果是买卖双方共同使用该项无形资产，那么就应该由双方按照各自使用规模等因素来分摊。因此，不管这项无形资产如何授权，资产的受让方都应该在获得使用权利之时、产生收益之前就补偿这部分费用。另外，卖方要收取买方费用的另一个理由是，当无形资产的所有者将产权转让给受让人时，由于转让双方通常具有相似的业务经营架构，受让方利用无形资产制造的产品会"挤掉"转让人在原有产品市场的一些份额，这样实际上受让人就成为了转让人的竞争对手。那么转让人因此将面临的收益损失理所当然也应该由受让人补偿。成本补偿和竞争损失补偿构成了最低收费额的主要部分，这个费用预先支付是合理的，它是对无形资产价值预期实现的基本肯定。实际资产运营中，创利能力强的无形资产往往会预先收取比例较高的入门费用。

【计算演示1】

A 公司准备将一种制药技术许可转让给 C 公司，协议规定技术转让后卖方和买方的生产量分别为每年 6000 吨和 4000 吨。该技术开发成本为 2000 万元，A 公司已经使用了 4 年，还剩下 6 年的使用期。现在假设技术转让后卖方的销售会受到买方竞争的影响而使卖方净收益减少的现值为 60 万元；A 公司在独自使用的 4 年中通货膨胀累计为 6%。请估算该制药技术的最低收费额。

最低收费额在这里应该包含两项：C 公司应该分摊的开发费用；A 公司由于受到 C 公司的竞争而使未来收益减少的数额。A 公司前 4 年独自使用技术，所以这段时间 C 公司不分摊任何费用。在未来的 6 年中，按协议 C 公司生产产量只占 40%，那么它就按 40% 分摊未摊销的开发成本部分。例中隐含的评估基准日是在"现在"，所以最低收费额的估算步骤应该是：

C 公司应分摊的开发成本为：$2000 \times (1+6\%) \times \dfrac{6}{4+6} \times \dfrac{4000}{4000+6000} = 508.8$（万元）

A 公司竞争损失现值：60（万元）

最低收费额 = 508.8 + 60 = 568.8（万元）

第二节　无形资产的收益法评估

一、收益法评估的估算方法

收益法评估的基本计算方法如公式（5-1）所示：

$$评估值 = \sum_{i=1}^{n} \frac{第\,i\,年收益额}{(1 + 折现率)^i} \qquad (5-1)$$

式中，n 为收益年限。

这个公式对无形资产的评估也是适用的。不过无形资产有点特殊，无形资产在创造收益时总是伴随某些有形资产或其他无形资产一起共同发挥作用的，也就是说，无形资产在使用时创造的收益是无形资产和其他相关资产组成的系统共同作用的结果。那么我们要评估其中某一项无形资产的价值就必须剥离掉其他资产在系统中的贡献部分。这个剥离以后剩下的该项"纯"无形资产带来的净收益，我们把它称为超额收益，无形资产评估值公式（5-1）就表达成公式（5-2）：

$$无形资产评估值 = \sum_{i=1}^{n} \frac{无形资产第\,i\,年的超额收益}{(1 + 折现率)^i} \qquad (5-2)$$

实际工作中当超额收益难以确定时，我们可以运用分成率的概念来获得超额收益的近似值。

什么是分成率呢？通过对特定的无形资产系统的大量实例分析可以发现，组成该无形资产系统里的各项资产发挥的贡献占系统总贡献的比例是基本保持不变的，我们将某项无形资产的贡献占整个系统贡献的比例称作该项无形资产的分成率，即某项无形资产分成率＝该无形资产的超额收益/有形和无形资产系统共同创造的收益。当某项分成率经过检验而成为一个被广泛认可的常量后，再计算该项无形资产的超额收益就变得很容易了，只需要将该项无形资产分成率乘以整个系统创造的收益即可。此时公式（5-2）就可以变为：

$$无形资产评估值 = \sum_{i=1}^{n} \frac{无形资产分成率 \times 第 i 年无形资产系统的收益}{(1 + 折现率)^i}$$

$$(5-3)$$

二、主要参数的确定方法

1. 无形资产超额收益的确定

无形资产的超额收益可以用以下几种方法来确定：

（1）直接估算法。在计量超额收益额时常用新增利润或者收入来衡量。可通过未使用无形资产与已使用无形资产的前后收益情况进行对比分析，确定无形资产带来的超额收益额。

假设 P_0、P_1 分别为使用无形资产前后的产品单位价格；C_0、C_1 分别为使用前后的产品单位成本；Q_0、Q_1 分别为改进前后的年销售量；T 为所得税率。与未使用无形资产的经营状况相比，使用无形资产后的结果可能会发生以下三种改变：

第一，降低了产品单位成本。在生产的产品单价和数量不变的条件下，成本下降，此时的超额收益如公式（5-4）所示：

$$R = (C_0 - C_1)Q(1 - T) \tag{5-4}$$

第二，提高了单位价格。那么在成本和销量不变的情况下的超额收益如公式（5-5）所示：

$$R = (P_1 - P_0)Q(1 - T) \tag{5-5}$$

第三，增加了销量。假定产品成本和价格都不变的情况下，超额收益如公式（5-6）所示：

$$R = (P_0 - C_0)(Q_1 - Q_0)(1 - T) \tag{5-6}$$

以上三种变化研究的是成本、价格和销售量三个要素在其中一个要素变化而其他两个要素不变的情形下的超额收益。实践中，常常由于使用无形资产使几个要素以及其他资产要素都同时发生改变，如果这样的话，我们就需要其他方法来确定超额收益了。

（2）差额法。当无法将使用了无形资产和没有使用无形资产的收益情况进行对比时，采用无形资产和其他类型资产在经济活动中的综合收益与行业中未使用该项无形资产的平均收益水平进行比较，可得到无形资产获利能力，即"超额收益"。其计算方法如公式（5-7）所示：

　　　无形资产超额收益=净利润-净资产总额×行业平均净资产利润率　　（5-7）

用这种方法时需要注意，如果有几种无形资产同时在起作用，这时计算出的数额就是它们共同作用的结果。想要计算某特定专项无形资产的超额收益，还要进一步分解。

上面两种方法加上分成率法是计算超额收益的主要方法。在公式（5-3）中使用的超额收益类型是利润，那么它的行业平均收益率就应该以行业平均净利润率来匹配。

（3）分成率法。在计算无形资产的超额收益时经常会用到分成率。选用分成率时要注意收益的表现形式是利润、销售收入或是净现金流量等。确定了收益形式，后面的相应参数如分成率、行业平均收益率就要与其相匹配。分成率分别以销售收入和销售利润为计量基数分化为销售收入分成率和销售利润分成率：

收入分成率=超额收益/无形资产系统销售收入

利润分成率=超额收益/无形资产系统利润

因而，

无形资产超额收益=销售收入×销售收入分成率×（1-所得税率）

　　　　　　　　　=销售利润×销售利润分成率×（1-所得税率）　　（5-8）

收入分成率和利润分成率这两个概念的含义是不同的，我们需要在实际活动中合理选择使用。同时，这两个概念之间也能够互相转化：

销售收入分成率=销售利润率×销售利润分成率

【深度分析2】

到底用哪个分成率更好呢

　　某项无形资产的利润分成率指的是系统创造的全部利润中该项无形资产独自贡献的比例。它的大小直接反映了无形资产创利能力的大小，也使大家能更清楚地"看出"该项无形资产的价值所在。因此用利润分成率来作为衡量无形资产价值估算的参数是科学合理的。但由于利润是计算的结果，它会受计算方法等因素的影响，因而在资产交易时对未来利润值的公正性并不能得到各方认同。而销售收入是相对客观值，且在实际操作中容易计量，因此，在估算无形资产时的通常做法是：首先确定一个合理的利润分成率，其次考虑该系统的社会平均销售利润率将利润分成率转化为销售收入分成率，最后再与销售收入相乘来求得无形资产的超额收益值。

还有一点需要注意的是，分成率一般是在一定的生产规模下的比例值。随着规模的扩大，无形资产贡献的比重会减小，也就是无形资产分成率有随着生产规模扩大而递减的趋势。

（4）要素贡献法。有些无形资产有时很难确定其带来的超额收益，这时可以根据构成生产经营的要素在生产经营活动中的贡献，从正常利润中粗略估计出无形资产带来的收益。我国理论界通常采用"三分法"，即主要考虑生产经营活动中的三大要素：资本、技术和管理，这三种要素的贡献在不同行业是不一样的，我们需要关注行业的惯例做法。

2. 无形资产评估中折现率的确定

无形资产由于投资收益高、风险大，评估中折现率往往要高于有形资产评估的折现率。评估时，评估师应根据无形资产的不同种类情况，对未来收益的风险影响因素及收益获得的其他外部因素进行分析，测算出其适合的折现率。

3. 无形资产收益期限的确定

无形资产收益期限是指无形资产发挥作用、具有超额获利能力的时间长度。它也称为有效期限。

资产评估实践中预计和确定无形资产有效期有下列几种方法：第一，按法律或合同、企业申请书对法定有效期限和受益年限的规定确定。第二，法律没有规定有效期，可按企业合同或申请书中的规定确定。第三，法律、企业合同或申请书均未规定有效期限和受益年限的，按预计受益期限确定。预计受益期限采用统计分析或与同类资产比较得出。

无形资产没有物质实体，不会出现损坏的情形，但它可能会由于某些原因使得无形资产的使用价值丧失，从而提前终止对它的使用。导致无形资产收益期减少的可能原因有下列几种情况：第一，更为先进的无形资产出现使采用原无形资产的组织无利可图时，原无形资产就没价值了。第二，随着无形资产传播面的扩大，社会企业已普遍掌握这种无形资产的技术，不需要任何成本即可获得。那么拥有该无形资产的企业就不再具有超额收益能力，其价值也就基本丧失了。第三，企业拥有某项无形资产所生产产品销售量骤减，需求大幅度下降时，这种无形资产价值就会减少，甚至完全丧失。

上面这些因素都会导致无形资产收益期限的缩短，我们在评估时应该注意这些变化。我们不能只一味地埋头关注合约上对时间限期的规定而不考虑外部环境的影响，因为现代社会知识、技术的更新速度太快。受许多因素的影响，很多无形资产实际有效期限比其法定保护期要短得多。科学技术越发达，更新周期越快，无形资产的有效期限就越短。

第三节　无形资产的成本法评估

开发一项技术性无形资产通常需要较长时间的技术、经验积累，经常要涉及多个学科的交叉作用和影响，有时还会经过多次失败的反复过程。即便如此，仍然不能保证研发一定会结出预想的成果。所以对最后能否成功转化为无形资产技术的取得成本的统计变得相当复杂和难以准确认定。且投入了巨额成本的无形资产并不一定就能产生大的回报。因此，除非是无形资产的现实或潜在获利能力无法量化或者需要对用其他方法的评估结果做验证或参考，评估师一般会谨慎选择使用成本法来估算无形资产的价值。

由于无形资产不存在有形损耗，我们常用无形资产的重置成本乘以成新率来计算评估值，如公式（5-9）所示：

无形资产评估值＝无形资产的重置成本×综合成新率　　　　（5-9）

与无形资产相关的参数的估算方法如下。

一、无形资产重置成本的估算

1. 外购型无形资产重置成本的估算

外购型无形资产重置成本计算比较简单，一般是以它的购买价为基数，进行适当的价格指数调整就可算出，如公式（5-10）所示：

$$重置成本＝无形资产账面成本×\frac{评估基准日物价指数}{购置日物价指数}　　　（5-10）$$

重置成本也可以用市场法的思路以资产交易市场中类似的资产参照物价格作为基数，再根据功能、技术水平、适用性等差异来调整被估资产的重置成本。

2. 自创型无形资产重置成本的估算

自创无形资产的成本是由创制该资产所消耗的物化劳动和活劳动费用构成的，自创无形资产如果已有账面价格，可用物价指数调整得到重置成本。而更多情形下自创无形资产往往无账面价格，这就需要进行估算了。其方法主要有两种：

（1）核算法。核算法计算方法如公式（5-11）所示：

无形资产重置成本=全部资本投入现值+合理利润　　　　　　　（5-11）

或公式（5-12）所示：

无形资产重置成本=全部资本投入现值×（1+投资报酬率）　　　　（5-12）

这里的资本投入包括研发成本和管理、财务、销售等费用。研发成本构成比较复杂，它包含知识学习的投入、多次试验的投入以及科研人员智力和时间的投入等，这些投入中有些部分混杂在其他会计项目下，很难剥离开，所以评估师有时会将人工的投入进行加倍并考虑一定的风险比率的做法来估算无形资产的重置成本。

（2）倍加系数法。对于投入智力比较多的技术型无形资产，考虑到科研劳动的复杂性和风险，可用公式（5-13）估算无形资产重置成本：

$$无形资产重置成本 = \frac{C + \beta_1 V}{1 - \beta_2} \times (1 + L) \qquad (5-13)$$

式中，C 为无形资产研制开发中的物化劳动消耗；V 为无形资产研制开发中活劳动消耗；β_1 为科研人员创造性劳动倍加系数；β_2 为科研的平均风险系数；L 为无形资产投资报酬率。

二、综合成新率的估算

无形资产的贬值只有功能性贬值和经济性贬值。功能性贬值是由于科学技术的进步，或者由于无形资产的普遍使用使得它的获取超额利润的能力下降，造成价值降低；经济性贬值是由于外部市场环境的变化，导致需求的减少或价值的降低，最终造成价值的减少。综合成新率的确定应该综合考虑这两方面的因素。

无形资产综合成新率的确定通常可以采用专家鉴定法和剩余经济寿命预测法进行：第一，专家鉴定法是指邀请相关技术领域的专家，对被评估无形资产的先进性、适用性做出判断，分析外部环境变化，从而确定其综合成新率。第二，使用年限法是由评估师通过对无形资产剩余经济寿命的预测和判断，进而确定其成新率。其计算方法如公式（5-14）所示：

$$综合成新率 = \frac{无形资产剩余经济使用年限}{无形资产已使用年限+无形资产剩余经济使用年限} \quad (5-14)$$

第四节　专利权和专有技术评估

一、专利权概述

1. 专利权的概念

专利权是指权利人所拥有的，能持续发挥作用且能带来经济利益的专利权益。

专利权包括发明、实用新型和外观设计三种。发明是指对产品、方法或者其改进所提出的新的技术方案，包含产品的发明和产品制造方法的发明，它具有新颖性、先进性和实用性的特点；实用新型专利是指对产品形状、构造或者其结合所提出的适于实用的新的技术方案。实用新型专利是指对产品形状、构造或者其结合所提出的适于实用的新的技术方案。技术方案仅限于产品而不包含制造产品的方法；外观设计是指对产品形状、图案或者其结合及色彩与形状、图案的结合所做出的富有美感并适于工业应用的新设计。这种外观设计必须与产品相结合，单纯的图案不能申请外观设计专利。

2. 专利权的特点

（1）排他性。同一内容的技术发明只被国家专利局授予一次专利，对于已取得专利权的技术，任何人未经许可不得进行盈利性应用。

（2）地域性。任何专利只在授权地域范围内有法律效力，在其他地域范围不具有法律效力。

（3）时间性。依法取得的专利权在法定期限内受法律保护，期满后专利权人的权利自行终止。我国专利法规定，发明专利的保护期限为 20 年，实用新型和外观设计保护期限为 10 年。

（4）共享性。共享性是指专利权人可以通过某种形式许可其他组织在同一时间，同时使用该专利资产。

3. 专利权转让形式

专利权转让形式总的来说分为全权转让和许可使用权转让。全权转让是将专利的所有权通过合同转让给受让方所有的形式。许可使用权是专利所有人通过合同按一定条件在一定区域内许可受让方使用的形式。许可使用权转让往往通过专利许可证来实现，这种使用权的权限、时间期限和地域范围都是在专利许可合同中加以明确限定的。

按许可使用权限的大小不同可以分为以下几种形式：

（1）独占使用权，是指在许可合同所规定的时间和地域范围内卖方只把专利权许可给某一特定买主，买方不得卖给第二家买主，同时卖主自己也不得在合同规定范围内使用该专利和销售该专利生产的产品。在这种情形下，转让方收取的价格会比较高。

（2）排他使用权，是指卖方在合同规定的时间和地域范围内只把专利授予买方使用，同时卖方自己保留使用权和产品销售权，但不再将该专利转让给第三人。

（3）普通使用权，是指卖方在合同规定的时间和地域范围内可以向多家买主转让专利，同时卖方自己也保留专利使用权和产品销售权。

（4）次级许可使用权，允许受让方将已经取得的使用权转让给他人（次级被许可人），从而在原被许可人与次级被许可人之间产生的使用许可关系。

（5）交叉许可，指合同双方分别持有专利技术，根据合同规定，双方可以交换技术的使用权。

二、专有技术概述

专有技术是指未公开的并未申请专利的能给其拥有者带来超额经济利益的知识或信息，主要包括设计资料、技术规范、工艺流程、材料配方、经营诀窍和图纸、数据等技术资料。

专有技术与专利权有相似的地方，它们都能给使用者带来超过社会平均水平的收益。它们的不同之处在于，专利权受政府保护，专有技术不是一种法定的权利，而仅仅是一种自然的权利，专有技术需要它的拥有者自我保密，一旦泄密就不成其为资产了；专利权给其拥有者带来的超额收益是有时间限制的，而专有技术只要保密得好，可以长期获得垄断利润。

进行专有技术的评估，需要鉴定专有技术的存在。这一判断不像专利权那么直观，因为专利权能够通过国家相关机构授予的证书来证明其存在，而专有技术不能对外公开，所以一般社会对它的认知度并不高，这样我们就需要从其使用的效果来做分析。一般来说，应从以下特性来判别专有技术的存在及其价值的高低。

1. 实用性

专有技术的价值取决于它是否能够应用到生产实践当中，不能应用的技术不能称为专有技术。

2. 获利性

专有技术必须有价值，只有能够为企业带来超额利润的技术才能视为专有技术。获利能力的强弱直接决定专有技术的价值。

3. 保密性

专有技术价值的实现跟它的保密程度密切相关。一旦泄密，专有技术就不再具有应有的价值。

三、专利权与专有技术的收益法评估

采用收益法对专利技术和专有技术进行评估的方法基本相同，关键在于对超额收益的确定。按照超额收益产生的根源，我们一般把专利技术、专有技术划分为费用节约型和功能优越型两种形式。所谓费用节约型的专利技术、专有技术，是指被评估的专利技术、专有技术与现有同类技术相比，在用其制造产品的成本方面具有优越性。由于成本节约，从而带来超额收益。功能优越型的专利技术、专有技术，是指被评估的专利技术、专有技术比现有同类技术生产出的产品具有功能上的优越性，从而使产品销售价格上涨，或者同时导致销量增加，带来超额收益。对这两种简单的形式我们可以参照本章第二节中直接估算法来求取超额收益。

但很多情形下，无形资产获得收益不会只是这两种极端的类型，会有更多因素的影响。本章第二节还告诉我们可以运用分成率的概念来确定更为复杂的超额收益。在实际操作过程中还是先将利润分成率转换为销售收入分成率，再与销售收入相乘来确定超额收益。

关于利润分成率为多少比较合适，联合国工业发展组织对印度等发展中国家引进技术价格的分析，认为利润分成率在16%～27%是合理的。在挪威召开的许可贸易执行协会上，多数代表提出利润分成率为25%左右较为合理。美国认为在10%～30%是合理的。我们国家通常认为利润分成率在25%～33%比较合适。这些数据在实际评估业务过程中具有重要的参考价值。当然，评估师还需对被评估专利资产进行切合实际的分析，用前面讲述的方法确定合理的、准确的利润分成率。

【计算演示 2】

A 公司 4 年前自行开发了一项大功率电热转换体及其处理技术,并获得发明专利证书,专利保护期为 20 年。现在,该公司准备将该专利资产出售给京郊某乡镇企业,现需要对该项专利资产进行评估。评估分析和计算过程如下:

(1) 评估对象和评估目的。由于 A 公司出售该项专利,因此评估的对象是专利技术的所有权。

(2) 专利资产确认。该项技术已申请专利,该技术所具备的基本功能可以从专利说明书以及有关专家鉴定书中得知。此外,该项技术已在 A 公司使用了 4 年,说明此项技术已经具备一定的稳定性和成熟度。

(3) 评估方法选择。A 公司将所有权转让给乡镇企业,那么对乡镇企业而言这项资产的价值就在于它未来能给企业带来多大的好处。由于该项专利技术具有较强的获利能力,而且,同类型技术在市场上被授权使用情况较多,分成率容易获得,从而为测算收益额提供了保证。因此,决定采用收益法进行评估。

(4) 判断确定评估参数。根据对该类专利技术的更新周期以及市场上产品更新周期的分析,确定该专利技术的剩余使用期限为 4 年。根据对该类技术的交易实例的分析以及该技术对产品生产的贡献性分析,采用销售收入分成率为 3%。

根据过去经营绩效以及对未来市场需求的分析,评估师对未来 4 年的销售收入进行预测,结果如表 5-1 所示。

表 5-1　预期销售收入

年度	第一年	第二年	第三年	第四年
销售收入（万元）	600	750	800	900

根据当期的市场投资收益率,确定该次评估采用的折现率为 10%。

(5) 计算评估值。结论如表 5-2 所示。

表 5-2　评估计算　　　　　　　　　　　　单位:万元

年度	销售收入	超额收益 (销售收入×销售分成率)	收益现值 (超额收益×整付现值系数)
第一年	600	18	16.36
第二年	750	22.5	18.60
第三年	800	24	18.03

续表

年度	销售收入	超额收益 （销售收入×销售分成率）	收益现值 （超额收益×整付现值系数）
第四年	900	27	18.44
合计			71.43

该专利的评估值为 71.43 万元。

四、专利权与专有技术的成本法评估

用成本法评估专利技术，一般需要分析及计算重置成本及成新率。外购专利技术的重置成本比较容易确定，一般以购置价格进行物价指数调整即可求得。自创专利技术的成本一般由下列因素构成：

1. 研制成本

研制成本包括直接成本和间接成本。直接成本是研制过程中直接投入发生的费用，间接成本是与研制开发有关的费用。

直接成本包括材料费用、工资、专用设备费、资料费、咨询费（技术咨询、鉴定费）、协作费（某些零件的外加工费及使用外单位资源的费用）、培训费、差旅费、其他费用。

间接成本包括管理费、非专用设备折旧费及通用设备负担的公共费用及能源费用。

2. 交易成本

交易成本包括技术服务费（卖方为买方提供专家指导、技术培训、设备仪器安装调试及市场开发费）、交易过程中谈判和管理人员的差旅费等、手续费（公证费、审查注册费、法律咨询费等）、税金（无形资产交易、转让过程中应缴纳的营业税）。

3. 专利费

专利费即为申请和维护专利权所发生的费用，包括专利代理费、专利申请费、实质性审查请求费、维护费、证书费、年费等。

实际操作中，评估目的不同，成本构成内涵也不一样，在评估时应视不同情形对重置成本构成做适当取舍。

专有技术的评估方法与专利权的相似，下面来看一个专有技术成本法评估的例子。

【计算演示 3】

某企业现有不同类型的设计工艺图纸 8 万张，需进行评估，以确定该设计工艺图纸的价值。估算过程如下：

1. 分析鉴定图纸的使用状况

评估人员根据这些图纸的尺寸和所给产品的种类、产品的周期进行分析整理。根据分析，将这些图纸分成以下四种类型（这也是一般用于确定图纸类型的标准）：

（1）活跃/当前型：6.2 万张。活跃/当前型指现正在生产，可随时订货的产品零件、部件、组合件的工程图纸及其他工艺文件。

（2）半活跃/当前型：0.9 万张。半活跃/当前型指目前已不再成批生产但仍可订货的产品零部件、组合件的工程图纸及其他工艺文件。

（3）活跃/陈旧型：0.7 万张。活跃/陈旧型指计划停止生产但目前仍可供销售的产品的零部件、组合件的工程图纸及其他工艺文件。

（4）停止生产而且不再销售的产品的零部件、组合件的工程图纸及其他工艺文件，计 0.2 万张。

2. 估算图纸的重置完全成本

根据图纸设计、制作耗费及其现行价格分析确定，这批图纸每张的重置成本为 120 元。由此可以计算出这批图纸的重置完全成本是 71000×120＝8520000（元）。

第五节　商标权评估

一、商标的概念

商标是商品或服务的标记，是商品生产者或经营者为了把自己的商品或服务区别于他人的同类商品或服务，在商品或服务中使用的一种特殊标记。这种标记一般是由文字、图形、字母、数字、三维标志和颜色相组合，以及这些要素的组合。

商标虽小，作用却不可小视。商标除了表明商品或服务的来源，商标还能把一个企业提供的商品或服务与其他企业的同一类商品或服务相区别；商标能标志一定的商品或服务的质量；商标能反映向市场提供某种商品或服务的特定企业的声誉。消费者通过商标可以了解这个企业的形象，企业也可以通过商标宣传自己的商品或服务，提高企业的知名度。

我们所见到的商标有些是注册了的而另一些并没有注册。我们把经过国家商标局核准并认可了的商标称为注册商标，它们包括商品商标、服务商标和集体商标、证明商标等。国家并不强制商标所有者注册，但只有那些注册了的商标的使用才会受到法律的保护。

商标的样式是多种多样的，除了常见的文字、图形、符号、文字图形组合、三维标志这样的视觉商标外，还可以是味觉、听觉等形态，不过我们国家目前只对视觉商标提供保护。

商品商标、服务商标是我们经常会遇见的，对集体商标和证明商标接触会少一些。集体商标是指以团体、协会或者其他组织名义注册，供该组织成员在商事活动中使用，以表明使用者在该组织中的成员资格的标志。证明商标是指由对某种商品或者服务具有监督能力的组织所控制，而由该组织以外的单位或者个人用于其商品或者服务，用以证明该商品或者服务的原产地、原料、制造方法、质量或者其他特定品质的标志。这种商标一般由商会或其他团体申请注册，申请人对商标所指定的商品或服务具有检验能力，并负保证责任。如绿色食品标志、真皮标志、纯羊毛标志、电工标志等。

二、商标权的概念

通常，我们把经过了注册的商标所有人对该注册商标所享有的权益称为商标权或者注册商标权。所谓商标资产的评估，指的就是这种注册商标专用权的评估。

商标权一般包括排他专用权（或独占权）、转让权、许可使用权、继承权等。排他专用权是指注册商标的所有者享有禁止他人未经其许可而在同一种商品服务或类似商品服务上使用其商标的权利。转让权是商标所有者作为商标权人，享有将其拥有的商标转让给他人的权利。许可使用权是指商标权人依法通过商标使用许可合同允许他人使用其注册商标，商标权人通过使用许可合同，转让的是注册商标的使用权。继承权是指商标权人将自己的注册商标交给指定的继承人继承的权利，但这种继承需要办理一些手续。

三、影响商标权价值的因素

商标权的价值是多种因素作用的综合结果。具体影响因素主要包括以下几个方面：

1. 法律属性

商标无论注册与否都可以使用，但只有获得了注册的商标使用人才享有专用权，才有权排斥他人在同类商品上使用相同或相似的商标，也才有权对侵权活动起诉。因而只有注册了的商标才具有经济价值。

在我国，注册商标的有效期是 10 年，10 年期届满后可以申请续展，如果没有提出申请续展，商标的注册权将被注销，商标权也就失效了，原商标所有人不再享有商标专用权。

跟专利权类似，商标权也有地域的限制，它只在注册国家规定的范围内才能受法律保护。

另外，值得注意的是，商标注册申请采用"一类商品、一个商标、一份申请"的原则，也就是说，一个企业如果拥有多个品种，那么每个品种各自都需要申请商标注册。评估商标资产价值时，要注意商标注册的商品种类及范围，要考虑商品使用范围是否与注册范围相符合，商标权只有在核定的商品上使用时才受法律保护，对超出注册范围部分所带来的收益不能计入商标资产的预期收益中。

2. 商标的知名度

商标的知名度越大，价值就越高。很多国家对驰名商标的保护力度远大于非驰名商标，对驰名商标的认定一般也有着苛刻的条件和复杂的手续。因而一般情况下，同一行业，驰名商标价值高于非驰名商标价值，取得驰名商标认证的商标，其价值高于普通商标的价值。

另外，商标的价值与商标声誉的维护也有很大关系。企业如果不维护商标的声誉，商标的价值就会贬值。商标的广告宣传是扩大商标知名度以及维护商标的重要因素。通过广告宣传使大众熟悉特定的产品或服务，刺激和维持顾客的消费需求，从而扩大产品销量，为企业带来更多超额利润。

3. 商标权转让方式

从商标权转让方来说，可分为商标权转让和商标权许可使用两种方式。商标权转让是指转让方放弃商标权，受让方成为商标的所有权人。这实际上是商标权的出售。商标权许可使用是指拥有商标权的商标权人，在不放弃商标所有权的前提下，特许他人按照许可合同规定的条款使用商标。

商标权转让方式不同，商标权的价值就不同。一般来讲，对商标所有权转让的评估值高于商标权许可使用的估值。

4. 商标所依托的产品状况

商标权的价值还取决于商标使用人对所依托商品的运营状况，如商标所依附的产品的盈利状况、所依附产品的发展前景、战略规划、生产运作管理水平等，企业文化、素质等软环境也会直接影响商标权的价值。

5. 类似商标的市场交易价格

任何商标的价值都不会脱离社会环境。社会通过市场对某一特定类型的商标做出共同的价值判断，相似商品类型的商标的市场价格决定了这一类商标的基本价值水准。

四、商标权的收益法评估

依据商标权转让的两种方式我们来实例演示估算方法。

1. 商标权转让价值的估算

【计算演示4】

A服装厂将一种已经使用12年的"富豪"西服注册商标转让。资料显示，A厂近5年使用这一商标的产品比同类产品的价格每套高60元，该厂每年生产这种西服2万套。根据预测，转让后这种商标的西服每年生产1.5万套，每套西服可获超额利润50元。该商标能够继续获取超额利润的时间是10年。前4年保持目前超额利润水平，后6年每年可获取的超额利润为68万元。假定折现率为10%，试评估这项商标权的价值。

1. 确定超额收益

已知条件中有两组跟超额收益相关的数据——年产2万套，每套价格高60元；年产1.5万套，每套可获超额利润50元。到底用哪一组来计算超额收益呢？这里要评估的对象是商标权转让价值，所以超额收益应该指的是商标权购买者未来能够获得的收益。那么这里A厂近5年的资料就不是一个相关数据了。超额收益就是未来前4年的超额利润和后6年超额利润的和。

前4年中每年的超额利润 $= 1.5 \times 50 = 75$（万元）

后6年中每年的超额利润 $= 68$（万元）

2. 超额收益折现值

根据公式 $V = \dfrac{A}{r} \times \left[1 - \dfrac{1}{(1+r)^n} \right]$

前4年折现之和为 $\dfrac{75}{0.1} \times \left[1 - \dfrac{1}{(1+0.1)^4} \right] = 75 \times 3.1699 = 237.74$（万元）

后6年的折现用递延年金的计算方法得出现值之和为

$$\dfrac{68 \times \left[1 - \dfrac{1}{(1+0.1)^6} \right]}{0.1 \times (1+0.1)^4} = 68 \times 4.3553 \times 0.6830 = 202.28$$（万元）

3. 评估值

前 4 年折现之和与后 6 年的折现之和相加得到评估值 = 237.74+202.28 = 440.02（万元）

2. 商标权许可使用费的估算

【计算演示5】

某农用运输车生产企业所生产的"恒力"（已经注册商标）牌三轮车，在同类产品中享有较好的声誉，平均每辆三轮车的超额售价为 80 元。现有一集团公司拟介入农用三轮车的生产经营领域，经双方协商，集团公司近 5 年内每年可在 1500～1600 辆三轮车上使用"恒力"商标，但需要标明其真实生产厂家，且每年按照其使用"恒力"商标的车辆销售收入的 4% 缴给该农用运输车生产企业，作为使用"恒力"商标的许可使用费。试评估该许可使用费的现值（折现率为 10%）。

具体估算过程如下：

预计集团公司使用"恒力"商标的三轮车平均售价为 2500 元/辆，5 年内可生产销售的三轮车数量分别为 1450 辆、1500 辆、1550 辆、1600 辆和 1600 辆。因而，5 年内的销售收入预计分别为：

第一年：$1450 \times 2500 = 3625000$（元）

第二年：$1500 \times 2500 = 3750000$（元）

第三年：$1550 \times 2500 = 3875000$（元）

第四年：$1600 \times 2500 = 4000000$（元）

第五年：$1600 \times 2500 = 4000000$（元）

集团以销售收入的 4% 付给农用运输车生产企业，同时，企业获得的利润还要缴纳所得税，所以运输车生产企业从许可使用权获得的好处，也就是许可使用权的价值为：

$$4\% \times \left(\frac{3625000}{1.1} + \frac{3750000}{1.1^2} + \frac{3875000}{1.1^3} + \frac{4000000}{1.1^4} + \frac{4000000}{1.1^5} \right) \times (1-25\%)$$

$$= 435640.30 \text{（元）}$$

第六节　其他无形资产的评估

一、著作权评估

1. 著作权简介

著作权也叫做版权，是指文学、艺术作品和科学作品的创作者依照法律规定对这些作品所享有的各项专有权利。它是知识产权的一个重要组成部分，也是现代社会发展中不可缺少的一种法律制度。

版权保护对象的范围很广，从人们比较熟悉的传统文学艺术领域，如美术、音乐等作品，到经济活动中涉及的计算机软件、工程、产品设计图纸和模型，以及容易被人们忽视的演讲等口述作品。

著作权包括经济权利和精神权利。精神权利包括发表权（决定作品是否公之于众的权利）、署名权（表明作者身份，在作品上署名的权利）、修改权（修改或授权他人修改作品的权利）、保护作品完整权（保护作品不受歪曲、篡改的权利）。评估中一般只关注版权的经济权利。经济权利分别是复制权、发行出租权、展览权、表演权、放映权、广播权、信息网络传播权、摄制权、改编权、翻译权、汇编权。

2. 著作权保护期

版权中作者的署名权、修改权、保护作品完整权的保护期不受限制，永远归作者所有。

公民作品的发表权、使用权和获得报酬权的保护期为作者终生至死亡后50年，若为合作作品，至最后死亡的作者死亡后50年。单位作品的发表权、使用权和获得报酬权的保护期为首次发表后50年。

电影、电视、录像和摄影作品的发表权、使用权和获得报酬权的保护期为首次发表后的50年。

软件版权自软件开发完成之日起产生。自然人的软件版权，保护期为自然人终生及其死亡后50年，截止于自然人死亡后第50年的12月31日；如果软件是合作开发的，截止于最后死亡的自然人死亡后第50年的12月31日。法人或者其他组织的软件版权，保护期为50年，截止于软件首次发表后第50年的12月31日，但软件自开发完成之日起50年内未发表的，不受保护。

《中华人民共和国著作权法》对作品的保护采用自动保护原则，即作品一旦产生，作者便享有版权，登记与否都受法律保护。但是作品办理自愿登记后，便有了一个法律的初步证据，在发生纠纷时能够占据主动。在版权的评估实践中，作品登记证书可以作为该版权稳定性、可靠性的依据。

著作权人可以将自己获得的权利交由他人使用，此为著作权许可使用。著作权许可使用又分为专有使用和非专有使用。专有使用是著作权人只将权利许可给某个人或某特定单位使用，被许可方是唯一的；非专有许可使用允许著作权人将权利授予两个以上的单位或个人使用。著作权许可使用通过合同履行，合同有效期不超过 10 年。

3. 版权价值的影响因素

影响著作权价值的因素通常包括：

（1）著作权评估对象包含的财产权利种类、形式以及权利限制，包括时间、地域方面的限制以及存在的质押、法律诉讼等权利限制。

（2）著作权作品作者和著作权权利人。

（3）著作权作品的创作形式。

（4）与著作权有关的权利和相关的专利权、专有技术和商标权等权利情况。

（5）著作权作品创作完成时间、首次发表时间。

（6）著作权作品的类别。

（7）著作权作品题材、体裁类型等情况。

（8）著作权作品创作的成本因素。

（9）著作权剩余法定保护期限以及剩余经济寿命。

（10）著作权的保护范围。

（11）著作权人所实施的著作权保护措施以及保护措施的有效性以及可能需要的保护成本费用等。

（12）著作权作品发表后的社会影响、发表状况。

4. 版权评估

【计算演示 6】

预计某图书定价为 24 元/册，在著作使用权合同 10 年期内的总发行量估计达到 5 万册，前 5 年的年销售量为 7000 册，后五年的年销售量为 3000 册，版税率（即收入提成率）为 10%，稿酬的所得税率为 20%，折现率为 10%。试评估该著作使用权的价值。

附：稿酬的应纳所得税额为：应纳税所得额×税率（20%）×（1−30%）。每次收入不超过 4000 元的,扣除费用 800 元之后,其余为应纳税所得额;4000 元以上的,扣除 20% 的费用之后,其余为应纳税所得额。

具体评估过程如下:

前 5 年与后 5 年的年版税收入分别为:

$7000 \times 24 \times 10\% = 16800$ (元)

$3000 \times 24 \times 10\% = 7200$ (元)

前 5 年与后 5 年的年收入都超过 4000 元,所以应纳税所得额为收入扣除 20% 的费用后的余额。那么前 5 年与后 5 年的年所得税后版权收入分别为:

$16800 - 16800 \times (1-20\%) \times 20\% \times (1-30\%) = 16800 - 1882 = 14918$ (元)

$7200 - 7200 \times (1-20\%) \times 20\% \times (1-30\%) = 7200 - 806 = 6394$ (元)

折现后求得该著作使用权的价值为:

$$\frac{14918}{0.1} \times \left[1 - \frac{1}{(1+0.1)^5}\right] + \frac{6394 \times \left[1 - \frac{1}{(1+0.1)^5}\right]}{0.1 \times (1+0.1)^5} = 71495 \text{ (元)}$$

二、租赁权评估

1. 租赁权的概念

租赁权是指在租赁合同规定的期限内将财产的使用权转让给承租方,承租方按照合同规定所获得的财产使用权。承租方必须向出租方支付一定的报酬,并在财产使用完毕之后将原物返还给出租方。租赁合同一般包括以下内容:财产名称、用途、数量、租赁期限、租金及支付方式和支付期限、租赁期间内的财产维修责任和违约责任等。

租赁一般可以分为经营性租赁和融资性租赁。经营性租赁是出租方将财产(机器设备、厂房等)转让给承租方使用,承租方向出租方支付租金,并在租赁关系终止时,将租赁资产返还给出租方;融资性租赁是出租方按承租方的要求购入需要的资产,并将该资产出租给承租方使用,出租方在租赁期限内以租金的形式收回本息,承租方支付租金,并在租赁合同期满时可以续租、留购或返还资产。从本质上来说,融资租赁实际上是一种信贷关系。

2. 租赁权的评估

一般来讲,财产租赁给租赁双方都带来了好处。出租方通过收取租金获得收入而购置财产时又付出了资金成本,两者之差是出租方获得的净收益;承租方付出租金成本获得使用权,又通过使用资产获得资产创造的收益,两者之差是承租方的净收益。这样，同一财产在两方看来其价值是不一样的，而根据租赁权的概念，租赁权是承租方获得的财产使用权。那么我们在评估这个使用权的价值时应该是从承租方的角度来理解这个财产的价值，那就是将使用这个权利能够带来的收益减去获得这个权利而付出的成本的结果作为使用权的评估值。

【计算演示7】

A 企业向租赁公司租赁了一套设备，每年租金 130 万元，剩余租期为 5 年。预计该设备未来每年生产的产品销售收入为 1150 万元，生产及销售总成本为 1000 万元（包括租金支付），企业未来 5 年的资本成本预期为 8%，请以 8% 为折现率评估该设备租赁权的价值。

具体评估过程如下：

租赁权年净超额收益为：

$(1150-1000) \times (1-25\%) - 1000 \times 8\% = 20.5$（万元）

设备租赁权价值为：

$20.5 \times (1-1/1.08^5)/0.08 = 81.9$（万元）

三、商誉的评估

1. 商誉的概念及特性

商誉通常指企业在一定条件下能获取高于正常投资报酬率所形成的价值。具有商誉的企业与同行业其他企业相比可获得更多的利润，这可能是企业所处地理位置有优势或经营效率高、管理基础好、生产历史悠久、人员素质高等引起的。

商誉是不可确指的无形资产，它具有以下特性：

（1）商誉不能离开企业单独存在，不能与企业可确指资产分开出售。

（2）商誉是多项因素作用形成的结果，但形成商誉的个别因素不能单独计价。

（3）商誉本身不是一项能产生收益的、单独的无形资产，而是超过企业单项可确指资产价值之和的价值。

（4）商誉是企业长期积累起来的。

【文摘1】

关于商誉的几种观点

1. 商誉是对企业好感的价值

这种好感可能起源于企业所拥有的优越的地理位置、良好的口碑、独占特权和管理有方等。以上观念即为无形资源论。持这种观点的人认为，既然商誉是由诸如优越的地理位置、良好的市场网络、良好的企业声誉、广泛的社会关系、卓越的管理队伍和优秀的员工等构成，而这些都是看不见、摸不着且无法入账记录其金额的，故商誉实际上是指企业上述各种未入账的无形资源。

2. 商誉是企业超额盈利的现值

一个企业拥有商誉，是因为这个企业能够较长时期获得比同行更高的利润。以上观点即为超额盈利论。持这种观点的人认为，商誉可以被定义为某一特定企业所能赚取的超额盈利的资本化价值，是超过具有相同资本投资的"正常"企业盈利水平的那部分盈利。

3. 商誉是一个企业的总计价账户

这种观点又被称为剩余价值论。持这种观念的人认为，商誉是企业总体价值与单项可确指有形资产和无形资产价值的未来现金净流量贴现值的差额。

关于商誉性质的观点如此之多，从一个侧面反映了对商誉性质的理解与把握仍存在缺陷。一般认为，比较准确的商誉概念应该包括三个方面的内容：一是产生商誉的因素；二是形成商誉的条件；三是商誉所能产生的经济效果。因此，综合上述三方面，商誉的概念可做如下表述：商誉是企业拥有或控制却无法确指，能够为企业带来未来超额经济利益，依托于企业整体而存在的一项不可确指的无形资产。商誉是由于企业经营效率高、管理基础好、拥有良好的市场网络以及客户关系、生产历史悠久、人员素质高等多种原因形成，以企业名称、企业象征、企业标志等可识别、记忆、传播的形式集中表现，通过一定的传播媒介，在大众心目中逐渐建立的商业信誉和知名度。

2. 商誉的评估

（1）超额收益法。超额收益法是把企业可预测的若干年预期超额收益进行折现，把其折现值确定为企业商誉价值的一种方法。应用收益法通用的公式计算即可求得。当被估企业经营状况一直很好，商誉永续存在时，评估师可以将被评估企业的超额收益经本金化还原为该企业的商誉价值。商誉价值的计算方法如公式（5-15）或公式（5-16）所示：

$$商誉价值=\frac{被估企业单项资产评估值之和\times\left(\begin{array}{c}被估企业预\\期收益率\end{array}-\begin{array}{c}行业平均\\收益率\end{array}\right)}{适用本金化率} \tag{5-15}$$

或

$$商誉价值=\frac{\left(\begin{array}{c}企业预期\\年收益额\end{array}-\begin{array}{c}行业平均\\利润率\end{array}\times\begin{array}{c}被估企业单项\\资产评估值之和\end{array}\right)}{适用本金化率} \tag{5-16}$$

【计算演示8】

A公司的预期年收益额为400万元，该公司的各单项资产的评估价值之和为1600万元，企业所在行业的平均收益率为20%，并以此作为适用资产收益率，试评估该公司商誉的价值。

商誉的价值＝（400-1600×20%）/20%＝400（元）

注意：这里实际上是假设商誉永续存在的情形。如果有充分的理由认为商誉只会存在有限年限，那么就用折现的方式计算。

（2）割差法。割差法是根据企业整体评估价值与可确指的各单项资产评估值之和进行比较确定商誉评估值的方法。割差法的计算方法如公式（5-17）所示：

商誉的评估值＝企业整体资产评估值-企业可确指各单项资产评估值之和

$$\tag{5-17}$$

企业整体资产评估值可以通过预测企业未来预期收益并进行折现或资本化获取；上市公司也可按股票市价总额确定。

构成企业的各项可确指的资产，在不考虑资产的操作者能力影响时，人们对同一特定资产价值大小的判定结果会趋向一致。这个评估值是人们按照社会对可确指资产的平均利用效率得出的结论。但在实际资产的操作中，不同的使用者对同样资产的利用会得到不同的收益回报水平，这就导致由同样资产组成的不同企业之间也有着不同的整体价值。而导致企业整体价值差异的根源就是商誉在起作用。这就是割差法产生的基本思路。

商誉评估值可能是正值，也可能是负值。商誉为负值时，可能企业亏损或收益水平低于行业或社会平均收益水平。商誉为负值评估毫无意义。也就是说，商誉价值评估适用于盈利企业或经济效益高于同行业或社会平均水平的企业。

【计算演示 9】

预期某企业未来年净利润为 15 万元，假定这一状况可以永续下去。确定折现率为 10%。采用单项资产评估方法，确定该企业各单项资产评估价值之和为 130 万元。试估算该企业的商誉价值。

该企业的商誉价值 = 15/0.1 − 130 = 20（万元）

3. 商誉评估中应该注意的几个问题

（1）不是所有企业都有商誉，商誉只存在于那些长期具有超额收益的企业之中。一个企业在同类型企业中超额收益越高，商誉评估值越大。因此，在商誉评估过程中，如果不能对被评估企业所属行业收益水平有全面的了解和掌握，也就无法评估出该企业商誉的价值。

（2）商誉评估要使用预期原则。企业是否拥有超额收益是判断企业有无商誉和商誉大小的标志，这里所说的超额收益指的是企业未来的预期超额收益，并不是企业过去或现在的超额收益。即使对于目前亏损的企业，如果经分析其未来超额收益潜力很大，则该企业也会有商誉存在。

（3）商誉价值形成是建立在企业预期超额收益基础之上的，商誉评估值高低与企业为形成商誉投入的费用和劳务没有直接联系，不会因为企业为形成商誉投资越多，其评估值就越高。尽管所发生的投资费用和劳务会影响商誉评估值，但它是通过未来预期收益的增加得以体现的。因此，商誉评估不能采用投入费用累加的方法进行。

（4）商誉与商标是有区别的。企业中拥有某项评估值很高的知名商标，但并不意味着该企业一定就有商誉，为了科学地确定商誉的评估值，注意商誉与商标的区别是必要的。

商标是产品的标志，而商誉则是企业整体声誉的体现。商标与其产品相结合，它所代表的产品质量越好，市场需求越大，商标的信誉越高，据此带来的超额收益越大，其评估值也就越大。商誉是与企业密切相关的，企业经营机制完善并且运转效率高，企业的经济效益就高，信誉就好，其商誉评估值也就越大。可见，商标价值来自于产品所具有的超额获利能力，商誉价值来自于企业所具有的超额获利能力。

商誉作为不可确指的无形资产，是与企业及其超额获利能力结合在一起的，不能够脱离企业而单独存在。商标是可确指的无形资产，可以在原组织继续存在的同时，转让给另一个组织。

商标可以转让其所有权，也可以转让其使用权。而商誉只有随企业行为的发生实现其整体转移或转让，没有所有权与使用权之分。

（5）需要注意的是，在会计处理中，出于对产生商誉的因素界定及计量的复杂性考虑，一般在资产负债表上并不对企业自创的商誉予以确认，而只对外购商誉即合并商誉加以确认入账，也就是说，只在产权变动时才涉及商誉的评估及确认。

【文摘2】

无形资产评估风险及防范

1. 无形资产的特征

无形资产是以特殊权利、技术、知识、素质、信誉等价值形态存在于企业，并对企业持续发挥作用的非货币性的固定资产。与有形的固定资产相对，无形资产除了拥有资产的一般性质外，还具有独特的性质。

（1）无形资产依赖实体而存在，没有独立实体的实体表达。例如，专利权要通过配方、工艺或生产线来体现或实现；土地使用权要依赖土地而存在；商业信誉包含在企业整体资产的组合之中等。所以，无形资产的使用价值必须依赖于一定物质条件才能实现，依托的实体消失，无形资产便不存在。

（2）无形资产价格的不稳定，受不确定因素影响大。企业的拥有的无形资产主要包括两部分，一部分是经由政府有关部门批准授予的或决定的，如土地使用权、专利权、商标权等；另一部分是企业开发经营的结果，如商业信誉、非专利技术等。由于这些无形资产是由所有权人所独占使用的，并通过法律或人为地防止非所有权人取得和使用，具有垄断的性质，因价格由非竞争决定而往往背离价值。更为重要的是，由于受到技术进步和市场风险的影响，无形资产的有效期及其经济效率面临高度的不确定性。

2. 无形资产评估风险

由于其特殊的性质，无形资产评估中面临巨大的风险，致使评估难以客观、科学有效地进行，评估结果可能严重偏离资产真实价值或客观价值，乃至误导交易方而引发纠纷。具体而言，无形资产评估风险体现在以下几个方面：

（1）评估对象难以界分，存在不确定性。目前，对于究竟什么是无形资产，并没有一致的意见，致使对无形资产的评估对象边界不明确。尽管《资产评估操作规范意见（试行)》将专利权、专有技术、生产许可证等列举为无形资产，但是近年来新出现的诸如营销网络、企业形象、企业文化等新型资产都具有被列举的无形资产同样的性质，却没有被收录。于是问题就产生了，这些法律没有列举而实际又存在的无形资产是否也是评估的对象？另外，无形资产还存在着交叉重复的现象，对这些无形资产进行评估尚无可参考依据和公认的标准，各评估机构和从业者只能根据自己的判断进行评估，导致评估结果无法比较。

（2）评估方法选择受限制，风险难以消除。无形资产评估主要以对外投资和转让为目的，但是，这种对外投资和转让是所有权和使用权，是收益能力而不是实物，其交易价格主要取决于它所创造的相对超额收益。无形资产的投入产出具有弱对应性，账面成本具有不完整性和虚拟性，研制与开发耗费也具有非标准性，这些特征都限制了成本法和市场法在无形资产评估中的应用，而主要使用收益法。在收益法评估无形资产中，必须确定三个基本指标：收益额、收益期限和折现率。但是，无形资产的收益受到企业状况、企业外界市场环境和行业竞争程度等多因素的巨大影响，企业收益额预测不确定性非常大。同时，无形资产的收益期限除了法制的保护期限和合同约定外，受到科技发展的冲突，无法准确预测和确定。最后，无形资产的折现率由于受到经济发展总体水平和评估机构的主观判断的影响，难以合理确定折现率。

（3）评估主体的执业风险高，评估结果真实性难以保证。如前所述，以知识、技术等为表现形式的无形资产，既具有很强的专业性又种类繁多，相互间可比性低，部分无形资产如非专利技术和商业秘密还是严格保密的，信息资料和技术经济参数的收集比较困难，加上评估不确定性因素众多，这些因素除了额外增加无形资产评估复杂性和困难性外，还对评估机构和评估人员的素质和能力提出了较高的要求。因此，在我国目前市场经济发育没有完全成熟，资产评估行业不规范，由委托方提供数据和资料，评估结果的真实性自然大可质疑。

（4）评估结果时效性强，策略性使用风险大。无形资产价值的预测主观性较大，受到多变量的影响。无形资产评估值是在较严格的技术性能鉴别基础上，在较多评估假设条件下，以评估基准日为时间参照，借助于一定的数学模型测算出的一种模拟价值。由于无形资产评估的时效性和现实性特点，评估报告书都约定了评估结果有效期为一年。但是，评估报告书的使用人为了自己的利益，可能不按约定范围使用，策略性地对评估结果进行使用，从而引起评估结果使用风险。

3. 无形资产评估风险防范措施

无形资产是企业的一笔巨大的资源，对于企业融资和投资有独特的价值。因此，制定相应的措施以防范和化解评估中的风险，从而促进无形资产评估的顺利开展。

（1）健全无形资产评估管理体制，强化行业管理与行业自律。随着市场经济体制的逐步建立，无形资产评估行业的发展，必将是在政府强有力的监督下，实行行业自我约束和自我管理。就目前而言，首先是在理论的指导下探索无形资产评估操作实务，制定统一的评估专业标准；其次是建立统一的资产评估信息服务网络体系，由专业的机构从事向评估机构提供市场平均风险报酬率、行业风险报酬率等信息的业务，以规范资产评估行为和降低风险；最后是建立起具有高度权威和高超管理技术的行业自律性管理机构，并科学定位其职责和运行方式。

（2）完善无形资产评估的法律法规体系，使无形资产评估业有法可依。市场经济是法制经济，所有的经济行为都应该有相应的法律法规进行规范。鉴于无形资产评估的特殊性，更需要有完备的法律法规体系对评估过程、评估主体以及相应方面进行规制，使无形资产评估走上法制化的道路。这是搞好无形资产评估的根本保证。国家应该尽快建立健全全国统一的无形资产评估法律法规体系，制定无形资产评估管理法、单项无形资产评估原则、无形资产评估操作规则、无形资产评估师职业道德守则等规范性文件。

（3）强化评估人员的后续教育和职业。道德修养，提高评估人员执业水平和业务素质。无形资产评估业具有较强的综合性、专业性、创造性及复杂性，要求执业人员必须具备扎实的专业知识、广阔的知识视野、严谨的科学态度、丰富的实践经验和较强的工作能力等。同时，由于无形资产评估的不确定性强，需要执业人员有较高的政治素质和职业道德水平。为了有效化解和防范无形资产评估风险，必须对评估人员不断进行职能道德和业务技能的培训，不断提高他们的政治思想素质、专业水平、法律政策水平、业务能力和公关办事能力、质量意识和风险意识，从而减少评估误差，保证评估结果的真实性和准确性。

资料来源：成文. 无形资产评估风险及防范［J］. 消费导刊，2010（7）.

【练习题】

一、选择题

1. 下列公式中，不正确的是（　　　）。

A. 收益额＝销售收入×销售收入分成率

B. 收益额＝销售利润×销售利润分成率

C. 销售利润分成率＝销售收入分成率÷销售利润

D. 销售利润分成率＝销售收入分成率×销售利润率

2. 采用约当投资分成法计算无形资产利润分成率时，一般不考虑（　　　）因素。

A. 无形资产重置成本　　　　　　B. 无形资产历史成本

C. 购买方投入总资产的重置成本　　D. 适用的成本利润率

3. 无形资产转让的最低收费额一般由（　　　）决定。

A. 重置成本　　　　　　　　　　B. 机会成本

C. 原始成本与机会成本　　　　　D. 重置成本与机会成本

4. 在下列无形资产中，不可确指的无形资产是（　　　）。

A. 商标权　　　　　　　　　　　B. 土地使用权

C. 专营权　　　　　　　　　　　D. 商誉

5. 在下列选项中，（　　　）不属于无形资产。

A. 公知技术　　　　　　　　　　B. 专利权

C. 计算机软件　　　　　　　　　D. 专有技术

6. 从无形资产归类的角度讲，计算机软件属于（　　　）无形资产。

A. 商标权类　　　　　　　　　　B. 关系类

C. 版权类　　　　　　　　　　　D. 其他类

7. 某发明专利权已使用了 4 年，尚可使用 2 年，评估时该无形资产的贬值率为（　　　）。

A. 25%　　　　　　　　　　　　B. 33.3%

C. 66.7%　　　　　　　　　　　D. 50%

8. 在企业价值评估中，分别按单项资产加和法和收益法得出了企业评估结果，当收益法的评估结果大于单项资产加和法的结果时，这个差额通常被称作（　　　）。

A. 商标　　　　　　　　　　　　B. 专利权

C. 专营权　　　　　　　　　　　D. 商誉

9. 资产的无形损耗将直接影响无形资产的（　　　）。

A. 剩余使用价值　　　　　　　B. 自然寿命

C. 有形载体　　　　　　　　　D. 已使用年限

10. 我国现行财务制度一般把科研费用在当期生产经营费用中，因此，账簿上反映的无形资产成本是(　　)的。

A. 不完整　　　　　　　　　　B. 全面

C. 定额　　　　　　　　　　　D. 较完整

11. 从本质上讲，商标权的价值主要取决于(　　)。

A. 取得成本　　　　　　　　　B. 设计和宣传费用

C. 商标所能带来的收益　　　　D. 新颖性和创造性

12. 无形资产附载于有形资产之中的标志是(　　)。

A. 能带来正常利润　　　　　　B. 能带来超额利润

C. 能带来垄断利润　　　　　　D. 能带来潜在利润

13. 专有技术的特点包括(　　)。

A. 新颖性　　　　　　　　　　B. 实用性

C. 获利性　　　　　　　　　　D. 保密性

14. 在现有的情况下，引起无形资产评估的经济事项或经济业务有(　　)。

A. 无形资产转让　　　　　　　B. 无形资产投资

C. 无形资产摊销　　　　　　　D. 无形资产纳税

15. 商誉的特征包括(　　)。

A. 形成商誉的个别因素不能单独计价

B. 商誉是企业整体价值扣除全部有形资产以后的差额

C. 商誉不能与企业可确指的资产分开出售

D. 商誉是企业长期积累起来的一项价值

16. 专利资产的确认需要考虑(　　)等方面因素。

A. 开发过程　　　　　　　　　B. 专利权的有效性

C. 专利权利要求书所记载的权利要求　　D. 专利权人

17. 知识产权通常包括(　　)。

A. 专利权　　　　　　　　　　B. 商誉

C. 商标权　　　　　　　　　　D. 版权

二、判断题

1. 无形资产单独不能创造收益，必须附着于有形资产才能产生收益。

(　　)

2. 商标未必有价值，但注册商标肯定有超额收益和价值，必须予以评估。

(　　)

3. 市场法不适用于无形资产评估。　　　　　　　　　　　　　　（　　）

4. 采用成本法评估无形资产时，不需要扣除其功能性贬值和经济性贬值。

　　　　　　　　　　　　　　　　　　　　　　　　　　　　　　（　　）

5. 无形资产剩余经济寿命应主要根据其带来的超额收益的时间来判断。

　　　　　　　　　　　　　　　　　　　　　　　　　　　　　　（　　）

6. 无形损耗只影响无形资产价值，不一定影响其使用价值。　（　　）

7. 若无形资产的获利期限短于其法定保护期限，评估时应按照法定保护期限作为无形资产的剩余寿命期。　　　　　　　　　　　　　　（　　）

8. 商标评估值必须超过为宣传商标的广告支出费用。　　　　（　　）

9. 商誉不能离开企业而存在，不能与企业可确指的资产分开出售。

　　　　　　　　　　　　　　　　　　　　　　　　　　　　　　（　　）

10. 商誉评估值是企业中全部商标评估值之和。　　　　　　　（　　）

11. 决定无形资产价值的是无形资产的自然寿命。　　　　　　（　　）

12. 无形资产只存在无形损耗，不存在有形损耗。　　　　　　（　　）

13. 商标的经济价值主要取决于商标设计是否新颖。　　　　　（　　）

14. 专利的研制开发费用与专利的效用及获利能力的联系并不确定。

　　　　　　　　　　　　　　　　　　　　　　　　　　　　　　（　　）

三、计算题

1. 某企业的预期年收益额为 25 万元，该企业的各单项资产的重估价值之和为 90 万元，企业所在行业的平均收益率为 20%，并以行业平均收益率作为适用的资本化率。试确定该商誉的评估值。

2. 某评估事务所对 A 公司准备投入中外合资企业的一项非专利技术进行评估，评估师经调查了解到，该项技术已使用 3 年，产品比同类产品性能优越，每件产品可带来新增利润 10 元，目前该产品年实际销量为 2 万件。评估人员预测，该技术产品的这种市场优势尚可保持 5 年，且每年的销售会以 10% 的速度递增。国库券利率为 4%，风险报酬率为 8%，该企业所得税税率为 25%。请根据上述资料，确定该非专利技术的评估值。

3. 某企业拟转让其拥有的某产品的商标使用权，该商标产品单位市场售价为 1000 元/台，比普通商标同类产品单位售价高 100 元/台，拟购买商标企业年生产能力 10 万台，双方商定商标使用许可期为 3 年，被许可方按使用该商标的产品年超额利润的 30% 作为商标特许权使用费，每年支付一次，3 年支付完价款。被许可方的正常销售利润率为 10%，折现率按 10% 计算（暂不考虑税的因素）。试计算该商标使用权的价值。

第六章　金融资产评估

【学习目标】
　　了解金融资产评估的特点。
　　了解债券和股票评估的基本特点、基本方法和需考虑的各种因素。
　　掌握运用市场法评估上市债券、上市股票的价值。
　　掌握运用收益法评估非上市债券、非上市股票的价值。

第一节　金融资产评估概述

　　金融资产是一切可以在有组织的金融市场上进行交易、具有现实价格和未来估价的金融工具的总称。金融工具是用来证明债权关系或投资股权的书面凭证，是金融市场的交易对象。它是一种索取实物资产的无形的权利。

　　按照会计准则对金融资产的定义来看，金融资产通常包括企业持有的现金、权益工具投资、从其他单位收取现金或其他金融资产的合同权利，以及在有利条件下与其他单位交换金融资产或金融负债的合同权利，如应收款项、贷款、债权投资、股权投资以及衍生金融资产等。由于资产类型的某些内容存在交叉，我们在本章主要介绍债券、股票金融资产的价值评估，而将现金、应收款项等的评估方法放在第七章流动资产的评估中再讲授。

一、股票

　　股票是股份有限公司签发的证明股东投资入股的凭证，是股份的表现形式。长期股权投资不仅仅是为了获得投资收益，主要是取得对其他企业的控制权，扩大本企业的市场份额，拓展企业发展空间。

股票的特点包括以下几个方面：

（1）收益高。普通股票的价格变动非常频繁，但从长期来看，如果选择得当，会取得优厚的投资收益。

（2）风险高。股票是无限期证券，除法律规定的情况外，不能赎回本金。股票收益的高低，受企业的经营状况、发展前景等多种因素影响，这增大了股票的投资风险。

（3）可以获得经营控制权。普通股票的持有者是股份公司的所有者，有权参加公司股东大会、选举董事长，并依持股票的多少参与企业的经营管理决策。当持股数量达到一定比例时，司获得公司的控制权利。

二、债券

债券是社会各类经济主体为筹集资金，按照法定程序发行的，承诺在指定日期还本付息的债权债务凭证。根据发行主体的不同，债券可分为政府债券、公司债券和金融债券三种类型。企业长期债券投资的目的主要是为了获取稳定的收益。

债券的特点主要包括以下几个方面：

（1）安全性高。相对于股票来讲，债券的安全性较高。政府债券一般被视为无风险证券。此外，我国企业发行债券须经过严格审批，且法律规定债权人享有优先求偿权，因此，债券投资本金损失的可能性较小。

（2）收益稳定。债券利率一般为固定利率，且高于同期银行存款利率。

（3）流动性强。大部分债券都有很好的流动性，特别是上市债券，可以随时到金融市场流通变现。

三、关于本章债券、股票所得税的说明

《中华人民共和国个人所得税法》以及《中华人民共和国企业所得税法》都分别对个人及企业获得的股息、红利征收所得税做了规定，同时也规定了一些免征条款，并且在国家颁布的一些法规、条例中又对不同的情形制定了各种不同的优惠政策。由于这部分内容专业性、时效性强，本书对债券、股票价值的评估仅假设为不缴纳所得税的情形。也就是说，下面第二节和第三节所讲的债券、股票的价值估算的结果是没有考虑所得税情形下的估值，在实际评估操作中还需要评估人员根据评估时点的相关政策计算税额，并对评估值做相应调整。

第二节　债券评估

一、债券评估的原则

债券评估主要遵循收益现值原则和实际变现原则。

1. 收益现值原则

作为债权人，债券持有人有权按照债券发行时的约定在期满时收回债券的本金和利息，但债券的偿付日与评估基准日往往并不相同，因此，债券的评估价值应是债券利息和本金的现值。

2. 实际变现原则

现值虽然对长期债券的价格起着决定作用，但作为上市流通债券，其交易价格受到供求关系、投机行为、投资者心理及经济发展预期等多种因素的影响，从而导致债券通过计算得来的现值与其市场交易价格不一致。因此，在债券评估时还要考虑债券的市场影响，遵循变现原则估算债券价值。

二、债券的评估方法

按照债券能否在公开市场上进行自由交易，对其价值的评估应采用不同的方法。对于能够在公开市场上自由买卖的债券，市场价格就是该债券的评估值。对于那些不能在公开市场上进行交易的债券，应采用一定的方法对其进行价值估计。

1. 上市债券的评估

上市债券是指经政府管理部门批准，可以在证券市场上交易、买卖的债券。对于已上市债券的评估，一般采用市场法，按照评估基准日该债券的收盘价确定债券的评估值。但当债券市场出现非理性行情而使债券的市场价格不能代表其真实价值时，就应采用非上市债券的评估方法来对它进行价值评估。一般而言，不管用什么方法评估，已上市债券的评估值一般不能高于证券交易所公布的该债券的卖出价。

采用市场法确定债券价值的基本计算公式是：

上市债券评估值=债券数量×评估基准日债券的收盘价

2. 非上市债券的评估

非上市债券是指不能在证券市场自由买卖的债券。非上市债券的评估主要采用收益法，即以债券本利和在评估基准日的折现值作为债券的评估价值。

债券的本金、票面利率和偿付期是事先约定的，因此，评估债券价值的关键是折现率的确定。折现率通常是由国库券的利率再加上债券发行方的行业风险报酬率构成。折现率的确定不仅要考虑债务人的偿债能力，还应考虑债券本身的信用等级或保障方式。根据非上市债券的付息方法，可将其分为分次付息、到期一次还本债券和到期一次还本付息债券两种。

（1）到期一次还本付息债券的评估。这类债券平时不支付利息，到期后连本带息一次性支付。评估时，将债券到期时支付的本利和进行折现，求得评估值。其计算方法如公式（6-1）所示：

$$P = \frac{F}{(1+r)^n} \qquad\qquad (6-1)$$

式中，F 是债券到期时的本利和。本利和 F 的计算有单利和复利两种计算方式。n 为评估基准日至债券到期日的时间间隔（以年或月为单位）。

1）债券本利和采用单利计算的公式是：

$F = A (1+mr)$

2）债券本利和采用复利计算。在采用复利计算时：

$F = A (1+r)^m$

式中，A 是债券面值；m 是计息期限；r 为债券利息率。

【计算演示 1】

某企业持有一项面值为 50000 元的债券，系另一企业发行的 3 年期一次性还本付息债券，年利率 12%，单利计息。现距发行日刚好 1 年，国库券利率为 3%。经评估师分析调查，发行企业经营业绩较好，故取 2% 风险报酬率。试以今天为基准日估算债券的价值。

估算过程如下：

$r = 3\% + 2\% = 5\%$

$F = A(1+mr) = 50000 \times (1+3 \times 12\%) = 68000（元）$

$P = \frac{F}{(1+r)^n} = \frac{68000}{(1+5\%)^2} = 61678.00（元）$

（2）定期支付利息到期还本债券的评估。这种债券的估值是将本金和利息两部分的收益贡献相加的结果。也就是将债券的本金——债券面值以到期时的期值折现为基准日的现值与各期利息折现之和。其计算方法如公式（6-2）所示：

$$P = \sum_{t=1}^{n} \frac{R_t}{(1+r)^t} + \frac{A}{(1+r)^n} \tag{6-2}$$

式中，P为债券的评估值；R_t是第t年的预期利息收益；r为折现率；A为债券面值；t为评估基准日距利息支付日期限；n是评估基准日距还本日期限。

【计算演示2】

在【计算演示1】中，假如债券不是到期一次还本付息，而是每年付一次息，到期还本债券，试确定评估值。

$$P = \sum_{t=1}^{n} \frac{R_t}{(1+r)^t} + \frac{A}{(1+r)^n}$$

$$= \frac{R_t}{r} \times \left[1 - \frac{1}{(1+r)^n} \right] + \frac{A}{(1+r)^n}$$

$$= \frac{50000 \times 12\%}{10\%} \times \left[1 - \frac{1}{(1+0.1)^2} \right] + \frac{50000}{(1+0.1)^2} = 51735.53 \text{（元）}$$

3. 零息债券评估

零息债券是一种不向持有人支付利息，而是以低于债券面值的价格发售，到期时按面值偿还的债券。此类债券的价值就是直接将到期时获得的面值折现。其计算方法如公式（6-3）所示：

$$P = \frac{A}{(1+r)^n} \tag{6-3}$$

式中，P为债券的评估值；r为折现率；A为债券面值；n为评估基准日距债券到期日期限。

第三节　股票评估

一、股票的概述

1. 股票的种类

股票可以按不同的方法和标准分类：按股东所享有的股利，可分为普通股和优先股；按票面是否表明持有者姓名，分为记名股票和不记名股票；按股票票面是否注明入股金额，分为有面值股票和无面值股票；按能否向股份公司赎回自己的财产，分为可赎回股票和不可赎回股票；按能否在公开市场上自由交易，分为上市股票和非上市股票。

我国目前各公司发行的都是不可赎回的、记名的、有面值的普通股票，只有少量公司过去按当时的规定发行过优先股票。

2. 股票的价格

股票本身是没有价值的，仅是一种凭证。它之所以有价格、可以买卖，是因为它能给持有人带来预期收益。股票的价格包括票面价格、发行价格、账面价格、内在价格、市场价格和清算价格。

（1）票面价格。票面价格是指企业在发行股票时所标明的每股股票的票面金额。

（2）发行价格。发行价格是指企业在发行股票时的出售价格。股票发行采用面额发行、溢价发行、折价发行方式，发行价格分别等于、高于、低于票面价格。一般同一种股票只能有一种发行价格。

（3）账面价格。账面价格又称股票的净值，也叫做每股净资产。它是指股东持有的每份股票在企业财务报表上所反映的价值。它等于企业资产净值与优先股总面值之差，再除以普通股股数。

（4）股票的内在价格。股票的内在价格是一种理论价格或模拟市场价格。它是根据评估师对股票未来收益的预测，经过折现后得到的股票价值。股票内在价格的高低取决于公司的财务状况、管理水平、发展前景及公司面临的风险等因素。

（5）股票的市场价格。股票的市场价格是证券市场上买卖股票的价格。在证券市场比较完善的情况下，股票的市场价格基本上是市场对公司股票的客观评价，此时可以将市场价格作为股票的评估值。但是，在证券市场发育不健全、股票市场的投机成分较大时，股票的市场价格就不能完全代表其内在价值。因此，在对股票进行价值评估时，应当具体情况具体分析，不可盲目地将市场价值作为股票的评估值。

（6）股票的清算价格。股票的清算价格是指公司清算时，公司的净资产与股票总数的比值，即每股股票所代表的真实价格。公司在清算情况下或由于经营不善等原因被清算时，应使用股票的清算价格。

二、股票评估原则

1. 内在价值原则

股票是资本的表现形式，股票的内在价值是以证券形式所代表的股票发行主体的经营能力和盈利能力。股票的价值评估重点是其内在价值和股票发行人的经营业绩及预期效益。

2. 收益本金化原则

股票作为一种虚拟资本，它的评估价值就是股票预期收益的资本成本，即在目前的市场条件下，为取得一定的预期收益应投入的资本额。

3. 实际变现原则

股票作为一种特殊商品，其评估价值可根据股票的变现价值来确定。实际变现原则是指对于上市股票的评估，可以把股票的交易价格作为价值评估的依据。

三、上市股票评估

上市交易股票是指企业公开发行的、可以在证券市场上市交易的股票。对上市交易股票的价值评估，正常情况下，可以采用现行市价法，即按照评估基准日的收盘价确定被评估股票的价值。这里所谓的正常情况是指股票市场发育正常，股票自由交易，不存在非法炒作的现象。此时，股票的市场价格可以代表评估时点被评估股票的价值；相反地，当股票市场处于非正常状况下，股票的市场价格就不能完全作为其价值评估的依据，而应以股票的内在价值作为评估的依据。通过对股票发行企业的经营业绩、财务状况及获利能力等因素的分析，综合判断股票内在价值。除此之外，以控股为目的而长期持有上市公司的股票，其评估时一般可采用收益法进行评估其内在价值。

依据股票市场价格进行评估的结果，应在评估报告中说明所用的方法，并说明该评估结果应随市场价格变化而做适当调整。

四、非上市股票评估

非上市股票是指不能在股票市场进行交易的股票。这种股票无法通过使用市场价格的方法来确定价值。我们只能综合分析股票发行企业的经营业绩、财务状况和所面临的风险等因素，科学预测股票投资的未来收益，并选择合理的折现率来确定评估值。

非上市交易股票按普通股和优先股的不同而采用不同的评估方法。普通股没有固定的股利，其收益大小完全取决于企业的经营状况和盈利水平；优先股是在股利分配和剩余财产分配上优先于普通股的股票。优先股的股利是固定的，一般情况下，都要按事先确定的股利率支付股利。在这方面，优先股与债券很相似，它们的区别是：债券的利息是在所得税前支付，而优先股的股利是在所得税后支付。

1. 优先股的评估

优先股是对公司利润和财产享有优先于普通股权利的股票，是一种既有股票特征又有债券特征的混合证券。优先股的性质介于股票和债券之间。一般情况下，优先股在发行时就已规定了股息率。对优先股的评估主要是判断发行主体是否有足够的税后利润用于优先股的股息分配。如果发行单位经营业绩良好，具有较强的支付能力，说明优先股基本具备了"准企业债券"的性质，此时评估人员就可以根据事先确定的股息率计算优先股的年收益额，然后进行折现或资本化处理。其计算方法如公式（6-4）所示：

$$P = \sum_{t=1}^{\infty} \frac{R_t}{(1+r)^t} = \frac{A}{r} \tag{6-4}$$

式中，P 为优先股的评估值；R_t 为第 t 年的优先股的收益；r 为折现率；A 为优先股的年等额股息收益。

2. 普通股的评估

普通股是发行量最多、占企业发行股票比重最大的一种股票，属于权益证券。普通股是指在公司的经营管理和盈利及财产的分配上享有普通权利的股份，代表满足所有债权偿付要求及优先股东的收益权与求偿权要求后对企业盈利和剩余财产的索取权，它构成公司资本的基础，是股票的一种基本形式。普通股股息和红利的分配是在优先股收益分配之后进行的，实际上是对公司剩余权益的分配。因此，对普通股预期收益的预测也就是对发行主体剩余权益的预测。在进行评估时，需要评估师对发行主体的利润水平、发展前景、盈利能力、股利分配政策等情况有全面、客观的了解，并结合具体情况，采用适当的评估方法。根据股份公司的股利分配政策，我们将它划分为固定红利型、红利增长型和分段型三种类型。不同的股利政策，股票价值的评估方法也不完全相同，请看以下解析。

（1）固定红利模型。固定红利模型是针对经营比较稳定的普通股的评估设计的。它根据企业经营及股利分配政策较稳定的特点，以假设的方式认定企业今后分配的红利将保持在一个固定的水平上，即假设未来股利不变。它的股利支付过程实际上是一个永续年金。其计算方法如公式（6-5）所示：

$$P=\frac{R}{r} \tag{6-5}$$

式中，P 为股票评估值；R 为股票下一年的红利额；r 为折现率或资本化率。

【计算演示3】

某企业进行拥有 A 公司发行的法人股 1 万股，每股面值 100 元。A 公司经过几年的发展后目前生产经营比较稳定，预计今后能保持每年平均 16% 的收益率。评估师根据发行企业行业特点及宏观经济情况，确定无风险利率为 6%，通货膨胀率为 2%，风险利率为 4%。根据上述资料，确定该股票评估值。

r=6% +2% +4% = 12%

P = 10000×100×16% /12% = 1142857（元）

(2) 红利增长模型。红利增长模型假设股票发行企业不是将企业的全部剩余收益作为红利分配给股东，而是留下一部分用于追加投资，扩大生产规模，从而使企业的未来利润不断增加，红利相应增长。红利增长模型适用于成长型企业股票价值的评估。成长型企业的发展潜力较大，投资收益会逐步提高。根据成长型企业股利分配的特点，可按红利增长模型评估其股票的价位。其计算方法如公式（6-6）所示：

$$P=\frac{R_1}{r-g} \tag{6-6}$$

式中，P 为股票评估值；R_1 为红利增长一年后的红利额；r 为折现率；g 为股利增长率。

股利增长率 g 的计算方法，一种是统计分析法，即根据过去股利的实际数据，利用统计学的方法计算出的平均增长率，作为股利增长率；另一种方法是趋势分析法，即根据被评估企业的股利分配政策，以企业剩余收益中用于再投资的比率与企业净资产利润率相乘确定股利增长率。

【深度分析1】

红利增长模型计算公式中 r-g 是什么含义

根据收益法的基本公式，可以得出红利增长的股票评估值为：

$$p = \sum_{n=1}^{\infty} \frac{R_n}{(1+r)^n} = \sum_{n=1}^{\infty} \frac{R_0(1+r)^n}{(1+r)^n}$$

其中，R_0 为红利尚未增长之前的红利额，R_n 为增长 n 年后的红利额。

表达式 $\sum_{n=1}^{\infty} \frac{R_0(1+g)^n}{(1+r)^n}$ 实际上是无穷等比数列的求和。公比是 $\frac{1+g}{1+r}$，当 r>g 时，无穷递缩等比数列的和是：

$$\sum_{n=1}^{\infty} \frac{R_0(1+g)^n}{(1+r)^n} = \frac{R_0 \frac{1+g}{1+r}}{1 - \frac{1+g}{1+r}} = \frac{R_0 \frac{1+g}{1+r}}{\frac{r-g}{1+r}} = \frac{R_0(1+g)}{r-g} = \frac{R_1}{r-g}$$

所以红利增长模型的股票评估值为：$P = \frac{R_1}{r-g}$

这个公式是收益法基本公式用数学推导的结果，r-g 是推导过程中产生的减项，它的经济含义并不明确。

（3）分段式模型。前两种股利政策一种是股利固定，另一种是增长率固定，它们都具有极端性。实际情况是，很多公司的股利既不是固定不变的又不是以固定比例增长的。例如，在一段时间里高速增长，而在另一段时间里变化却趋向平稳。我们一般会将时间段分为两段，以距离现在较近的时间点为分界线把第一段确定为能够客观预测股票的收益期间，这一段通常假设企业的利润处于高速增长；第二段，以将来收益不易预测的时间为起点，以企业持续经营到永续为第二段，这一段通常是假设企业平稳发展。将两段收益现值相加，就可得出评估值。实际计算时，第一段以各期预测收益直接折现；第二段可以采用固定红利型或红利增长型的方法采用趋势分析确定将来的收益额水平，先资本化再折现。

【计算演示4】

某公司拥有另一股份公司非上市普通股股票10万股，每股面值1元。在持有期间，每年股利收益率均在15%左右。评估人员对该股份公司进行调查分析，认为前3年保持15%收益率是有把握的；第4年后将按3%的股利增长率增长，并将持续下去。评估时国库券利率5%，风险利率确定为2%，试确定该股票评估值。

前 3 年股利现值为 $100000 \times 1 \times 15\% \times \left[1 - \dfrac{1}{(1+7\%)^3}\right] \div 7\% = 39364.5$（元）

第 4 年后股利现值 $\dfrac{100000 \times 1 \times 15\% \times (1+3\%)}{7\% - 3\%} \times \dfrac{1}{(1+7\%)^3} = 420394.5$（元）

该股票评估值是 $39364.5 + 420394.5 = 459759$（元）

当然，我们也可建立三阶段、四阶段甚至更多阶段的增长模型，其原理和计算方法与两阶段增长模型类似。从理论上来讲，股利的增长阶段划分得越细，结果就越精确。但我们需要注意阶段的划分对特定的评估对象是否合理。

【文摘】

证券市场风险分析的评估方法研究

一

证券市场风险的内涵在于它是在一定时间内，以相应的风险因素为必要条件，以相应的风险事故为充分条件，有关经济主体承受相应的风险结果的可能性。风险结果通常是由风险因素变异为风险事故，并且在化解不力的情况下发生的。

1. 证券市场风险因素

证券市场风险因素是证券市场风险事故（证券市场价格非理性巨幅波动）赖以发生的客观条件。无论何种风险，其风险结果都是直接由风险事故的发生所导致的，证券市场风险也不例外。然而任何风险事故都只有在一定的客观条件下通过一定的诱因才能发生。这种客观条件和诱因都是风险因素。证券市场是一个涉及筹资者（政府、企业、机构）、证券商、证券专业服务机构（律师事务所、会计事务所、资产评估事务所）、证券交易所、投资者（个体投资者、机构投资者）等代表不同利益主体的复杂系统。另外，系统内各主体之间的关系十分复杂。筹资者通过证券商向投资者发行股票、债券，筹集资金，同时，也可在证券市场上通过实施配股方案，再次筹得资金。投资者可以在一级市场上从证券商手中买入股票、债券，也可直接进入二级市场买卖、炒作，以获取红利和差价。证券商是连接筹资者和投资人的桥梁和纽带，在一级市场的发行、申购和二级市场的代理、委托交易中，起着不可缺少的中介作用，同时券商作为机构投资者又可直接进入市场进行操作。因此筹资者、投资者、证券商是市场的主要参与者和操纵者，其利益相互影响、相互制约，任一主体行为的不规范，都会引发风险事故。同时，证券市场系统不是一个封闭的系统，外部环境如国家政治、政策、经济形势等因素的变化，也会对系统产生影响，所以，证券市场风险的形成有来自系统内部的原因，也有来自系统外的原因，它是系统内部和系统外部诸多因素共同影响的结果。将这些因素按照其对市场的影响范围具体划分为系统因素和非系统因素。由政治、经济、社会、心理等因素造成，对市场整体发生影响的风险因素，称为系统因素，如市场行为风险因素、政策和制度风险因素、利率风险因素、汇率风险因素、通胀风险因素和政治风险因素等。而非系统因素主要来自上市公司本身，具体包括公司财务风险因素、违约风险因素、流动风险因素和偶然事件风险因素等，这种风险因素对市场整体影响不大，只影响某种或某类证券的价格。

2. 证券市场风险事故

证券市场风险因素是客观存在的，它无时无刻地不在影响和决定着市场的风险程度。如果这些因素正常地、合理地发挥着调节证券价格的作用，那么市场将按照它必然的规律运行。问题是，在中国这样一个成长期很短，发育很不成熟的市场，随时都会有风险因素的非正常的、非合理的变异（如投资者对市场的心理预期，心理预期是一种风险因素，理性的心理预期将会对市场正常地发挥作用，非理性预期则是心理预期这一风险因素的非正常非合理变异；又如，证券法规、制度是一风险因素，健全规范的法规制度可以起到抑制风险的作用，而不健全不规范的法规制度则是制度风险因素的非正常非合理的变异），一种非正常非合理变异了的风险因素在时间上的累积或者多种变异了的风险因素聚积，必将产生风险事故。证券市场的风险事故由变异风险因素引起，是导致风险结果的直接原因。在证券市场中，变异风险因素累积和聚积达到一定程度时，将引起证券市场价格非理性巨幅波动，即证券市场价格波动偏离其正常、合理范围或某种正常状态，这种非理性波动（或称价格波动偏离）必将导致证券资产虚假增值随后迅速贬值（向上偏离时）或大幅度贬值随后迅速增值（向下偏离时），从而对投资者、企业乃至整个国民经济产生不利影响。可以看出，证券市场价格非理性波动（或价格波动偏离）是由风险因素引起的，并且是导致风险结果的原因，它是证券市场风险事故。

二

1. 证券市场风险的变异因素

风险结果的发生必然要受到风险因素的作用，但并不是所有的风险因素都会产生我们所指的风险，只有那些变异了的风险因素产生的风险事故才最终会导致风险的发生（风险结果）。风险事故是连接风险因素和风险结果的桥梁和媒介，它潜伏在市场中，风险事故一旦显露，说明市场存在着变异了的风险因素，危机的种子已经埋伏。因而，从控制防范化解风险的目的出发，对证券市场风险进行分析、监测，就是要分析、监测风险事故是否已经显露，市场是否有变异了的风险因素存在。通过改变风险因素变异的条件和性质，达到防范、化解风险的目的。在证券市场中，变异了的风险因素单个作用或综合作用产生的风险事故是市场价格非理性波动，即价格波动偏离正常、合理价格或正常运行状态。价格波动偏离程度大，表明市场中非理性变异因素聚积的能量大，市场发生倒塌的可能性即市场潜在风险程度大。

2. 证券风险分析两项指标

由于证券市场风险结果从本质上讲直接由风险事故——价格波动偏离正常合理价格引起，而这种偏离实际上表现为价格对其价值（或均衡价格）的偏离，对充分正确反映有关信息的合理价格的偏离和对宏观经济的背离。因此，有关学者提出对证券市场风险的分析可以通过价格偏离价值（或均衡价格）的测量和分析，市场效率的分析、价格变化与经济景气变化关系的分析，以从多角度多层次考查市场价格是否偏离以及偏离的程度（市场中非理性波动是否存在，是否有可能引发更大的波动）。市场价格偏离价值的分析，侧重从市场内在价值角度分析市场潜在风险，是认识市场潜在风险的起点，它可以通过构造价格偏离度、市盈率偏离度、市场 VAR 值等指标进行分析。市场效率的分析和价格变化与经济景气变化关系的分析是对市场潜在风险的进一步分析和认识。市场效率分析侧重从信息有效性角度通过分析检验证券市场的低效特征揭示市场潜在风险，可以采用游程检验、自相关系数检验等方法分析检验价格变化的随机性；采用累积超常收益（CAR）分析法对中国证券市场是否过度反映进行分析检验；应用聚类分析法对公司业绩与其市场表现异向变动进行分析。证券市场价格波动与经济波动关系分析将证券市场放在经济大背景下考查市场的潜在风险，可以应用相关分析、协整检验、Granger 因果关系检验、虚拟变量回归、SWARCH 模型等方法分别从趋势和周期两个层次对二者关系进行分析，以从二者关系角度揭示市场潜在风险。

三

现代西方投资理论中主要有三种风险评估方法，即公司财务状况分析法、概率法和 β 系数法，作为评价证券市场风险程度的基本理论，这些方法已广泛地应用于各国证券市场。

1. 公司财务分析法

财务分析法是通过对上市公司的各种财务数据的分析和预测，了解企业的经营管理状况，评价和预测企业的获利能力、偿债能力和财务状况，从而确定企业的投资风险。投资者可以通过公司公开披露的各种信息，例如，招股说明书、上市公告书以及财务状况的年度报告、中期报告获取信息，了解公司的经营水平和成长能力。具体地，可以计算以下几类指标进行分析决策：①股票市价比率以某一时点的市价为标准，计算市盈率，各年的平均市值销售额、平均市值收益率以及净资产市值倍数，确定投资该股票的价值和风险。②获利能力及周转率指标包括资产收益率、资产周转率、净资产报酬率、净资产收益率等。这些指标可以帮助投资者分析投入资本的获利能力。③成长性指标公司的成长性是影响股价的重要因素。通过多年的财务数据，可能得出销售额指数、总资本净值指数、每股收益指数，从而可以分析出公司的发展趋势和发展潜力。④偿债指标例如流动比率、速动比率、权益比率等。

2. 概率法

概率法是现代西方财务理论中较成熟的一种评估方法，这种方法是利用概率论中的标准方差来测量和比较不同资产的风险。用之可衡量风险的集中程度，标准差越小，未来预期价值分布越集中，投资风险越小。

3. β 系数法

β 系数法是近年西方发展起来的一种风险计量方法，是建立在夏普的资本资产定价模型之上的。β 系数是反映股票随市场变化而上下波动的指标，显示相对于整个股票市场的收益水平来说的某种股票收益的变动情况。它衡量的是个别股票的市场风险，而不是公司特有风险。既然股票的特有风险可通过投资组合分散掉，那么市场风险就成为投资者的注意焦点，因此，β系数成为股票投资决策的重要依据。应当注意，β系数并不代表某种股票的全部风险，只是与市场有关的那部分风险。另一部分风险是与市场无关的，只与企业本身的活动有关。企业的特有风险可通过多元化投资分散掉，而β系数反映的市场风险不能被互相抵消。

资料来源：刘丹青，杨雪. 证券市场风险分析的评估方法研究［J］. 中州学刊，2010（2）.

【练习题】

一、选择题

1. 非上市交易的债券和股票一般可采用（　　）进行评估。

　　A. 成本法　　　　　　　　　　　B. 市场法

　　C. 收益法　　　　　　　　　　　D. 清算价格法

2. 对距评估基准日 1 年内到期的非上市债券采用（　　）方法进行评估较为合适。

　　A. 本利和折现　　　　　　　　　B. 市场询价

　　C. 账面值　　　　　　　　　　　D. 本金加持有期利息

3. 从理论上讲，无风险报酬率是受（　　）影响的。

　　A. 资金的使用成本　　　　　　　B. 资金的投资成本

　　C. 资金的经营成本　　　　　　　D. 资金的机会成本

4. 站在资产评估的角度，在股市发育不全、交易不规范的情况下，股票的评估价值应以股票的（　　）为基本依据。

　　A. 市场价格　　　　　　　　　　B. 发行价格

　　C. 内在价值　　　　　　　　　　D. 票面价格

5. 固定红利模型是评估人员对被评估股票（　　）。

　　A. 预期收益的一种假设　　　　　B. 预期收益的客观认定

　　C. 历史收益的一种客观认定　　　D. 预期收益的一种估计

6. 到期后一次性还本付息债券的评估，其评估的标的是（　　）。

　　A. 债券本金　　　　　　　　　　B. 债券本金加利息

　　C. 债券利息　　　　　　　　　　D. 债券本金减利息

7. 非上市债券的风险报酬率主要取决于（　　）。

　　A. 发行主体的具体情况　　　　　B. 债券市场状况

　　C. 债券购买方的具体情况　　　　D. 股票市场状况

8. 下列融资工具，按风险由小到大排列，正确的排列顺序是(　　)。

A. 股票、国家债券、金融债券、企业债券

B. 国家债券、金融债券、企业债券、股票

C. 企业债券、股票、国家债券、金融债券

D. 股票、企业债券、金融债券、国家债券

9. 非上市债券作为一种投资工具和股票投资相比，具有(　　)的特点。

A. 风险较小　　　　　　　　B. 投资报酬率高

C. 较强的流动性　　　　　　D. 收益相对稳定

10. 在确定风险报酬率时，需考虑被评估企业的(　　)。

A. 经营风险　　　　　　　　B. 财务风险

C. 倒闭风险　　　　　　　　D. 行业风险

E. 突发事件

二、判断题

1. 债券评估是对投资企业偿债能力的评估。　　　　　　　　(　　)

2. 上市交易的证券可按市场法以其在评估基准日证券市场的中间价确定评估值。　　　　　　　　　　　　　　　　　　　　　　　　　(　　)

3. 收益法是评估非上市股票和债券的主要评估方法。　　　(　　)

4. 债券的评估价值完全取决于债券的面值、债券的预期收益、债券的持有年限。　　　　　　　　　　　　　　　　　　　　　　　　　(　　)

5. 无风险报酬率的确定主要取决于证券发行主体的具体情况。(　　)

6. 长期股权投资相对于债权投资具有高风险、高收益的特点。(　　)

7. 股票的价值评估通常与股票的内在价值无关。　　　　　(　　)

8. 评估控股型长期股权投资的价值，先要对被投资企业进行整体评估。

(　　)

三、计算题

甲评估机构于 2005 年 1 月对 A 公司进行评估，A 公司拥有 B 公司发行的非上市普通股 200 万股，每股面值 1 元。经评估人员预测，评估基准日后该股票第一年每股收益率为 5%，第二年每股收益率为 8%，第三年每股收益率为 10%，从第四年起，因生产、销售步入正轨，专利产品进入成熟期，因此每股收益率可达 12%，而且从第六年起，B 公司每年年终将把税后利润的 80% 用于股利分配，另 20% 用于公司扩大再生产，B 公司净资产收益率将保持在 15% 的水平上。如果无风险报酬率为 4%，风险报酬率为 6%，评估基准日为 2005 年 1 月 1 日，求 A 公司所拥有的 B 公司股票的评估值（最终结果以万元为单位，小数点后保留两位）。

第七章 流动资产评估

【学习目标】

了解流动资产的分类。

理解流动资产评估的特点、程序及方法。

掌握实物类流动资产评估中原材料、在产品及库存商品的评估方法。

了解低值易耗品、包装物及产成品的评估方法。

掌握债权类及货币类流动资产评估中应收项目的评估步骤及方法。

了解待摊费用、预付费用、现金及银行存款的评估方法。

第一节 流动资产概述

一、流动资产的内容及特点

流动资产是指由企业控制的，可以在一年或者超过一年的一个营业周期内变现或者耗用的资产。它包括现金及各种存款、存货、应收及预付款项、短期投资和除以上资产之外的流动资产。

现金是指企业的库存现金，包括企业内部各部门用于周转使用的备用金。各项银行存款是指企业的各种不同类型的银行存款。其他货币资金是指除现金和银行存款以外的其他货币资金，包括外埠存款、银行本票存款、银行汇票存款、信用卡存款等。应收账款是指企业因销售商品、提供劳务等应向购货单位或受益单位收取的款项，是购货单位所欠的短期债务。预付账款是指企业按照购货合同规定预付给供货单位的购货定金或部分货款。存货是指企业的库存材料、在产品、产成品等。

流动资产的主要特点有以下几个方面：

1. 周转速度快

流动资产在使用中经过一个生产经营周期，就改变实物形态，并将它的全部价值转移到所形成的商品中去，然后从营业收入中得到补偿，继而进入下一轮的生产循环。一个生产周期不会太长，有的需要几天，而有的几分钟就能完成。

2. 变现能力强

各种形态的流动资产都可以在较短的时间内出售和变卖，具有较强的变现能力。变现能力强是企业对外支付和偿还债务的重要保证。当然，流动资产不同形态的变现能力强弱也不一样，通常由强到弱的顺序是：货币形态的流动资产、短期内出售的存货和近期可变现的债权性资产、生产加工过程中的在制品及准备耗用的物资。

3. 多种形态同时并存

在企业的再生产过程中流动资产依次经过购买、生产、销售三个阶段，并分别采取货币资产、储备资产、生产资产和成品资产等形态，不断地循环流动。因此，只要企业的生产是持续进行的，流动资产就会以各种形态并存于企业生产经营过程中的各个阶段。

4. 波动性

由于企业要不断地进行购买和售卖过程，所以流动资产受市场商品供求变化和生产、消费的季节性影响较大。另外，它还会受到外部经济环境、经济秩序等因素的制约，使其占用总量以及流动资产不同形态的构成比例呈现出波动性。

二、流动资产评估的特点

1. 流动资产评估主要是单项资产评估

流动资产中的实物类资产并不具备与其他类型资产协同作用产生收益的功能，所以对流动资产的评估主要是以单项资产为对象进行价值评估，而不需要考虑它的综合获利能力。

2. 评估基准日最好选在会计期末

流动资产最显著的特征是它的流动性，这样在某一时点进行价值评估时，各种状态下的流动资产的数量是处于动态变化中的，因此，要想取得准确的各种形态在评估基准日的资产数量，就需要对这个时点的分布状态进行"快照"。而这个相对静止状态下的数量的清点工作实际上会计报表已经帮我们完成了，所以我们应该做的就是把评估基准日尽可能选择在会计期末，并在报表出炉后迅速进行资产清查确定流动资产数量和账面价值，这样既节省了评估师的清点时间又能提高数量统计工作的准确性，有效避免重登和漏登现象的发生。

3. 分清主次查重点

由于流动资产一般具有数量大、种类多的特点，清查工作量大，所以流动资产评估需要考虑评估的时间要求和评估成本。对流动资产评估往往需要根据不同企业的生产经营特点和流动资产分布情况，分清主次、重点和一般，选择抽查、重点清查和全面清查等方法进行清查与评估，做到突出重点，兼顾一般。

4. 流动资产的账面价值基本上可以反映其现值

由于流动资产周转快、变现能力强，在物价水平相对比较稳定的情况下，正常流动资产的账面价值基本上可以反映出流动资产的现值。因此，在特定情况下，可以采用历史成本作为其评估值。同时，评估流动资产时一般不需要考虑资产的功能性贬值因素，其有形损耗的计算只适用于诸如低值易耗品、呆滞、积压存货类流动资产的评估。

第二节　实物类流动资产评估

实物类流动资产主要包括各种材料、在产品、产成品、低值易耗品、包装物等，实物类流动资产评估是流动资产评估的重要内容。

一、材料的评估

企业中的材料，按其存放地点可分为库存材料和在用材料。在用材料在生产过程中已形成产成品或半成品，不再作为单独的材料存在，故材料评估主要是对库存材料进行评估。

库存材料包括原料及主要材料、辅助材料、燃料、修理用备件、外购半成品等。

对库存材料进行评估时，可以根据材料购进情况的不同而选择与之相匹配的方法。

1. 近期购进库存材料的评估

近期购进的材料库存时间较短，在市场价格变化不大的情况下，可将其账面价值视作现行市价。另外，由于被估材料购进日与评估基准日很近，材料的贬值也可忽略不计（当然，这也是流动资产的共同特点）。这就使得用于近期购进材料评估的市场法与成本法的估算思路趋于一致。估算方法如公式（7-1）所示：

$$评估值 = 库存数量 \times 进货单价 \tag{7-1}$$

对于购进时发生运杂费的材料，如果是从外地购进的，运杂费数额较大，评估时应将由被评估材料分担的运杂费计入评估值；如果是从本地购进的，而运杂费数额较小，评估时可以不考虑运杂费。

【计算演示1】

企业中某材料一个月前从外地购进，数量5000公斤，单价400元，当时支付的运杂费为600元。根据原始记录和清查盘点，评估时库存尚有1500公斤材料。根据上述资料，确定该材料的评估值。

根据公式（7-1），再加上运费就是库存材料的评估值。这里需要注意的是，运费600元是为整批材料5000公斤支付的，我们需要将它摊到库存数量上。

材料评估值 $= 1500 \times (400 + 600/5000) = 600180$（元）

2. 购进批次间隔时间长的库存材料的评估

对于分期购买的材料，由于购买时间不同，购进材料的价格可能会有所不同，这种差异在会计账和库存报表上都会有所反映，并会做不同的处理。但对产品生产管理人员和评估师而言，如果不同时间购进的材料在评估基准日时点上质量没有区别的话，那它们的价值就没有区别。所以在估算过程中确定数量时，直接以基准日的库存总数量为计算基数，不用管它是哪个批次购进的（对某个批次材料在库存期间发生质量贬值的情形除外）。确定库存数量后，可以用公式（7-2）来估算：

$$评估值 = 库存数量 \times 最近进货单价 \tag{7-2}$$

请注意，如果最近一次购进时间仍然距离评估基准日比较长的话，就需要以基准日的市场价格作为进货单价了。实际上，在评估时采用市场价总是一个比较稳妥的选择。

【计算演示2】

某企业要求对其库存的特种钢材进行评估。该特种钢材是分两批购进的，第一批购进时间是上年1月，购进1000吨，每吨4000元；第二批是今年5月购进的，数量800吨，每吨4500元。今年6月30日评估时，经核实特种钢尚存1000吨。经调查得知这种钢材近期内价格变动很大，评估时市场价格达到了每吨4800元，此外，每吨钢材的平均购置费用为100元。则材料的评估值为：

材料评估值＝1000×（4800+100）＝4900000（元）

企业库存的某些材料可能购进的时间早，市场已经脱销，但目前又没有明确的市价的情形，可以通过寻找替代品的价格变动资料来修正该材料价格；也可以通过市场同类商品的平均物价变动指数来修正购进时的账面价格。

另外，如果有些材料长期积压已经发生了质量变化，我们就需要考虑材料的各种贬值了。对那些已经无法正常使用的材料就只能作废品处理，将估计的残值加到正常使用的库存材料估值中。

二、低值易耗品的评估

低值易耗品是指那些不构成固定资产的劳动工具。如简单手工具、吊具、测量器、刀具、搬运车、桌案、各种模具等。与固定资产相比，它们的价值量较小，使用时间较短；但与典型的流动资产相比，它们的周转时间又较长，往往超过一个营业周期。在评估过程中，不同行业对固定资产和低值易耗品的划分标准是不完全相同的。例如，服装行业的缝纫机，虽然其单位价值并不大，但它是该行业的主要劳动工具，常常将它们作为固定资产核算和管理，但在商场中用来为顾客服务的缝纫机一般作为商场的低值易耗品进行处理。因此，在评估过程中判断劳动资料是否为低值易耗品，原则上要看它在企业中的作用而定，一般可尊重企业原来的划分标准。

低值易耗品种类较多，为了准确评估其价值，我们需要对其做必要的分类，一般按照其用途和使用情况来划分。

低值易耗品按其用途可以分为一般工具、专用工具、替换设备、管理用具、劳动保护用品、其他低值易耗品等类别。低值易耗品按其使用状况可分为在库低值易耗品和在用低值易耗品两种类别。

上面第一种分类的目的，在于可以按大类进行评估，以简化评估工作；第二种分类是考虑了低值易耗品使用的具体情况。

在对低值易耗品进行评估时，由于使用期限短于固定资产，并且价值较小，一般不考虑其功能性损耗和经济性损耗。

对在库低值易耗品的评估，可以根据具体情况，采用与库存材料基本相同的方法来评估。

在用低值易耗品的评估，可以采用成本法进行评估。其计算方法如公式（7-3）所示：

在用低值易耗品评估值=全新低值易耗品的成本价值×成新率 （7-3）

成新率一般用使用年限法来确定，如公式（7-4）所示：

$$成新率=1-\frac{低值易耗品已使用月数}{低值易耗品可使用总月数} \qquad (7-4)$$

对于分期摊销进货成本的周转性材料，成新率也可根据公式（7-5）确定：

成新率=周转材料账面净值/周转材料账面原值×100% （7-5）

【计算演示3】

A企业某项低值易耗品原价750元，预计使用1年，现已使用9个月，该低值易耗品现行市价为1200元，由此确定其评估值为：

在用低值易耗品评估值=1200×（1-9/12）=300（元）

三、在产品的评估

在产品包括生产过程中尚未加工完毕的在制品、已加工完毕但不能单独对外销售的半成品。在产品所处状态的涵盖范围很宽，在产品在生产过程中加工程度不同，它所凝结的价值就会不一样，因此我们不能只用一个数值来衡量所有不同状态下的在产品的价值。

由于在产品还没有具备作为产品使用的完整功能，处于这个时期某些状态下的"产出物"很难在市场上找到——一对应状态下的价格，所以市场法的应用会有些局限，通常主要在企业停工不再继续生产的情形下才运用。在这种情形下应用市场法评估时，一般来说，被评估资产通用性好，能够作为产成品的部件，或可用于维修的配件，其评估的价值相对较高。而对那些无法通过市场调剂出去的在产品就只能按废料回收价格进行评估。

对于以继续使用为目的以及无法单独对外销售的在产品进行评估，评估师更多的采用成本法。它是根据评估时的相关市场价格及费用水平重置相同的在产品所需合理的料工费计算的评估值。评估时有以下几种具体做法：

1. 根据价格变动系数调整原成本

根据价格变动系数调整原成本确定评估值的方法主要适用于生产经营正

常、会计核算水平较高企业的在产品评估。可参照在产品实际发生的原始成本，根据评估时的市场价值变动情况，将原始成本调整成重置成本，进而确定评估值。在指数调整时要注意材料成本、人工以及制造成本的变化规律是不一样的，所以要分别进行调整，计算方法如公式（7-6）所示（注意根据实际评估情况对系数变动项增减）：

$$评估值 = \frac{原合理}{材料成本} \times \left(1 + \frac{价格变}{动系数}\right) + \frac{原合理}{工资} \times \left(1 + \frac{工资变}{动系数}\right) + \frac{原合理}{制造费用} \times \left(1 + \frac{制造费用}{变动系数}\right)$$

$$(7-6)$$

【计算演示4】

某企业有在产品累计账面总成本为250万元。该批在产品中有150件报废，账面成本为100元/件，估计可回收的废料价值为1500元。该在产品的材料成本占总成本的60%，该材料从其生产准备开始到评估基准日有两个月时间，材料在两个月内价格上涨10%。假设其他费用不变，试评估在产品评估价值。

这里假设只有材料价格上涨而其他费用不变，那么只需考虑材料价格变动系数。150件报废，不能计入在产品，要扣减掉这一部分成本。但报废的材料收回的残值1500元应算入在产品的总价值中。所以：

在产品评估值 = 在产品总成本 - 废品成本 + 材料涨价增加的成本 + 废品残值
      = 2500000 - 150×100 + (2500000 - 150×100)×60%×10% + 1500
      = 2635600（元）

2. 按社会平均消耗定额和现行市价确定评估值

这种方法的思路是，按重置同类资产的社会平均成本确定被评估资产的价值。用这种方法进行价值评估所需要掌握的会计资料有被估在产品的完工程度、被估在产品有关工序的工艺定额、被估在产品耗用物料的近期市场价值、被估在产品的合理工时及单位工时费率等。其计算评估值的方法如公式（7-7）所示（注意根据实际评估情况对成本计费项增减）：

$$评估值 = \frac{在产品}{实有数量} \times \left(\frac{该工序单件}{材料工艺定额} \times \frac{单位材料}{现行市价} + \frac{该工序单件}{工时定额} \times \frac{正常单位}{工资费率} \times \frac{完工}{程度}\right)$$

$$(7-7)$$

【计算演示5】

某企业在制品经清查核实有20件，每件消耗钢材定额为600千克，每千克钢材的现行市价为 4.00 元，在产品累计工时定额为 150 小时，每定额小时的燃料和动力费定额为 0.15 元，工资及附加费定额为 0.25 元，车间经费定额为 0.30 元，企业管理费定额为 0.50 元。假设该批在产品平均完成了 90% 的工作量，试评估在制品的价值。

估算步骤如下：

通常原材料是在一道工序刚开始的时候就完全投入的，它与在产品加工到这道工序的什么程度无关，所以消耗的材料成本：$20 \times 600 \times 4.00 = 48000$（元）

工资及附加费成本：$20 \times 150 \times 0.25 \times 90\% = 675$（元）

生产及管理费用成本：$20 \times 150 \times (0.30 + 0.50) \times 90\% = 2160$（元）

燃料和动力成本：$20 \times 150 \times 0.15 \times 90\% = 405$（元）

在制品评估值为：$48000 + 675 + 2160 + 405 = 48980$（元）

公式（7-7）是针对某单项工序的计算公式。对于多工序的在产品估算时要累加前面工序中已经消耗了的材料和工时。

【计算演示 6】

某工厂的生产线共有两道工序。工序一有在产品 200 件，工序二有在产品 160 件。工序一每件产品消耗主材料甲的定额 20 公斤，市价为 40 元/公斤；工序二用材料乙的定额为 10 公斤，市价 30 元/公斤。完成工序一、工序二单位时间定额分别为 80 小时和 60 小时，工资标准为 5 元/小时。制造费用定额标准为 1 元/小时。请评估全部在产品的价值。

评估过程如下：

工厂的在产品分布在两道工序里，将两道工序里的在产品成本累加起来就是全部在产品的价值。

工序一：

消耗材料甲的成本：$200 \times 20 \times 40 = 160000$（元）

工序一的时间定额为 80 小时，但我们假设所有的 200 件在产品都处于已完成状态显然是不合理的。已知条件又没有告诉我们在产品在这道工序的加工程度，那么在这种情形下，我们通常假设这道工序里的在产品的加工状态是处于均匀分布的，也就是平均每个在产品完成了整个过程的 50%。

工资及制造费用为：$200 \times (80/2) \times (1 + 5) = 48000$（元）

工序二：

工序二上的 160 件在产品都是在完成了工序一以后才进入工序二阶段的，所以这道工序里的在产品的材料、工资及制造费用不仅要计算在这道工序产生的值，同时还要包含第一道工序里已经发生的各项成本值。

消耗的材料甲的成本：$160 \times 20 \times 40 = 128000$（元）

消耗的材料乙的成本：$160 \times 10 \times 30 = 48000$（元）

工资及制造费用：$160 \times 80 \times (1+5) + 160 \times (60/2) \times (1+5) = 105600$（元）

全部在产品的评估值：$160000 + 48000 + 128000 + 48000 + 105600 = 489600$（元）

3. 按在产品的完工程度计算评估值

在产品加工最后的终点是产成品。在产品的状态多种多样，而产成品的状态总是单一的。如果我们能算出产成品的重置成本，又能够确定特定在产品与产成品相比较的完工程度的话，我们就能够将在产品的价值以产成品价值的相应比例来替代，然后将所有在产品相当于产成品的比例的替代值加总，就得出所有在产品相当于产成品的数量，这样就容易得到在产品的评估值了。实际操作时，由于特定在产品的成本构成要素如材料投入与工资及制造费用的投入进度不完全一样，所以我们通常以在产品各要素的投入总量与产成品相应的要素投入量相比的约当量来计算。公式如下：

$$在产品评估值 = 产成品重置成本 \times 在产品约当量 \qquad (7-8)$$

$$在产品约当量 = 在产品数量 \times 在产品完工率 \qquad (7-9)$$

在产品完工率可以根据在产品完成工序与全部工序比例、生产完成时间与全部生产时间比例来确定。当然，在确定比例时应分析完成工序、完成时间与成本耗费的关系，即完工率应反映已发生成本与全部成本的比例。

【计算演示7】

某产品顺序经过三道工序完成，三道工序定额工时分别为 3 小时、3 小时和 4 小时。材料分两次投入，第一道工序开始时投入 70%，第三道投入 30%。现结存在产品第一道工序 30 件，第二道 40 件，第三道 30 件；各工序结存品加工程度均为 60%。已知单位产成品（元/件）材料成本为 30 元，工资、制造成本为 25 元。试评估在产品价值。

在产品中材料相当于产成品的约当量为：

第一道：$30 \times 70\% = 21$（件）

第二道：$40 \times 70\% = 28$（件）

第三道：$30 \times 70\% + 30 \times 30\% = 30$（件）

$$21 + 28 + 30 = 79$（件）$$

在产品所用工时相当于产成品的约当量为：

第一道：$30 \times 60\% \times \dfrac{3}{3+3+4} = 5.4$（件）

第二道：$40 \times 3/10 + 40 \times 60\% \times 3/10 = 19.2$（件）

第三道：$30 \times 6/10 + 30 \times 60\% \times 4/10 = 25.2$（件）

　　　　$5.4 + 19.2 + 25.2 = 49.8$（件）

在产品评估值：$79 \times 30 + 49.8 \times 25 = 3615$（元）

四、产成品及库存商品的评估

产成品及库存商品是指已完工入库和已完工并经过质量检验但尚未办理入库手续的产成品以及商品流通企业的库存商品等。

产成品已经完成了产品制造的全过程，它基本已经具有产品的完整价值。对此类存货可依据其变现能力和市场可接受的价格进行评估，适用的方法有成本法和市场法。

1. 成本法评估产成品

采用成本法对制造企业的产成品评估，是根据生产、制造该项产成品全过程发生的成本费用确定评估值。具体应用过程中，分以下两种情况：

（1）评估基准日与产成品完工时间接近。当评估基准日与产成品完工时间较接近、成本变化不大时，可以直接按产成品的账面成本确定其评估值。其计算方法如公式（7-10）所示：

产成品评估值＝产成品数量×产成品单位成本　　　　　　　　　　（7-10）

（2）评估基准日与产成品完工时间间隔较长。当评估基准日与产成品完工时间相距较远，产成品的成本费用变化较大时，产成品评估值可按公式（7-11）或公式（7-12）两种计算方法计算：

$$产成品的评估值 = 产成品实际成本 \times \left(材料成本比例 \times 材料综合调整系数 + 工资成本比例 \times 工资综合调整系数 + 制造费用比例 \times 制造费用综合调整系数 \right)$$

（7-11）

或

$$产成品的评估值 = 产成品数量 \times \left(合理材料工艺定额 \times 单位材料现行市价 + 合理工时定额 \times 单位小时合理工资成本 + 合理工时定额 \times 单位小时合理制造费用成本 \right)$$

（7-12）

一般来讲，合理材料和工时定额以社会平均客观定额为依据来计算更具科学性。

【计算演示8】

某企业产成品数量为1000件，每件产品用材料520公斤，加工时间为24小时。根据统计资料，社会合理材料工艺定额为500公斤/件，合理工时定额为20小时。评估时，由于生产该产成品的材料价格上涨，由原来的60元/公斤涨至62元/公斤，单位小时合理工时工资、费用不变，仍为20元/小时。那么该企业产成品评估值为：

产成品评估值＝1000×（500×62＋20×20）＝31400000（元）

【计算演示9】

某企业产成品实有数量80台，每台实际成本为1600元，根据会计核算资料，生产该产品的材料费用与工资、其他费用的比例为6：4，根据目前价格变动情况和其他相关资料，确定材料综合调整系数为1.05，工资、费用综合调整系数为1.18。该产成品的评估值为：

产成品评估值＝80×1600×（60%×1.05＋40%×1.18）＝141056（元）

2. 市场法评估产成品

用市场法评估产成品要注意产成品与市场参照物产品品质及价格之间的对应，也就是要找到与被估产成品质量等级相同的产品的市场价格作为参照价格来进行估算。另外，还需注意评估目的的不同会给估值带来很大的影响，也就是说产成品的最终用途决定了它自身的价值。如果产成品被企业用来投资，那么它的价值直接就是市场价。如果它是被用来销售的，那么产成品的评估值就应是市价扣掉销售费用、税金以及适当的利润。当然，对生产企业而言，绝大部分产成品的用途都是用来出售而不是自用。

产成品评估方法如公式（7-13）所示：

产成品评估值＝市价－销售费用－全部税金－适当利润 （7-13）

适当利润如何确定，要依该产成品的质量以及市场状况而定。在产成品全部质量合格的前提下，如果某批产成品很俏销，就意味着它能在很短的时间内按照它的出厂价格全部变现，那么，这种状况下的产成品的评估值就不用减掉任何利润，只是出厂价减掉销售费用和全部税金就行了。但如果产品不是很抢手的话，大批的产成品兑现需要一段时间才能实现，而评估值又是限制在评估基准日限下的计算结果，因此企业必须在销售时做一些让利才能保证所有产成品快速兑现。具体来说，在估算时对于正常销售的产品，根据其出厂销售价格减去销售费用、全部税金和适当数额（评估师根据销售速度推测确定比例）的税后净利润确定评估值；对于勉强能销售出去的产成品，根据其出厂销售价格减去销售费用、全部税金和全部税后净利润确定评估值；对于滞销、积压、降价销售产品，应根据其可收回净收益确定评估值。

【计算演示 10】

甲企业的 A 产品连年来销售势头较好，属畅销类产品。现对 A 产品进行评估，评估基准日的账面价值是 8600 元。经评估人员的核查，评估基准日 A 产品库存 25000 件，单位成本 3.40 元/件，出厂价格为 4.50 元/件（含增值税），增值税税率为 17%，A 产品的销售费率为 3%，销售税金及附加占销售收入的比例为 1.6%，利润率为 20%，所得税税率为 25%，试计算 A 产品的评估值。

A 产品的评估值=25000×4.50/1.17×(1−3%−1.6%−20%×25%)=86923.08（元）

第三节　债权类、货币类及其他流动资产评估

一、应收账款和预付账款的评估

企业的应收账款是企业在经营过程中由于赊销等原因形成的尚未收回的款项；预付账款是企业根据合同规定预付给供货单位的货款。应收账款通常是供货方的货物已经到了购货方，但购货方并没有付款或没有付全款给供货方的情形；而预付账款则是购货方已经对指定货物完成了支付但货物尚未收到的情形。应收账款和预付账款同属于企业债权类流动资产，它们的性质相似，都存在无法收回的风险，因此对这类流动资产进行评估时以它可变现收回的货币作为其估价的依据。由于应收账款和预付账款的评估机理相似，我们仅以应收账款的评估方法来做说明。应收账款估值方法如公式（7-14）所示：

应收账款评估价值=应收账款账面价值−已确定坏账损失−预计坏账损失

（7-14）

公式（7-14）中有三项参数需要确定，在评估实务中的工作程序是：

1. 清查核实应收账款的账面值

这个环节要做的工作主要是核对总账、明细账是否相符，会计报表与总账项目余额是否相符。清查负债人的姓名、地址，由评估机构协同委托人向负债

人发出询证函，要求负债人对函中所列债务的真实性做出明确的回答。根据反馈信息，进行复查，对应收账款的可靠性做出评估。

2. 确认已经发生的坏账损失

已发生的坏账损失是指评估时债务人已经死亡或破产，以及有明显证据证明确实无法收回的应收账款。

3. 预计将要发生的坏账损失

我们首先需要对应收账款回收的可能性进行判断。根据企业与债务人的业务往来和债务人的信用情况进行定性分析，再做进一步的量化。定性分析一般有以下四种情况：业务往来较多，对方结算信用好，这类应收账款一般能如期全部回收；业务往来少，对方结算信用一般，这类应收账款收回的可能性很大，但回收时间不确定；偶然发生业务往来，对方信用情况不太清楚，这类应收账款可能只能收回其中的一部分；对方单位有长期拖欠的记录或单位已经撤销，这类应收账款可能无法收回。

预计坏账损失的定量计算常用两种方法：坏账比例法和账龄分析法。

（1）坏账比例法。坏账比例法是指按坏账的比例判断不可回收的坏账损失的数额的方法。坏账比例通常根据企业前若干年（一般为 3～5 年）的实际坏账损失额与相应的应收账款的发生额之比来确定。其计算方法如公式（7-15）和公式（7-16）所示：

$$预计坏账损失额 = 应收账款额 \times 坏账比例 \tag{7-15}$$

$$坏账比例 = \frac{评估前 3\sim5 年的坏账损失额合计数}{评估前 3\sim5 年的应收账款额合计数} \tag{7-16}$$

【计算演示 11】

对某企业进行整体资产评估，经核实，截至评估基准日，应收账款账面余额为 370 万元。前 4 年的应收账款余额与坏账损失情况如表 7-1 所示。

表 7-1 坏账损失情况   单位：万元

年度	应收账款余额	坏账损失额
第一年	182	17
第二年	243	19
第三年	307	18
第四年	175	9
合计	907	63

　　由表中数据计算前4年坏账损失比例：63/907＝6.95%。

　　将前4年的损失比例等同于基准日的损失比例，计算得出预计坏账损失额为：370×6.95%＝25.71（万元）。

　　（2）账龄分析法。这种方法是根据应收账款账龄的长短，分析确定应收账款预计可收回的金额及其产生坏账的可能性。一般来讲，应收账款账龄越长，产生坏账损失的可能性就越大。因此，在评估时可以将应收账款按账龄长短不同分成不同的组别，按不同组别估计坏账损失的可能性，再来估计坏账损失的金额。

【计算演示12】

　　对某企业进行资产评估，经核实，应收账款实有数额为689400元，相关数据见表7-2，试计算该企业应收账款的评估值。

表7-2　坏账分析计算

拖欠时间	应收金额（元）	预计坏账率（%）	坏账金额（元）
未到期	386060	1	3860.6
半年	154320	7	10802.4
一年	93680	15	46840
两年	64300	35	22505
三年及以上	28000	80	22400
合计	726360		106408

　　应收账款评估值＝726360－106408＝619952（元）

　　注意：坏账损失率通常是依据历史经验数据或行业的惯例而确定的。

二、应收票据的评估

　　应收票据是指企业所拥有的，尚未兑现的各种票据，在我国主要指的是商业汇票。商业汇票按承兑人不同可分为商业承兑汇票和银行承兑汇票；按其是否带息分为带息商业汇票和不带息商业汇票。

银行承兑汇票的承兑人是银行，它是到期银行无条件支付的一种书面凭证，它不存在类似应收账款的坏账损失的风险；而商业承兑汇票是由银行以外的付款人承兑，我们当然不能指望所有的付款人具有与银行同样的信誉以及支付能力，那么就有可能会出现持票人最终无法承兑的风险。因而我们在对这两种汇票进行评估时，它们的价值是有所区别的。下面我们根据商业汇票是否带息来分别讲述这两种不同的汇票的评估方法。

1. 带息商业汇票的评估方法

对于带息的商业汇票通常以本利和来计算其价值。

（1）银行承兑汇票的估算。虽然在评估基准日银行承兑汇票一般并未到期，但我们仍然能以基准日时汇票的本利和来直接估算它的价值，如公式（7-17）所示：

银行承兑汇票评估值＝票据票面价值×（1+利息率×时间）　　　（7-17）

其中，时间是指票据出票日至评估基准日的时长。

【计算演示 13】

某企业拥有一张期限为 6 个月的商业汇票，票据票面金额为 100 万元，月息为 10‰，截至评估基准日离付款期尚差 2 个月的时间，由此确定评估值为：

银行承兑汇票评估值＝100×（1+10‰×4）＝104（万元）

（2）商业承兑汇票的估算。对商业承兑汇票的评估可以用公式（7-18）和公式（7-19）来估算：

商业承兑汇票评估值＝票据票面价值×(1+利息率×时间)-贴现息　（7-18）

贴现息＝票据到期价值×贴现率×贴现期　　　　　　　　　　　　（7-19）

【深度分析】

为什么评估未到期银行承兑汇票能以基准日的本利和估算，而商业汇票却不这样做

银行承兑汇票的承兑期并不长，而且其所有者可以自由背书转让，它在效果上近似于短期现金存款，因此银行承兑汇票使用者都能接受其在评估基准日的评估值即是在该日的本利和这个结论。

虽然商业承兑汇票也可以背书转让，也是无条件支付的票据，但它的承兑人不是银行，这种汇票承兑的基础是商业信用。而社会普遍的观点认为银行信用高于一般商业信用，也就是说商业信用存在一定的承兑风险。所以大部分人对商业承兑汇票的价值认定是在其评估基准日的本利和基础上扣除掉一定的"折扣"，来补偿可能会发生的兑现风险。这个风险依承兑人的信誉和支付能力的不同而大小不一，也就是说对不同的承兑人这个扣减值是不尽相同的，这个值的求取可参照应收账款评估中预计坏账损失的思路来估计。但通常，比较可靠的这项减值的确定是向银行支付贴现息，这样商业汇票就转化为现金，兑现的风险也就被银行给消化掉了。所以向银行支付的贴现息就成为商业汇票的持票人消除兑现风险的安全"折扣"。

当然，在实际操作中，情况可能会有些不一样，有时对银行承兑汇票的评估也要求用贴现的方法而商业承兑汇票又直接用本利和来等同估值。评估师要根据评估要求来决定计算方法，具体方法的选取要服从整体评估方案。

2. 不带息商业汇票的评估方法

（1）银行承兑汇票的估算。基于与带息银行承兑汇票评估分析同样的理由，我们可以得出银行承兑汇票的评估值就是它的面值，即：银行承兑汇票评估值=票据票面价值。

（2）商业承兑汇票的估算。商业承兑汇票的估值方法如公式（7-20）所示：

商业承兑汇票评估值=票据到期价值-贴现息　　　　　　　　　　（7-20）

【计算演示14】

A公司向甲企业销售一批商品，货款金额800万元，采用商业汇票结账，付款期限为6个月。A公司于4月8日开出汇票，并经甲企业承兑。汇票到期日为10月8日。现对A公司进行评估，基准日为7月8日。由此确定贴现期为90天，贴现率按月息6‰计算。试计算A公司应收票据的评估值。

贴现息=票据到期价值贴现率×贴现期=$800×\frac{6‰}{30}×90=14.4$（万元）

商业承兑汇票评估值=票据到期价值-贴现息=$800-14.4=785.6$（万元）

三、待摊费用和预付费用的评估

待摊费用是指企业已经支付或发生，但应由本月和以后月份负担的费用。

待摊费用本身不是资产，它是已耗用资产的反映，它的支出往往会形成一定形态的有形资产或无形资产。因此，评估待摊费用的价值，就是确定待摊费用对应形成的有形或无形资产的价值。

对于待摊费用的评估，应按照其形成的具体资产价值来确定，但如果在形成的资产的价值评估中已包含待摊费用形成的价值，那么这部分待摊费用就不能再单独计价，以免造成重复评估。例如，在企业待摊费用中发生的待摊维修费用，如果在进行机器设备评估时，考虑了由于修理而使机器设备增值，那么这笔维修费用就不能再单独算在待摊维修费用中了。

预付费用与待摊费用类似，只是这类费用在评估日之前企业已经支出，但在评估日之后仍在产生效益。如预付的报纸、杂志费，预付保险金、租金等。因而，可将这类预付费用看做是未来取得服务的权利。预付费用的评估依据其未来可产生效益的时间，如果预付费用的效益已在评估日前全部体现，只因发生的数额过大而采用分期摊销的办法，这种预付费用不应在评估中作价。只有那些在评估日之后仍将发挥作用的预付费用，才是评估的对象。

【计算演示 15】

某评估公司于 2009 年 6 月 30 日时对甲企业的待摊费用和预付费用进行单项评估，相关资料如下：

（1）预付一年的保险金 24 万元，已摊销 6 万元。

（2）待摊销的低值易耗品 16.8 万元，现行市价为 21 万元。

（3）预付房租 60 万元，租约的起止时间为 2007 年 6 月 30 日到 2012 年 6 月 30 日。

根据上述材料，确定甲企业的待摊、预付费用的评估值。具体过程如下：

（1）预付保险金的评估值 = 24-6 = 18（万元）

（2）待摊销的低值易耗品评估值 = 21（万元）

（3）预付房租：

已摊销 2 年，未摊销 3 年

预付房租的评估值 =（60/5）×3 = 36（万元）

待摊和预付费用评估值为 75 万元

【文摘】

关于《中华人民共和国资产评估法（草案）》的说明

一、立法必要性和草案起草工作

资产评估是指由专业机构及人员对资产价值进行测算的市场服务行为。我国的资产评估行业随着市场经济的建立应运而生。20世纪80年代资产评估主要服务于国有企业转制过程中国有资产的产权交易。随着土地有偿转让、房屋买卖、矿产资源开发等产权交易种类的扩大，在不同行业和领域里针对特定资产的评估制度逐步建立和发展起来，目前已经形成了包括资产评估、房地产估价、土地估价、矿业权评估、旧机动车鉴定估价和保险公估在内的六大类评估专业，分别由财政部、住房和城乡建设部、国土资源部、商务部和保监会五个部门管理。全国有各类评估机构近万家，执业注册评估师10万多人，从业人员约30万人。资产评估行业的发展对于服务产权交易、完善经济秩序、维护资产所有者和投资者权益发挥了重要作用。但是，由于缺乏行业发展的总体规划和法律规范，再加上行业多头管理、评估市场人为分割，多种行业标准和执业规范并存、行业监管薄弱，在国有产权交易、土地征用、房屋拆迁等领域出现了国有资产流失、交易价格显失公平、资产所有者权益受损、法律责任不清等问题，亟待制定专门的资产评估法律。第十届全国人民代表大会以来，一些全国人大代表提出议案，有关方面也多次呼吁，要求尽快制定和出台资产评估法。

资产评估法是第十届、第十一届全国人民代表大会常务委员会的立法规划项目。2006年6月，全国人大财政经济委员会成立了资产评估法起草组，成员单位有国务院法制办、财政部、住房和城乡建设部、国土资源部、商务部等部门以及评估行业协会、部分评估机构和有关科研院所。起草组成立以来，深入开展调查研究、考察学习、专题讨论等工作，在对有关方面提出的九份资产评估法草案建议稿分析论证的基础上，于2007年底提出了资产评估法草案初稿。在之后的四年多时间里，起草组又多次征求各方意见，对草案反复认真修改，形成了现在提请常委会审议的法律草案。草案包括总则、注册评估师、评估机构、评估委托与报告使用、行政监管、自律组织、法律责任和附则共8章59条。

二、立法的宗旨和重点

资产评估法的立法宗旨是：规范资产评估行为，保护资产评估当事人合法权益和公共利益，促进资产评估行业健康发展，维护社会主义市场经济秩序。在草案起草工作中，我们重点把握了以下四个方面：

第一，明确资产评估当事人的权利义务，规范资产评估行业基本制度。明确注册评估师、评估机构、委托人的权利义务和他们之间的法律关系，将制定评估基本准则、资格考试制度、执业注册制度、行业监管制度、行业自律制度等作为立法重点，对评估业务的专业性、操作性问题仅做原则性规定。

第二，坚持资产评估行业的市场属性，既要符合国情又要与国际通行准则接轨。明确资产评估行业是一个以市场价值理念为基础的综合性中介服务行业的定位，坚持市场配置资源的原则。资产评估立法既要充分考虑我国社会主义市场经济发展的要求和资产评估行业发展的现状，也要借鉴成熟市场经济国家的经验，反映国际评估准则的基本精神，还要适应行业发展趋势，具有一定的前瞻性。

第三，建立部门协调配合机制，逐步完善行政管理体制。针对目前政出多门、执业标准不统一的问题，按照"统分结合"的原则，在实行统一市场准入、统一基本准则和统一法律责任的基础上，实行不同评估类别之间既有区别也有融合、各有关行政管理部门在协调配合机制框架下的部门分工负责制，明确行业自律职责和监管责任，为今后进一步理顺资产评估行业管理体制、促进行业健康发展奠定基础。

第四，加强行政监管，增强行业自律。资产评估不仅涉及资产所有者或交易当事人权益，在很多情况下还涉及国家利益和社会公众利益，必须加强对评估行业的行政监管，增强行业自律能力。行政监督重点放在加强注册评估师和评估机构的资格资质以及依法执业的管理。注册评估师和评估机构遵守执业准则、职业信用的监督以及注册评估师的资格考试、执业注册、后续教育的组织实施等应更多地发挥行业自律组织的作用。

三、草案的主要内容

1. 关于评估业务分类

草案规定，"资产评估业务包括不动产评估、动产评估、无形资产评估、企业价值评估和其他经济权益的评估"（第二条）。其中，企业价值评估并不是企业单项资产价值评估的简单加总，而是更多地考虑企业各项资产组合和管理方式的协同效应以及外部因素来确定企业价值的一类评估业务。上述分类既参考了国际通行的资产评估业务分类方法，也考虑了我国的现实需要和未来发展，为评估专业划分提供了参考依据。

2. 关于法定评估

一般来说，某资产是否需要评估，取决于资产所有者和资产交易双方的意愿。对于特定资产评估，如国有资产、涉及公共利益的资产等相关法律规定必须委托评估的，称为法定评估。考虑到相关法律法规如《中华人民共和国公司法》、《中华人民共和国证券法》、《国有资产评估管理办法》等已有这方面的规定，草案没有采用逐项列举的方式，而是原则性规定了涉及国有资产产权变动和公共利益，并且法律、行政法规规定需要评估的，应当依法委托评估机构进行评估（第三条）。对于法定评估草案还特别规定"应当依法采用公开方式选择评估机构"（第三十条）。

3. 关于评估基本准则

评估基本准则是资产评估行业从业人员的执业指南，也是判断有关各方责任的重要依据。大多数评估行业比较成熟的市场经济国家，都有一个比较权威的评估准则。我国资产评估行业处在起步阶段，发展也比较分散，虽然在各自专业领域实施了一些准则、标准或规范，但存在着基本制度、规则不统一，政策、标准不一致的问题，需要制定全国统一的资产评估行业基本准则。因此，草案明确规定由国务院财政主管部门会同其相关行政主管部门制定统一的评估基本准则，包括执业基本准则和职业道德准则（第三十六条），各专业类别的评估执业准则和有关标准由各资产评估行业管理部门制定实施。

4. 关于注册评估师

为了规范注册评估师管理制度，保证评估执业质量，草案设计了注册评估师资格考试和执业注册两项制度：一是国家实行注册评估师资格全国统一考试制度（第九条）。要取得注册评估师执业资格，必须首先通过全国统一的注册评估师资格考试。对于高等院校评估专业毕业的学生，草案提出，"完成经国务院资产评估行业管理部门认可的高等院校资产评估专业课程，取得学士以上学位的人员，可以免试相关科目"（第十条）；二是国家实行注册评估师执业注册制度（第十一条）。注册评估师资格考试合格者，经过两年以上的评估工作实践，向资产评估行业自律组织申请执业注册，经审查符合条件者获得注册评估师执业证书。

5. 关于评估机构

评估机构是指具备相应资质条件，依法设立并从事评估业务的专业机构。草案提出，设立评估机构应当依法采用合伙或者公司形式（第二十条）。这样规定主要是考虑注册评估师的工作类似职业律师和会计师，其机构的组织形式符合资产评估行业的职业特点。为了严格评估机构的准入，草案还规定，设立评估机构，应当经省级以上人民政府资产评估行业管理部门核准，由工商行政管理部门办理登记（第二十一条）。

6. 关于评估委托人

为了保证评估过程的独立公正和评估报告的客观准确，要明确评估委托人的权利和义务。在权利方面，草案规定了委托人根据评估对象和评估目的有权自主选择具有相应资质的评估机构执行评估业务（第三十条），委托人有权要求与评估当事人有利害关系的注册评估师回避（第三十一条）等。在义务方面，草案规定了委托人应当与评估机构签订委托合同（第三十条），委托人应当按照委托合同约定和法律规定使用评估报告（第三十五条）等。

7. 关于执业风险防范

在评估过程中，由于评估原因造成相关当事人经济损失带来的赔偿责任，往往是评估师和评估机构难以负担的，因而国际评估行业普遍采取购买职业责任保险的做法。购买职业责任保险可以增强评估机构和评估师的风险防范能力，确保有关民事赔偿责任的落实，保护相关当事人的利益。同时，还应允许评估机构建立执业风险基金。为此，草案规定，"评估机构应当办理职业责任保险。评估机构可以建立执业风险基金"（第二十八条）。

8. 关于行政管理体制

理顺资产评估行业的行政管理体制是草案起草过程中一直存在分歧和争议的难点问题，有关方面各持己见，难以达成一致。从国际资产评估行业的发展趋势看，统一管理是方向。立法既要立足于我国资产评估行业行政管理体制的实际情况，也应该体现未来逐步走向统一管理的趋势。起草组与中编办、国务院法制办、财政部、住房和城乡建设部、国土资源部等有关部门经过多次协调，提出了各方面都能够接受的"统分结合"的行政管理体制改革思路。按照这一思路，草案设计了"国务院建立资产评估行业管理协调配合机制，负责协调和指导资产评估行业发展"，国务院资产评估行业管理部门在资产评估行业管理协调配合机制框架下，负责监督管理资产评估行业的管理体制（第六条），并进一步明确了资产评估行业管理协调配合机制，由国务院财政主管部门会同相关行政主管部门组织实施（第三十六条）。

9. 关于行政监管和行业自律

为了规范行政监管和行业自律，草案对行业管理部门和行业自律组织的职责范围分别做了规定：行政监管重在制定管理制度、制定执业准则、实施市场准入管理、监督法律的实施、对违法行为实施处罚等（第五章）；行业自律重在组织实施考试和执业注册组织后续教育、调解会员纠纷、受理会员申诉、鉴定评估报告等（第六章）。同时，规定资产评估行业自律组织要接受资产评估行业管理部门的监督（第六条）。

10. 关于法律责任

资产评估当事人承担的法律责任包括民事责任、行政责任和刑事责任三类。责任主体不仅有注册评估师、评估机构，还有委托人、行业管理部门及自律组织等，草案对各种主体、各类责任均作了相应规定（第七章）。

资料来源：《中国资产评估》编辑部. 关于《中华人民共和国资产评估法（草案）》的说明［J］. 中国资产评估，2012（4）.

【练习题】

一、选择题

1. 某企业 3 月初预付 6 个月的房屋租金 180 万元，当年 5 月 1 日对该企业评估时，该预付费用评估值为（　　）万元。

A. 40　　　　　　　　　　　B. 120

C. 45　　　　　　　　　　　D. 80

2. 流动资产评估主要是（　　）。

A. 单项资产评估　　　　　　B. 获利能力评估

C. 整体资产评估　　　　　　D. 综合价值评估

3. 在用低值易耗品的评估一般采用（　　）。

A. 成本法　　　　　　　　　B. 市场法

C. 收益法　　　　　　　　　D. 清算价格法

4. 采用成本法对低值易耗品评估时，成新率应根据（　　）确定。

A. 已使用月数   B. 实际损耗程度

C. 已摊销数额   D. 尚未摊销数额

5. 确定应收账款评估值的基本公式是：应收账款评估值=（   ）。

A. 应收账款账面余额-已确定坏账损失-预计坏账损失

B. 应收账款账面余额-坏账准备-预计坏账损失

C. 应收账款账面余额-已确定坏账损失-坏账损失

D. 应收账款账面余额-坏账准备-坏账损失

6. 某企业向甲企业售出材料，价款 500 万元，商定 6 个月后收款，采取商业承兑汇票结算。该企业于 4 月 10 日开出汇票，并由甲企业承兑，汇票到期日为 10 月 10 日。现对该企业进行评估，基准日定为 6 月 10 日，由此确定贴现日期为 120 天，贴现率按月息 6‰计算，该应收票据的评估值为（   ）万元。

A. 12   B. 500

C. 488   D. 450

7. 下列各种形式中，不属于流动资产的特点是（   ）。

A. 变现能力强   B. 周转速度快

C. 存在形式单一   D. 波动性

8. 在对应收账款进行评估时，对原账上的"坏账准备"应（   ）。

A. 保持不变   B. 按零值处理

C. 备抵后保留余额   D. 按评估值重新计提坏账准备

9. 预计坏账损失的定量方法有（   ）。

A. 分类判断法   B. 坏账估计法

C. 账龄分析法   D. 按制度规定

10. 市场法评估产成品价格，在选择市场价格时应考虑（   ）。

A. 产品使用价值   B. 市场前景

C. 损坏程度   D. 是否是正常交易

11. 库存材料在用市场法进行评估时，需考虑的因素有材料的（   ）。

A. 重置成本   B. 市场价格

C. 变现成本   D. 变现风险

二、判断题

1. 对流动资产评估要考虑其综合获利能力进行综合性价值评估。 （   ）

2. 评估流动资产时一般不需要考虑资产的功能性贬值因素。 （   ）

3. 流动资产的评估清单可直接以企业账面记录的数据填列。 （   ）

4. 对于十分畅销的产品，根据其出厂销售价格减去销售费用和全部税

金确定权益评估值。　　　　　　　　　　　　　　　　　　（　　）

 5. 对在产品一般采用成本法或市场法进行评估。　　　　（　　）

 6. 存货价值的评估结果受企业所采用的不同会计计价方法的影响。

　　　　　　　　　　　　　　　　　　　　　　　　　　　（　　）

 7. 低值易耗品的账面摊余价值可直接作为评估值。　　　（　　）

 8. 对于长期待摊费用的评估，原则上应按其形成的具体资产价值来确定。

　　　　　　　　　　　　　　　　　　　　　　　　　　　（　　）

 9. 已在评估基准日前全部体现效益的预付费用，其评估值为零。（　　）

 10. 对于产成品不论能否销售出去，都应当按其正常的出厂价格确定评估值。

　　　　　　　　　　　　　　　　　　　　　　　　　　　（　　）

第八章 自然资源资产评估

【学习目标】
    了解资源资产的概念及自然属性、经济属性。
    掌握森林资源资产价格的构成及林木资产评估方法。
    熟悉矿业权的内涵及评估方法。

第一节 自然资源资产概述

一、概念及其分类

    自然资源是指自然界中人类可以直接获得的用于生产和生活的物质要素，如土地、矿藏、草原、森林、水体、海洋等。对于未被发现或发现了但不知其用途的物质不能算作资源。自然资源也是一个相对的概念，随着信息、技术的更新和相对稀缺性的变化都可能会把以前认为没有价值的物质变成现实的资源。按照研究的角度和目的不同，我们将自然资源进行一些分类。

    首先，根据自然资源在开发过程中能否再生，可划分为耗竭性资源和非耗竭性资源。

    耗竭性资源主要是矿产资源，是经过漫长的地质过程形成的，随着人类的开发利用，其绝对数量呈明显减少的规律，是不可再生资源。

    非耗竭性资源指的是耗竭性资源以外的自然资源。它基本上是由环境要素构成的，在合理开发利用的限度内，人类可以永续利用。非耗竭性资源有以下三种类型：

第一，恒定的非耗竭性资源。这类资源基本不受人为因素的影响，其有恒定特性，如气候资源和海洋动力资源。

第二，可再生非耗竭性资源。在人为因素的干预下发生增减变化，虽然数量减少，但可以恢复，如生物资源中的森林资源只要采伐适度，就可不断更新，永远不会导致资源枯竭。

第三，不可再生的非耗竭性资源。这类资源是指那些如果不合理利用就不能恢复的资源。例如，土地资源，只要合理利用，就可永续使用；如果不合理开发，就会造成沙化、盐碱化、荒漠化。

其次，从自然资源与人类的经济关系角度，按照资源的性质，可划分为环境资源、生物资源、土地资源、矿产资源和景观资源。

第一，环境资源，包括太阳光、地热、空气和天然水等。这类资源比较稳定，一般不会因人类的开发利用而明显减少，它们又属于非耗竭性资源。

第二，生物资源，包括森林资源、牧草资源、动物资源和海洋生物资源等。生物资源吸收了流动的太阳能和水资源，消耗土壤的养分。在太阳能量一定，生物繁殖能力一定，以及人类合理利用和保护的条件下，生物资源是可以再生的。

第三，土地资源，是由地形、土壤、植被、岩石、水文和气候等因素组成的一个独立的自然综合体。土地一般是指地球陆地的表面部分，包括滩涂和内陆水域。土地可以划分为农用地、建设用地和未利用土地。农用地主要包括耕地、林地、草地、农田水利用地、养殖水面等。

第四，矿产资源，矿产资源是经过一定的地质过程形成的，附存于地壳或地壳上的固态、液态或气态物质。矿产资源包括各种能源和各种矿物等。矿产资源包括陆地矿产资源和海洋矿产资源。陆地矿产资源包括金属矿产资源、能源矿产资源和非金属矿产资源；海洋矿产资源包括滨海砂矿、陆架油气、深海沉积矿床等。

第五，景观资源，主要是指自然景物、风景名胜等，能为人们提供游览、观光、知识、乐趣、度假、探险、考察研究等作用，一般是附着在其他资源之上而存在的。

二、自然资源资产的特性

1. 自然属性

（1）天然性。自然资源是天然形成的，由自然物质组成，最初完全是由自然因素形成的，处于自然状态。随着人类对自然干预能力的加强，部分资源资产表现为人工投入与天然生长的共生性。

（2）有限性和稀缺性。这是针对耗竭性资源而言的。资源资产的有限性和稀缺性主要表现在三个方面：一是资源资产的数量是有限的，人类活动使某些自然资源数量减少、枯竭或耗尽；二是自然资源和自然条件的贫化、退化和质变；三是自然资源的生态结构、生态平衡被破坏。例如，矿产资源随着开发利用，数量越来越少，而土地资源，其自然总量是一定的，不会有所增加。

（3）生态性。各种资源如太阳、大气、地质、水文、生物等构成了一个复杂的体系，形成特定的生态系统。不同的资源间互相依存，具有一定的生态平衡规律。如果毫无顾忌地开采和获取资源，使消耗超过补偿的速度，会导致这些资源毁灭。向陆地圈、水圈、大气圈以超过自然净化能力的速度排放废物，也会破坏生态系统的平衡，从而导致某些自然资源难以持续利用。

（4）区域性。资源资产在地域上分布不均衡，存在显著的数量或质量上的地域差异。在我国，金属矿产资源基本上分布在由西部高原到东部山地丘陵的过渡地带，森林资源也随地质特点而呈集中分布的状态。

2. 资产属性

（1）资源资产具有使用价值。由于自然资源具有使用价值，自然资源能够转化为经济资源，成为人类的生活资料和生产资料。经济发展必然要耗费一定的资源，所以自然资源是人类发展的物质基础，自然资源的相对丰度影响着经济发展的速度。

（2）资源资产的价值能够以货币计量。资源资产除了能够用实物单位计量以外，还可以用货币形式来计量，这正是资源资产评估的基础。无法用货币计量的自然资源，如空气、太阳光等就不能作为资产来使用。

（3）资源资产具有可收益性。只有具有经济价值的自然资源才能成为资产。没有经济价值或在当今知识与技术条件下尚不能确定其有经济利用价值的资源也不能成为资产。

（4）资源资产的使用权可以依法交易。我国实行资源资产的所有权和使用权相分离的制度，自然资源属国家或集体所有，所有权不能转让，但资源资产的使用权可以依法进行交易。

三、自然资源资产评估的特点

自然资源资产特有的自然属性和资产属性决定了这种资产在评估时有其不同的特点，具体如下：

1. 资源资产价格是自然资源的使用权价格

这个特点与前面讲到的土地评估的特点类似。我国自然资源大部分属于国家所有，少量的属于集体所有，并实行所有权和使用权相分离的制度。法律不允许资源资产的所有权转让，因此资源资产评估的对象主要是资源资产的使用权，是对资源资产权益价值的评估。

2. 资源资产价格一般受资源的区位影响较大

由于资源资产的有限性、稀缺性和区域性，决定了资源资产价格要受自然资源所在区位的影响。长江边的饮用水与岛上的水资源的价值截然不同。

3. 资源资产评估要遵循自然资源形成和变化的客观规律

资源条件包括资源的质量品位、资源的赋存开采条件和产地至销地的运输距离和运输条件（运输工具和地貌等）。资源资产类别多种多样，不同资产其资源条件、经营方式、市场供求等都不相同，例如，矿产资源是经过一定的地质过程形成的，森林资源是一种生物资源，矿山企业对矿产资源开发利用以及对矿业权的经营，森工企业的营林生产过程等，都有自身的客观规律。因此，在资产评估时，要充分了解资源资产实体和资产使用权的专业特点，以合理评估资源资产的价值。

第二节　森林资源资产评估

一、森林资源资产概述

森林资源有狭义和广义之分。狭义的森林资源是指一般意义上的森林含义，即以乔木为主体的森林植物组成。广义的森林资源是指森林生态系统中的森林、林木、林地以及依托森林、林木、林地生存的野生动物、植物和微生物。森林资源除具有一般资产的属性外，还具有可再生性，生长周期长，受自然因素影响大，兼具生态、社会和经济效益于一体的特性。森林资源资产培育过程风险大、管护难度大、投资回收期长。现阶段，由于野生动植物及微生物资源、森林生态资源等的价值暂时难以计量，森林资源资产主要包括由投资及投资收益所形成的人工林以及依法认定的天然林、林地、森林景观资产等，因此，森林资源资产评估对象主要是林木资产、林地资产和森林景观资产。

1. 林木资产

林木资产是指林地内所有的林木所形成的资产。按林木的用途可分为用材林、经济林、薪炭林、防护林、竹林、特种用途林和未成林造林地上的幼树。用材林可分为幼龄林、中龄林、近熟林、成熟林、过熟林等。

2. 林地资产

林地资产是森林生长的承载体，是指依法确认的林业用地。林地包括乔木林地、疏林地、未成林造林地、灌木林地、采伐迹地、火烧迹地、苗圃地和国家规划的宜林地。

3. 森林景观资产

森林景观资产包括风景林、部分名胜古迹和纪念林等。

二、森林资源资产价格构成的主要因素

森林资源包括天然林和人工林。天然林与人工林仅在更新方式上不同，它们都需要进行专业的管理。国家每年都要投入大量资金进行森林资源的保护。影响森林资源资产的价格的因素，主要有市场供求因素以及所投入的必要的劳动量因素等，具体内容包括以下几项：

1. 营林生产成本

营林生产成本是确定森林资源资产价格的基础。营林生产成本应以能够提供商品材的劣等宜林地的营林生产成本作为参考依据。

2. 资金的时间价值

由于培育森林资源生产周期长，从栽植到采伐往往需要几年、十几年甚至更长时间，在营林生产过程中，都需不断地投入资金，因此，森林资源资产价值的评估要考虑资金时间价值对林木价值的影响。评估时要考虑资金占用的利息，以及投资风险的预期。另外，林木在不同的时间有不同的价值，同一树种在不同年龄时的林木价值不同，这些因素形成了森林的时序成本和时序价格。

3. 利润及税金

森林资源资产的价格中包括营林利润。在森林资源资产评估中，营林利润率的确定，可以以社会平均资本利润率为基础，同时应考虑营林生产周期长、风险大以及林木生产的实际情况，进行适当调整。当然，盈利也别忘了缴纳各种税费。

4. 林木生产中的损失

在漫长的森林培育过程中，林木可能会遭受各种各样的自然灾害，如火、风、雷、水、病虫害等，会带来一定的经济损失。在评估中，必须对林木生产

过程中的这些意外损失做出合理的估计。

5. 地租

在我国，林地的所有权和使用权是分离的，森林资源资产的价格中应包括绝对地租和级差地租，地租量应根据不同林地、不同树种、不同经营水平等因素确定，如气候条件、土地肥沃程度、交通条件、宜林性质等因素。

6. 地区差价和树种差价

林木是在一定的自然地理条件下，经过人类劳动而生产出来的，因此，林木的成本与价格既受自然条件的制约，又受林木本身生态特性的影响，形成了林木的地区差价和树种差价。因此，差价是森林资源资产价格的重要特征。

三、森林资源资产评估范围

国有森林资源资产占有单位一般在以下情形需要进行资产评估：森林资源资产转让、置换；森林资源资产出资进行中外合资或者合作；森林资源资产出资进行股份经营或者联营；森林资源资产从事租赁经营；森林资源资产抵押贷款、担保或偿还债务；收购非国有森林资源资产；涉及森林资源资产诉讼以及法律法规规定需要进行评估的其他情形。

非国有森林资源资产是否进行资产评估，由当事人自行决定，法律法规另有规定的除外。

另外，森林资源资产有下列情形的，可根据需要进行评估：因自然灾害造成森林资源资产损失的；盗伐、滥伐、乱批滥占林地，人为造成森林资源资产损失的。

四、森林资源资产的主要评估方法

对森林资源资产的评估依然是采用以前所学到的几种途径，但由于森林资源资产的特殊性，我们根据具体的评估对象和资料情况，针对林木资产、林地资产和森林景观资产，采取有针对性的评估方法。其中，林地资产评估主要是林地使用权评估，它的评估方法与土地使用权的评估方法原理相同，我们在此重点阐述林木资产评估的主要方法。

1. 市场法

应用市场法的思路就是对比，首先在交易市场上找到已经成交了的与被估资产相似的实例，然后再找出它们之间的一些差别来进行调整，从而得出被估资产的评估值。在进行林木资产评估时，由于这种类型的资产受地理环境因素的影响比较大，它不像无差异生产的产品那样容易比较不同个体之间的差异，但我们仍然能够通过分析被估资产与交易实例在林分的生长状况、立地质量和经济质量等方面的差别来应用市场法评估，并且通过获取多个交易实例对比来增加该法应用的准确度。

不同特点的林木在评估时需要对比的参数稍有不同，但总体来讲，评估值的计算方法如公式（8-1）所示：

$$\frac{\text{林木资产}}{\text{评估值}} = \frac{\text{参照物单位蓄积}}{\text{量的交易价格}} \times \frac{\text{林分质量}}{\text{调整系数}} \times \frac{\text{物价指数}}{\text{调整系数}} \times \frac{\text{被估资产}}{\text{的蓄积量}} \qquad (8-1)$$

所谓林分，是指内部特征大体一致而与邻近地段又有明显区别的一片林子。一个林区的森林，可以根据树种组成、森林起源、林相、林龄、疏密度、地位级、林型以及其他因素的不同，划分成不同的林分。林分质量调整系数要综合考虑交易情况、交易日期、立地质量、林分生产状况（林龄、胸径、树高）、地利等级（可及度、运距）等来确定。林木蓄积量是指一定森林面积中现存活立木的材积总量。蓄积量是个体积概念，通常用立方米表示。

【计算演示 1】

已知某林木资产蓄积量为 5000 立方米，参照物单位蓄积量的成交价格为 800 元/立方米。经测定，物价指数调整系数为 1.45，林分质量调整系数为 0.85，则该林木资产的评估值为：

800×5000×1.45×0.85 = 4930000（元）

2. 剩余法

剩余法又称市场价倒算法，是用被评估林木采伐后所得的木材的市场销售总收入，扣除木材经营所消耗的成本（含有关税费）及合理利润后，将剩余部分作为林木资产的评估价值。其计算方法如公式（8-2）所示：

林木资产评估值=销售总收入-经营成本-利润+林木资源的再生价值

$$(8-2)$$

其中，经营成本包括采运成本、销售费用、管理费用、财务费用以及相关的税费；林木资源的再生价值指的是林木砍伐后重新生长所创造的价值。

剩余法较适用于成熟林的评估，因为此时的财务资料取得比较可靠。剩余法能充分反映市场供求关系对资产价值的影响，易于被交易双方接受。同时此法还考虑了资源状况变化对资产价值的影响，从而使评估结果更加客观、公允。但这种方法受市场变化的影响较大，所以，如果成熟林的采伐期距离评估基准日时间较长，不宜采用该方法。

【计算演示 2】

　　某片森林的林木被采伐后预计市场销售总收入为 2000 万元，木材经营成本总计为 800 万元，木材经营合理利润为 250 万元，预计该森林资源的再生价值为 400 万元，则该森林资源资产的评估价值为：

2000－800－250＋400＝1350（万元）

　　3. 收益法

　　收益法是通过预测被估林木资产在未来经营期内各年的净收益按一定的折现率折现为现值，然后累计求和得出评估值的方法。计算方法如公式（8-3）所示：

$$P = \sum_{i=1}^{N} \frac{A_t - C_t}{(1+r)^t} \tag{8-3}$$

　　式中，P 为评估值；A_t 为第 t 年的年收入；C_t 为第 t 年的营林生产成本；N 为经营期；r 为折现率。

　　收益法适用于评估具有经常性收益的林木资产，如经济林、竹林、实验林和母树林等。运用收益法进行评估能够较真实地反映林木资产的资本化价格，但是它受人为主观因素和未来不确定性因素的影响也较大。

　　4. 成本法

　　成本法是按现时工价及生产水平，重新营造一块与被评估林木资产相类似的林分所需的成本费用，作为被评估林木资产价值的方法。计算方法如公式（8-4）所示：

$$P = K \times \sum_{t=1}^{n} C_t \times (1+i)^{n-t} \tag{8-4}$$

　　式中，P 为林木资产评估值；K 为林分质量调整系数；C_t 为过去第 t 年以现时工价及生产水平为标准计算的生产成本，主要包括各年投入的工资、物质消耗、地租等；i 为折现率；n 为林分年龄。

　　成本法适合于以资产重置和补偿为目的的林木资产的评估。此外，在没有充分发育的林木市场条件下及对于成本资料较容易收集的幼龄林、中龄林和速生树种林也可以采用成本法。

【计算演示 3】

　　某防护林过去 3 年的生产成本都是 20 万元，过去的 3 年中，该防护林的林分质量调整系数是 1.2，该防护林的年龄是 3 年。假定折现率是 10%，则该防护林的价值为：

1.2×20×[(1+0.1)⁰+(1+0.1)¹+(1+0.1)²]＝79.44（万元）

综上所述，市场法从理论上讲适用于各种有交易的森林资源资产的评估，采用该方法时，至少应选取 3 个以上参照物进行测算。但是，由于市场条件限制，在有些情况下，如防护林的评估，市场法就不适用。剩余法特别适用于成熟龄林木资产的评估。收益法适用于有经常性收益的林木资产的评估，如经济林资产、竹林资产、实验林资产、母树林资产等。幼龄林常用成本法进行评估。

第三节　矿产资源资产评估

一、矿产资源资产概述

矿产资源资产是指已发现的具有开采前途的矿藏。《中华人民共和国矿产资源法》明确规定矿产资源属于国家所有，国家实行探矿权、采矿权有偿取得制度，并可依法转让。矿产资源资产评估对象包括两部分：一是国家向勘探开发经营者转让矿业权时，对矿业权转让费的评估；二是对拥有矿业权的勘探开发经营者的矿产储量资源资产的评估。目前，在我国对储量资源资产的评估无论在理论上还是在实务中都还不太完善，还存在一些分歧，本节内容主要涉及矿业权资产的评估。矿业权是一种特许经营国家所有的矿产资源的权利，即依法取得的勘察、开采等一系列生产经营活动的权利，具体分为探矿权和采矿权。探矿权是指在依法取得勘察许可证规定的范围内，勘察矿产资源的权利；采矿权是指在依法取得采矿许可证规定的开采范围内，开采矿产资源和获得其所开采的矿产品的权利。

二、影响矿产资源价值的因素

1. 矿产资源的稀缺程度和可替代程度

不同的矿种，稀缺程度往往差别很大，市场经济条件下，越是稀缺的资源价值越高；同时，国家给稀缺性的资源以保护性开采的政策，这就使得它具有相对较高的价值，开采这部分资源能获得较多的超额利润。一般来说，资源稀缺程度越高，可替代程度就越低，资源资产的价值也就越高。

2. 矿产资源产品的供求状况

一般来讲，供不应求的资源产品价格水平高；供大于求的资源产品价格水平就低。

3. 矿产资源的自然因素

在一定的技术经济条件下，矿床的自然丰度越高，开采所需投入的成本越低，企业的超额利润会越大，矿产资源资产价值也会相应增加。金属矿石的选冶性能、矿床含有的有益伴生组分以及矿床地质构造的复杂程度等，都会直接影响矿产品的产出率，从而影响企业的利润率。

矿床的地理位置对矿产资源资产价格的影响有时甚至超过矿床本身的丰度。矿床距离加工和消费地的远近及运输条件的优劣，会影响企业的生产成本。因此，矿床自然丰度与地理位置对矿产资源资产价格都有影响。

4. 科技进步

科技进步会使有些过去被认为无法利用的伴生元素或矿物得到开发利用，这样这种资源的价值当然就提高了；人们也可以发明创造出更有效的开采方法，降低开采成本，增加收益，从而增加资源的价值；科技进步还可以帮助人们找到现有资源的更有效的利用方法，从而改变和增加矿产资源资产的价值，相应地也会提高矿业权资产的价值；此外，现代科技也可能使找矿的方法变得更有效，降低探查成本和风险，减少对环境的破坏，从而提高矿产资源资产的价格水平。

5. 行业平均回报率

社会的平均资金利润率和矿业的资本利润率会影响资金流向和矿业企业的竞争状态以及经营利润，从而影响矿产资源价值和矿业权价值。

三、矿业权的主要评估方法

矿业权评估，根据不同的评估对象和评估目的，有多种评估方法。采矿权评估主要采用贴现现金流量法和可比销售法。探矿权可在不同精度勘察阶段转让，资产评估师应针对不同精度勘察阶段合理选择评估方法。高精度勘察阶段，是指达到了详查和勘探阶段。在该阶段，探明或控制了一定的矿产储量，并做过一定数量的实验室选矿实验。低精度勘察阶段，是指处于普查及普查前地质勘察阶段。

1. 折现现金流量法

折现现金流量法，是利用矿产资源勘察和开发中的现金流量，并通过分析该阶段的社会平均利润率，预测期望收益中的"超额收益"，最后求其现值之和，作为矿业权价值的评估方法。计算方法如公式（8-5）所示：

$$P = \sum_{i=1}^{n} \frac{(CI - CO - W_{bt})_i}{(1 + r)^i} \tag{8-5}$$

式中，P 为矿业权评估价值；CI 为年现金流入量，主要是销售收入；CO 为年现金流出量，包括经营成本、资源补偿费和税金等；W_{bt} 为社会平均收益额，它等于年销售收入与社会销售收入平均利润率的乘积；r 为折现率。

【深度分析】

如何理解公式（8-5）

矿山企业出售产品获得的利润总体来自两方面，一方面是矿山企业自身经营创造出的价值，另一方面是国家授予它勘察和开发的权利给它带来的价值。具体来讲，CI-CO 是未支付矿业权情形下企业的年剩余利润值，而 W_{bt} 是矿山企业的年利润（包含了对矿业权的支出）的社会平均水平值，它们之间的差额就是矿业权独自贡献的年收益值，将其进行折现处理就是探矿权的价值。

这个思路跟我们在无形资产评估时用超额收益的思路是类似的。探矿权也是一种无形资产。

折现现金流量法可以用来评估探矿权和采矿权，其适用于详查及以上勘察阶段的探矿权评估和赋存稳定的沉积型矿种的大、中型矿床的普查矿探权评估；适用于拟建、在建、改扩建矿山的采矿权评估等。

2. 可比销售法

在评估某矿业权价值时，将待评估矿业权与近期完成交易的、环境和地质条件类似的矿业权的各项技术经济参数进行对比研究，分析二者的差异，对所选定的参照物价格进行调整，通过市场比较来估算被估矿业权资产价值的方法。主要用于采矿权的评估。其计算方法如公式（8-6）所示：

$$P = P_x \times \mu \times \xi \times \Phi \times \theta \tag{8-6}$$

式中，P 为采矿权价值；P_x 为参照的采矿权成交价格；μ 为规模调整系数，其值等于被评估的采矿权探明储量/参照物的采矿权探明储量；ξ 为品位调整系数，其值等于被评估的采矿权精矿平均品位/参照物的采矿权精矿平均品位；Φ 为价格调整系数；θ 为差异调整系数，其值等于被评估的采矿权差异要素评判总值/参照物的采矿权差异要素评判总值。采矿权差异要素包括矿产资源的交通条件、自然条件、经济环境和地质采选条件等。具体的差异要素可以用房地产评估章节因素调整中使用的打分法来取得。

【计算演示 4】

现拟对某铜矿采矿权的价值进行评估。该铜矿的矿石储量预计为 2000 万吨，入选品位预计为 4%。选取的参照资产的近期市场成交价格为 1 亿元，矿石储量为 1200 万吨，入选品位为 3%。被评估铜矿与参照资产的矿业权差异要素评判情况如表 8-1 所示。试确定该铜矿采矿权的评估价值。

表 8-1　采矿权差异要素评分

项　　目		被估采矿权	参照采矿权
交通条件 (25 分)	公路类型	4	5
	与国道接轨	2	4
	距火车站距离	3	4
	距市中心距离	3	5
	距公共设施距离	2	5
自然条件 (20 分)	地形环境	2	4
	水源状况	5	4
	气候环境	4	2
	土地状况	2	4
经济环境 (25 分)	劳动力状况	4	4
	供电供气状况	2	3
	农业状况	3	3
	所在地国民收入	3	4
	地方经济政策	4	3
地质采选条件 (30 分)	埋藏深度	4	4
	矿床工业类型	5	5
	矿石选冶性能	5	4
	水文、工程地质条件	4	3
	开采方式	4	5
	选矿方式	5	5
合　　计		70	80

规模调整系数 $\mu = 2000 \div 1200 = 1.67$

品位调整系数 $\xi = 4\% \div 3\% = 1.33$

采矿权差异调整系数 $\theta = 70 \div 80 = 0.875$

该铜矿采矿权评估值为：

P=10000×1.67×1.33×0.875=19444.44（万元）

3. 成本法

该方法是在现行技术条件下，采用新的价格费用标准，获得与被评估的探矿权具有相同勘探效果的探矿权重置价值，扣除技术性贬值来评估探矿权净值的方法。这种方法适合于对找矿前景还不明朗的预查、普查阶段的探矿权评估，也可用于对地勘成果资产的评估。

根据探矿权的地质勘察特点，主要采用有效实物工作量来计算重置价值，其他投入按照分摊的办法处理。其计算方法如公式（8-7）所示：

$$P = \sum_{i=1}^{n} [U_{bi} \times P_{ui}] \times (1 + \varepsilon) \times (1 + f) \times (1 - \xi) \qquad (8-7)$$

式中，f 为地勘风险系数；ξ 为技术性贬值系数；U_{bi} 为各类地勘实物工作量；P_{ui} 为相对应的各类地勘实物工作量现行市价；n 为地勘实物工作量项数；ε 为其他地质工作、综合研究及编写报告、岩矿实验、工地建筑四项费用分摊系数。

四项费用分摊系数是根据行业多年的资料逐步统计出来的。在地勘工作中，这四项费用一般是由几个地勘项目共同耗费的，很难算出单个项目耗费的具体数额，所以一般采用分摊的办法处理。

技术性贬值是指由于地质勘察技术的原因，探矿权所依托的地勘成果质量出现问题，或者由于某种原因，探明的矿产储资损失，从而影响探矿权持续使用，降低获利能力，因此，评估时需要做技术性贬值处理。

地勘风险系数是经过测算得出的。表8-2挑选了10个主要矿种的全过程勘察风险系数供参考。

表8-2 10种矿产地质勘察风险系数参考

矿种	全过程	普查	详查	勘探
铁	1.55	4.77	1.40	0.21
铜	1.13	2.92	0.96	0.30
铅·锌	0.92	2.56	0.78	0.18
金	1.74	6.13	1.55	0.07
金刚石	7.37	17.76	6.82	2.29
熔剂用石灰岩	0.58	2.55	0.44	0.03
菱镁矿	0.71	2.00	0.57	0.04

续表

矿种	全过程	普查	详查	勘探
高岭土	1.29	3.20	1.10	0.39
水泥用石灰岩	0.78	2.12	0.63	0.10
玻璃用砂	0.09	0.35	0.02	0.00

4. 地勘加和法

地勘加和法利用地勘投入的重置成本加上以地勘投入所分配的超额利润来确定探矿权价值，是重置成本法和贴现现金流量法相结合的一种评估方法。该方法既考虑了探矿权投入的成本，也考虑了探矿权未来的获利能力。其计算方法如公式（8-8）和公式（8-9）所示：

$$P = P_x + L_n \tag{8-8}$$

$$L_n = M \times \frac{T}{T+G} \tag{8-9}$$

式中，P_x 为不含勘察风险的探矿权净价；L_n 为应分配的超额利润；M 为超额利润总额；T 为地勘总投资；T+G 为矿山建设总投资。

5. 地质要素评序法

地质要素评序法是以基础购置成本为基数，通过对地勘成果综合评价，将定性的地质要素转化为定量的价值调整系数，对基础购置成本进行调整来确定探矿权价值的方法。基础购置成本包括国家规定缴纳的探矿权使用费和矿业权人承诺履行的地质基本支出或者已经形成的原始地质勘察费。主要的地质要素包括成矿显示、异常显示、品位显示、成因显示、蕴藏规模显示和前景显示。针对被评估的矿业权的具体情况，将每种显示划分为若干级，并赋予相应的价值指数，可确定其地质要素价值调整系数。

6. 联合风险勘察协议法

联合风险勘察协议法，只需根据独立自主的买卖双方已经签订的联合风险经营协议条款或类似的勘察协议条款，按照合作公司所承诺的投资及所获得的相应股权，评估探矿权价值的方法。它主要是对一方持有探矿权、另一方加盟投资的探矿权转让价格进行评估。这种方法在西方国家中运用较多，我国一般用在中外合作矿山的矿业权转让价格评估当中。

7. 粗估法

这是在低勘探精度阶段采用的一种近似方法。它主要是根据上市公司公开的一些资料和股票市场走势的分析资料来估算探矿权价值的方法。目前常用的有以资源品级价值为基础的粗估法和以国土面积资源价值为基础的粗估法。

【文摘】

遥感技术在森林资产评估的应用

一、遥感的简介

遥感（Remote Sensing）是在 1962 年美国召开的第一次环境科学遥感讨论会上提出来的，是从远处探测、感知物体或事物的技术。借助于不与对象接触的装置，即从远处通过仪器（传感器）探测和接收来自目标物体的信息，包括电场、磁场、电磁波、地震波等信息。我们使用各种不同的工作平台，如高塔、气球、飞机、火箭、人造地球卫星、宇宙飞船、航天飞机等通过传感器从远距离收集数据，经过分析取得关于被比较物体、地区和现象的资料。遥感技术自 20 世纪 70 年代开始应用以来，因其具有宏观性、综合性、可重复性和成本低的特点，自然成为研究森林资源现状及其动态变化的理想手段。世界上许多国家，特别是林业发达国家，在林业生产中都采用遥感技术进行森林资源清查及病虫害监测、灾后评估等。随着遥感技术的迅速发展，遥感资料的分辨率在不断提高，其应用技术也日益广泛和日趋成熟。特别是近年来，遥感与地理信息系统（GIS）、全球定位系统（GPS）相结合，已应用于林业的诸多领域，显示出了强大的生命力。遥感在森林资源勘探方面可绘制森林资源分布图，判读森林种类、估算出林木的材贮量、森林面积及其分布情况，还能测出针叶林、阔叶林和混交林的分布范围。通过对以上数据的收集我们可以得到森林资产的相关资料。下面以在林业上最常应用的航空遥感为例简单介绍遥感在森林资产评估上的应用。

二、摄影测量的原理（略）
三、图片的判读在林业经济上的应用

通常所说的遥测技术一般有以下两种工作方式：信息源处的传感器既可测试电子数据（如电压或电流），也可测试物理数据（如温度或压强）。这些数据随即便被转换为电子电压。经由复用器这一装置，电压和时间数据被整合为一个整体的数据流来传送到源端的接收器。远端接收器接收到整合数据流后，数据流又被拆分为若干原始组件，最后根据用户要求进行处理并最终以数据形式显示出来。航空摄影取得的产品主要是航空摄影的正片和负片，也就是相片与底片。航片是中心投影，影像的变化规律都符合中心投影的变化规律，这个也是航片与地形图的差别。中心投影航片的比例尺取决于航高和焦距的关系，表达式为：

$$\frac{1}{m_i} = \frac{f}{H_i} = \frac{f}{H_0 - h_i}$$

式中，f 为航摄机的焦距；m_i 为航片上任意点的比例尺分母；H_i 为航片上任意点的相对航高；H_0 为航摄机所处的绝对航高；h_i 为航片上任意点的海拔高。

航摄机的焦距不变，但是航高与海拔变化，则比例尺随之改变，在同一张相片上，因地形的变化比例尺也随之改变。但是航片有一个重要的优越性就是在同一条航线上每相邻两张相片所组成的相片对，可借助与立体镜进行立体观察，恢复物体之间原有的关系，故可以测定树高、山的坡度，确定坡向、坡位等。在森林的资产评估中首先要了解的是某一地区森林的树种组成以及资源的特点，所以要先对某片林地进行森林资源的核查，森林资源资产具有种类多样性，内部结构的复杂性、分布的辽阔性、功能的多重性以及数量的动态性等特点。而遥感技术在林业上的应用为森林资源调查解决了大量人力、物力、财力浪费等问题。

森林资源的资产评估分为很多种不同的标准，包括历史成本标准、重置成本标准、现行市价标准、收益现值标准、清算价格标准。无论什么标准都要对林木的种类和森林的面积有着准确的判断才能评估出森林的价格。

1. 森林资源检测

依据对森林资源进行动态监测的不同应用范围和目的，可以选择不同的卫星遥感影像数据源作为基础数据源，如 Landsat 卫星的 TM 或 MSS 数据、NOAA 星的 AVHRR 数据、SPOT 卫星的 HRV 数据以及其他一些地球观测卫星的数据，根据各自不同的光谱观测波段和分辨率，用合适的遥感数据源结合地面抽样技术，并利用 GPS 对样地进行空间定位，最后用 GIS 对各种调查数据进行汇总和分析，建立起森林资源动态监测体系。

2. 林地分类

遥感图像航片能够反映地物，并按照林业区划所要求的因子比较精确地勾绘出轮廓，如森林的小班等。在森林资源清查中就可利用遥感图片根据林分类型、树种龄级、郁闭度等因子进行划分，从而分别进行经济评价。不同的立地质量有着不同的评估标准也就是所谓的绝对地租，但是在森林资产评估中通常不仔细分绝对地租与极差地租，而是根据当地平均的立地质量和平均地利等级测算出各地的平均地租，然后再根据各块林地具体的地利等级和立地质量进行修正。

3. 优势树种的判读

林木资源也称立木资源资产，它是森林资源资产最重要的组成部分，是森林资源资产评估的主要内容。所以，了解一片森林的优势树种在森林资产评估方面有着至关重要的意义。航空航片恰能满足这一要求，在航片上可以根据树冠形状、大小、色调、树冠结构、阴影、生境等判读因子进行树种识别。可根据不同的树种以及当时当地的物价水平选择林木单位面积的价格。

4. 林分平均高度判读

航片上树高测量的方法包括利用阴影测量树高、投影差测量树高、立体像对上量测视差较测定树高、立体像对上目测影像高度。得知林分的平均高度再根据其种类可以估算出林分的年龄与体积是森林资产评估中很重要的因子。同时还可以进行林木株数、林分郁闭度、龄组、林分蓄积判读等。

资料来源：宋宝祥，孙春胜. 遥感技术在森林资产评估的应用［J］. 黑龙江科技信息，2010（31）.

【练习题】

一、选择题

1. 土地资源属于（　　）。

A. 耗竭性资源　　　　　　　　　B. 非耗竭性资源

C. 可再生资源　　　　　　　　　D. 以上都不对

2. 资源资产评估的实质是对资源资产（　　）所获权益的本金化。

A. 所有权　　　　　　　　　　　B. 经营权

C. 所有权与经营权　　　　　　　D. 使用权

3. 森林资源属于（　　）。

A. 耗竭性资源　　　　　　　　　B. 恒定的非耗竭性资源

C. 可再生非耗竭性资源　　　　　D. 不可再生资源

4. 营林的生产成本通常是以（　　）的营林成本作为依据。

A. 优等宜林地　　　　　　　　　B. 劣等宜林地

C. 中等宜林地　　　　　　　　　D. 任意宜林地

5. 影响资源性资产评估价值相对的重要因素是(　　)。

A. 资源的性质　　　　　　　　　B. 资源的品牌

C. 资源的区位　　　　　　　　　D. 资源的本质

6. 采用市场法评估林木资产的价值时，不需考虑的因素是(　　)。

A. 物价指数调整系数　　　　　　B. 林木资源的再生价值

C. 林分质量调整系数　　　　　　D. 被估林木资产的蓄积量

7. 采用可比销售法评估采矿权的价值时，不需考虑的因素是(　　)。

A. 品位调整系数　　　　　　　　B. 规模调整系数

C. 林分质量调整系数　　　　　　D. 价格调整系数

8. 影响矿产资源资产价值的因素主要包括(　　)。

A. 科技进步

B. 矿床自然丰度和地理位置

C. 稀缺程度和替代程度

D. 矿产品的供求状况、社会平均利润水平

9. 属于一般性资源资产的性质和特征是(　　)。

A. 有用性　　　　　　　　　　　B. 天然性

C. 有限性　　　　　　　　　　　D. 可取性

10. 下列各项中，包括在资源资产评估范围中的有(　　)。

A. 矿产资源实物资产　　　　　　B. 地质勘察成果专有权无形资产

C. 基础地质成果专有权无形资产　D. 矿产发现权和探矿许可证

11. 矿产资源的经济寿命取决于(　　)。

A. 设计能力　　　　　　　　　　B. 矿产储量

C. 生产规模　　　　　　　　　　D. 开采方式

12. 地质勘察风险主要包括(　　)。

A. 找矿风险　　　　　　　　　　B. 技术进步

C. 技术风险　　　　　　　　　　D. 储量减少风险

二、判断题

1. 自然资源不能被充分利用是客观存在的。　　　　　　　　　(　　)

2. 未被发现或发现了但不知其用途的物质不是资源，因而也没有价值。

(　　)

3. 资源资产评估是依托资源资产的实体进行的，但其实质是使用资源经营权权益的资本化。　　　　　　　　　　　　　　　　　　　(　　)

4. 资源资产评估的是资源的权益价值，因此评估的不是实物而是资源的权益。

(　　)

5. 凡是自然资源都能形成资源资产。 （   ）

6. 资源资产价格是自然资源的使用权价格。 （   ）

7. 资源资产可作为不动产进行抵押。 （   ）

8. 根据不同的评估对象和评估目的，矿产资源资产评估可采用多种评估方法。

（   ）

9. 环境资源、生物资源和土地资源均为非耗竭性资源。 （   ）

10. 只有一部分自然资源能形成资源资产。 （   ）

三、计算题

拟对某采矿权价值进行评估。已知某可参照的采矿权成交价格为 2000 万元，规模调整系数为 1.10，品位调整系数为 1.15，价格调整系数为 1.20，差异调整系数为 0.95。试问该采矿权评估价值最接近于多少？

第九章 企业价值评估

第一节 企业价值评估概述

一、企业价值评估的含义

　　《资产评估准则——企业价值》（以下简称《准则》）是这样定义的：本准则所称企业价值评估，是指注册资产评估师依据相关法律法规和资产评估准则，对评估基准日特定目的下企业整体价值、股东全部权益价值或者股东部分权益价值等进行分析、估算并发表专业意见的行为和过程。

　　从上述定义可知，企业价值并不是一个单一的指标，它指的可能是企业整体价值，也可能是股东全部权益价值或部分权益价值。一般来讲，这三个值并不相等，但不管是哪一种，对企业价值评估都是将一个企业作为一个有机整体，依据其拥有或占有的全部资产状况和整体获利能力，充分考虑影响企业获利能力的各种因素，对企业进行的综合性评估。整体资产与单项资产评估最大的不同是整体资产中的各项资产之间具有协同作用，这种作用的结果往往使得整体资产发挥的功用比各单项资产独立作用有效率。企业价值评估作为一种整体资产评估，具有以下特点：评估对象是由多个或多种单项资产组成的资产综合体；决定企业价值高低的因素，是企业的整体获利能力；企业价值评估是一种整体性评估。

二、企业价值评估对象的界定

根据《准则》的规定，上述三种价值形式均可作为企业价值评估的对象。不同的评估目的会选择不同的评估对象来作为评估报告使用者的决策参考，因此在进行企业价值评估时就一定要事先界定清楚特定的被估对象——是企业整体价值，还是股东全部权益价值或部分权益价值，而且要在评估报告中披露说明。

企业整体价值是企业总资产价值减去企业负债中的非付息债务价值后的余值，或用企业所有者权益价值加上企业的全部付息债务价值表示。

企业股东全部权益价值就是企业的所有者权益价值或净资产价值。

股东部分权益价值是企业一部分股权的价值，或股东全部权益价值的一部分。

在这里仍然要提请大家注意的是，上述的资产价值、权益价值、债务价值并不是会计报表上记录的账面价值，而是利用估值技术考虑整体作用后的结果。

【深度分析】

如何理解企业整体价值、企业股东全部权益价值以及股东部分权益价值

在企业组织边界内存在多项资产，但并不是所有资产的产权都归企业股东所有。例如，银行贷款，这笔款项的产权属于银行，它构成企业股东的负债；已经购进但尚未付款的原材料也是股东的负债。所以，企业股东全部权益价值也可以是企业全部资产价值之和扣除股东全部负债后的余值。

一个企业可能由多个股东组成。股东们对企业的贡献不仅与他们各自的投资额有关，还与他们对企业经营管理的参与深度有直接关联。有的小股东完全不参与企业经营，他们对企业的贡献仅仅就只是投资，而大股东除了投入大量的资金，还要参与企业战略的制定实施，生产、营销方案的选择以及承受巨大经营风险带来的压力等，显然大股东特别

控股股东对企业总的贡献比他们的出资额占总股本比例的贡献要大得多，因此控股股东从企业全部权益价值里分得的经济份额应该大于他们的投资股本占比才更为合理。反过来小股东对所有者权益的分配比例就该少于他们的投资占比。所以，股东部分权益价值并不是简单地直接将股东全部权益价值除以该股东的股本占比，评估师应当在适当及切实可行的情况下考虑由于控股权因素产生的大股东收益溢价或少数股权的收益折价，同时还要在评估报告中说明评估股东部分权益价值时是否考虑了控股权和少数股权的溢价、折价因素。

企业内的资产由不同所有者所拥有。这些所有者对企业经营成果的分配方式是不同的，股东通过资产投资获取利润，银行通过贷款获取利息，他们投资的结果是获得高于投资额的收益，也就是说他们通过投资获得了价值增值。另一部分资产所有者，如企业尚未付款但已库存的原材料的供应商，他们提供资产并不是为了投资目的，他们只意图获取资产交易价值而非资产增值。企业整体价值是对应企业全部资产中以投资为目的的资产所具有价值的总和，所以企业整体价值等于企业的总资产价值扣减掉非付息债务价值，或者等于所有者权益价值与付息债务之和。

三、企业价值评估的范围界定

1. 企业价值评估的资产范围

企业价值评估的资产范围是从法的角度界定企业整体资产的范围。从产权的角度看，企业价值评估的范围应该是企业的全部资产，包括企业产权主体自身占用及经营的部分，企业产权权力所能控制的部分，如全资子公司、控股子公司以及非控股子公司中的投资部分。在具体界定企业评估的资产范围时应根据以下有关资料进行：企业提出资产评估申请时的申请报告及上级主管部门的批复文件所规定的评估范围；企业有关产权转让或产权变动的协议、合同、章程中规定的企业资产变动的范围。

2. 企业价值评估的有效范围

企业价值的高低取决于企业的获利能力，而企业的获利能力是企业中有效资产共同作用的结果。有效资产是指企业中正在运营或虽未正在运营但具有潜在运营经营能力，并能对企业盈利能力做出贡献、发挥作用的资产。无效资产是指企业中不能参与生产经营，不能对企业盈利能力做出贡献的非经营性资产、闲置资产，以及虽然是经营性的资产，但在被评估企业中已失去经营能力和获利能力的资产。因此将企业中的有效资产与非有效资产进行合理的划分是必要的，它将使企业价值的评估值更合理。

在界定企业价值评估有效范围时应注意以下几个问题：

首先，对于在评估时点暂时难以界定的产权或因产权纠纷暂时难以界定的产权或因产权纠纷暂时难以得出结论的资产，应划为"待定产权"，暂不列入企业评估的资产范围。

其次，在产权清晰的基础上，对企业的有效资产和无效资产进行区分。在进行区分时应注意把握以下几点：对企业有效资产的判断，应以该资产对企业盈利能力形成的贡献为基础，不能背离这一原则；在有效资产的贡献下形成的企业盈利能力，应是企业的正常盈利能力，由于偶然因素而形成的短期盈利及相关资产，不能作为判断企业盈利能力和划分有效资产的依据；评估人员应对企业价值进行客观揭示，如企业的出售方拟进行企业资产重组，则应以不影响企业盈利能力为前提。

再次，在企业价值评估中，对无效资产有两种处理方式：一是进行"资产剥离"，将企业的无效资产在运用多种评估途径及其方法进行有效资产及其企业价值评估前单独剥离出去，无效资产的价值不作为企业价值的组成部分，作为独立的部分进行单独处理，并在评估报告中予以披露；二是将企业中的无效资产在运用多种评估途径及其方法进行有效资产及其企业价值评估前单独剥离出去，用适合无效资产的评估方法对其进行单独评估，将评估值加总到企业价值评估的最终结果之中，并在评估报告中予以披露。

最后，如企业出售方拟通过"填平补齐"的方法，即用企业现有的某部分富余的资源填补其他部分资源不足的方法对影响企业盈利能力的薄弱环节进行改进时，评估人员应着重判断该改进对正确揭示企业盈利能力的影响。就目前我国的具体情况而言，该改进应主要针对由工艺瓶颈和资金瓶颈等因素所导致的企业盈利能力的薄弱环节。

四、企业价值评估的一般用途

1. 以企业上市及筹资为目的

企业首次公开发行股票时，投资银行和拟上市企业之间最重要的协议是达成企业股票的发行价格。确定股票发行价格的基础是由拟上市企业的整体获利能力所决定的股票内在价值。通过对企业价值的评估，就可形成一个合理的价格区间，再通过考虑其他因素将这个价格区间变成一个市场能够接受的价格。

企业发展的原动力是资金。对于现代高新技术产业更是离不开风险投资资金的支持，而要想获得风险资本的支持，其投资价值必须得到风险投资家的认同。风险投资家对高新技术企业的价值判断，一种途径是依靠自身的职业判断。另一种途径就是借助于第三方机构对拟投资的高新技术企业进行价值评估，把评估结论作为自己投资决策的参考，以利于正确引导风险投资。

2. 以企业并购为目的

由于当前技术更新速度加快，企业之间竞争异常激烈，企业需要以最快的速度发展自己，以便在激烈的竞争中立于不败之地。为了迅速发展或者想要成功进入一个新市场，仅靠自身的积累往往是不够的。实践表明，并购是实现企业低成本高速度发展的一个有效途径，世界 500 强企业中没有一家企业未进行并购活动。对作为并购目标的高新技术企业价值进行评估，可以为并购企业商讨价格提供一个重要参考，也可以为实施并购的企业决策提供依据，以降低并购业务的风险。

五、企业价值评估需考虑的因素

1. 企业整体的技术状况

在两个企业各单项资产总价值量相同的情况下，技术较为先进或者机器设备的成新率较高的企业，整体评估值较高。这是因为技术进步有利于企业提高产品质量，提高生产效率，从而获得较多的竞争优势和利润。

2. 企业全部资产价值量的大小

一般而言，随着竞争的加剧，社会资产平均利润率逐渐平均化。在这种情况下，企业资产价值量与企业的获利能力呈正相关关系，即企业资产的价值量越大，企业的获利能力越强。企业全部资产价值量的大小既可以通过单项资产评估价值的加总得到，也可以通过把账面净值利用物价指数调整的方法得到。

3. 企业资产的匹配状况

企业资产的匹配状况也就是企业的资源配置效率。企业各类资产通过一定的匹配方式能否最大限度地发挥出生产能力，资源配置效率是一个非常重要的方面。企业资产匹配状况直接影响着企业资源配置效率的高低。

4. 企业经营者及员工的素质

企业经营者及员工的素质主要包括企业经营管理者的经营管理思想、策略、领导方式及员工的思想觉悟、文化修养和技术水平等。人是企业中最活跃的因素，也是最为重要的生产要素。他们的素质直接关系到企业的竞争能力和获利能力。

5. 企业文化及企业信誉

企业文化指的是企业长期形成的一系列价值观念和行为规范。良好的企业文化能显著加强企业的凝聚力，极大地调动员工的工作积极性，为企业创造出更大的价值。企业信誉是企业生产经营或提供产品、劳务在客户心目中的形象。它是企业商誉的重要来源之一。

6. 国家政策、企业所处地理环境、企业所处宏观经济形势等因素的影响

企业所处的地理位置和交通条件直接影响着企业的运输成本和其他额外的成本，而产业政策则直接影响着企业未来的发展潜力和获利能力。

第二节　企业价值的收益法评估

运用收益法对企业价值进行评估并没有什么特别之处，依然涉及三个变量，即未来的收益、收益年限以及折现率。但由于企业价值评估涉及的是企业的整体资产，因而对它的估算过程就会更复杂一些。

一、不同应用前提下的评估方法

1. 企业永续经营前提下的收益法评估

很多时候，我们对企业价值进行评估时并没有特意去关注企业的"存活期"有多长，实际上我们的潜意识根本就没有去"预计"企业有一天会"垮掉"，我们对它的假设是能够永续经营下去的，而只有这样对这种企业的整体评估才会有意义。

（1）年金法。根据收益法的计算公式，当未来各期收益恒定，而收益年限为无穷大时，资产的现时价值计算方法如公式（9-1）所示：

$$V = \frac{A}{r} \qquad\qquad\qquad (9-1)$$

这也是我们运用年金法来评估企业价值的基本公式。年金法就是基于假设未来收益稳定，企业能够永续经营这样一个前提来展开估算过程的。但在企业的实际运营中，无论未来收益多么稳定也不太可能做到每期的收益完全一样，那么要运用年金法来估算最终结果就需要我们预先将未来的收益预测（各期预测值不同）进行年金化处理（使未来各期值在效果上表现为相同的一种"假想"状态）后再行运算。最后的运算公式于是变为公式（9-2）：

$$V = \frac{\sum_{i=1}^{n} \dfrac{A_i}{(1+r)^i}}{r \sum_{i=1}^{n} \dfrac{1}{(1+r)^i}} \qquad (9\text{-}2)$$

式中，$\sum_{i=1}^{n} \dfrac{A_i}{(1+r)^i}$ 是企业预测的前 n 年收益折现后的总和；

$\sum_{i=1}^{n} \dfrac{1}{(1+r)^i}$ 是前 n 年整付现值系数之和，也就是年金现值系数。

【公式推导】

1. 首先将企业未来收益年金化

为了应用年金法的基本公式，我们首先要将未来收益年金化。年金化的目的是将预计的未来并不相等的各期收益"假想"为每期收益完全相同的情形。这种"转化"是可行的，只要这两种情形下未来的收益分别"折现"到评估基准日这个时点的现值之和是相等的，那么在评估基准日我们就不会认为这两种情况有什么区别。因此，根据第二章通用公式（2-1），可得出：

$$\sum_{i=1}^{n} \frac{A_i}{(1+r)^i} = \sum_{i=1}^{n} \frac{A}{(1+r)^i}, \quad A_i \text{ 是预计的各期收益，A 是"假想"}$$

的转换后每期不变的未来各期收益（年金）。

所以，$A = \dfrac{\sum_{i=1}^{n} \dfrac{A_i}{(1+r)^i}}{\sum_{i=1}^{n} \dfrac{1}{(1+r)^i}}$

2. 运用年金法

"换算"出了年金，再用公式 $V = \dfrac{A}{r}$，得到公式（9-2）就不难了。

【计算演示1】

某被估企业预计未来 4 年收益分别为 90 万元、100 万元、120 万元、110 万元，假定企业永续经营且不改变经营方向，折现率和资本化率都为 10%，试用年金法估计其企业价值。

（1）未来 4 年收益现值之和 = 90×0.9091+100×0.8264+120×0.7513+110×0.6830 = 329.745（万元）

（2）转换为年金值 A = 329.745÷（P/A，10%，4）= 329.745÷3.1699 = 104.024（万元）

（3）用公式（9-1）得出评估值为 104.024÷10% = 1040.24（万元）

也可以用公式（9-2）直接计算得到结果。

（2）分段法。与股票评估的分段式模型的思路类似，我们也将永续经营的企业的收益预测分为两个阶段：在企业发展的前期，企业的生产经营可能处于不稳定状态，因此企业的收益也是不稳定的，而在这个不稳定期间之后，企业的生产经营可能会达到某种均衡状态，其收益是稳定的或按某种规律进行变化。前段时期企业的预期收益不稳但由于距离现在较近，所以容易比较准确地预测各期收益，因而常采取逐年预测，并折现累加的方法。在后期相对稳定阶段，我们可以根据企业预期收益稳定程度，按企业年金收益，或按企业的收益变化规律所对应的企业预期收益形式进行折现和资本化处理。将企业前后两段收益现值加在一起便构成企业的评估价值。

1）如果后阶段的预期收益假设以前段最后一年的收益作为后段各年的年金收益，那么分段法的公式可写成如公式（9-3）所示：

$$V = \sum_{i=1}^{n} \frac{A_i}{(1+r)^i} + \frac{A_n}{r(1+r)^n} \qquad (9-3)$$

前阶段的收益期为 n 年。

2）若假设从第（n+1）年起的后阶段，企业预期年收益按一固定比率（g）增长，则分段法的公式可写成如公式（9-4）所示：

$$V = \sum_{i=1}^{n} \frac{A_i}{(1+r)^i} + \frac{A_n(1+g)}{(r-g)(1+r)^n} \qquad (9-4)$$

【计算演示 2】

某被估企业预计未来 4 年收益分别为 90 万元、100 万元、120 万元、110 万元，假设企业从第五年起，收益额保持每年 2% 的增长，折现率和资本化率都为 10%，试用分段法估计其企业价值。

用公式（9-4）来估算。

其中，前半部分在【计算演示 1】中已算出 329.745 万元。

后半部分为 110×（1+2%）×0.6830÷（10%-2%）= 957.908（万元）

企业价值为 329.745+957.908 = 1287.653（万元）

2. 企业有限持续经营假设前提下的收益法评估

（1）关于企业有限持续经营假设的适用条件。一般来讲，企业的价值在于其所具有的持续盈利能力。对企业价值的评估应在持续经营前提下进行。只有在特殊的情况下，如企业章程已对企业经营期限做出规定等情形，才能在有限持续经营假设前提下对企业价值进行评估。

（2）企业有限持续经营假设是从最有利于回收企业投资的角度，争取在不追加资本性投资的前提下，充分利用企业现有的资源，最大限度地获取投资收益，直至企业无法持续经营为止的情形。

（3）对于有限持续经营假设前提下企业价值评估的收益法，其评估思路与分段法有点类似，只不过后阶段的收益是以企业出售、转让或清算等手段来获取的一次性的收入来衡量。因此，这种状况下的企业价值计算方法如公式（9-5）所示：

$$V = \sum_{i=1}^{n} \frac{A_i}{(1+r)^i} + \frac{V_n}{(1+r)^n} \qquad (9-5)$$

式中，V_n 为第 n 年企业资产的变现值。

二、关于企业收益及其预测

1. 企业收益界定需要注意的问题

（1）企业创造的不归企业权益主体所有的收入不能作为企业价值评估中的企业收益。例如税收，不论是流转税还是所得税都不能算作企业收益。

（2）凡是归企业权益主体所有的企业收支净额都要算为企业的收益。无论营业收支、资产收支，还是投资收支，只要形成净现金流入量，都应视为企业收益。

2. 企业收益预测需要注意的问题

（1）企业价值评估的预期收益应是在正常的经营条件下，排除影响企业盈利能力的偶然因素和不可比因素之后的企业正常收益。

（2）企业的预期收益既涉及企业存量资产的运作又涉及未来新产权主体经营的管理。但评估师对企业价值的判断，只能基于对企业存量资产运作的合理判断，而不能基于对新产权主体行为的估测。企业预期收益的预测，应以企业的存量资产为出发点，可以考虑对存量资产的合理改进乃至合理重组，但必须以反映企业的正常盈利能力为基础，任何不正常的个人因素或新产权主体的超常行为因素对企业预期收益的影响不应予以考虑。

3. 企业收益的表现形式及其选择

企业收益基本表现形式有：企业净利润和企业净现金流量；一般选择净现金流量作为企业的收益基础比较合理，因为企业净现金流量是企业收支的差额，不容易被改变，更客观准确。

　　当然，在评估活动中，企业收益还有其他表现形式，如息前净利润、息税前净利润、息前净现金流量、息税前净现金流量等，我们依据不同的目的和需要选择不同的形式。

　　4. 收益口径的选择

　　不同形式收益额的折现值的价值内涵和数量是有差别的。若在折现率口径与收益额口径保持一致的前提下，不同口径收益额代表的含义如下：

　　（1）净利润或净现金流量（股权自由现金流量）折现或资本化为企业股东全部权益价值（净资产价值或所有者权益价值）。

　　（2）净利润或净现金流量加上扣税后的全部利息（企业自由现金流量）折现或资本化为企业整体价值（所有者权益价值和付息债务之和）。

　　上面两种折现后的价值是我们在进行企业价值评估时的主要形式。除此之外，我们有时还会根据实际需要关注其他的价值形式，如可以用净利润或净现金流量加上扣税后的长期负债利息折现或资本化为企业投资资本价值（所有者权益+负债）。这里，扣税后利息=扣税前的利息×（1−所得税税率）。

　　在实际评估活动中，我们根据目的的不同确定不同的估算对象。当然，这些不同的对象之间并不是孤立的，这几种价值形式之间存在对应关系，它们之间的等量关系为：企业股东全部权益价值+长期负债=企业投资资本价值；企业股东全部权益价值+企业的付息债务=企业整体价值。

　　总之，对以上收益口径的选择应该在不影响评估目的的前提下，选取最能客观反映企业正常盈利能力的收益额作为对企业价值进行评估的基础。不仅如此，企业预期收益的预测和选择还与企业价值评估价值类型有关。评估企业市场价值的收益额应是企业的客观收益，即并不完全按照评估基准日时企业本身的经营方式、管理水平所能实现的收益作为评价企业价值的基础，而是按照社会在正常合理的经营方式、经营水平、管理水平下所能实现的收益水平，即企业的客观收益作为评价企业价值的收益基础。无论是在预测的过程中，还是在具体选择过程中，都应该注意所使用的收益额与评估结果的价值类型的匹配与协调。另外，如果评估结果是市场价值以外的价值的某一具体价值表现形式，则要根据评估结果的具体价值定义对收益额的要求，合理预测企业收益，选择恰当的收益额。

　　运用损益表或现金流量表的形式表现预期企业收益的结果通俗易懂，便于理解。但需要说明的是，用企业损益表或现金流量表来表现企业预期收益的结果，并不意味着我们可以直接用企业损益表或现金流量表上的数据移植来作为企业预期收益预测的结论。企业收益预测的过程是一个比较具体、需要大量数据并运用科学方法的分析运作过程，在这个过程中我们可以利用损益表或现金流量表的已有栏目或项目，通过对影响企业收益的各种因素变动情况进行分析，在评估基准日企业收益水平的基础上，对应表内各项目（栏目）进行合理的测算、汇总分析得到所测年份的企业收益。

不论采用哪种方法测算企业收益，都需注意以下几个基本问题：一定收益水平是一定资产运作的结果。在企业收益预测时应保持企业预测收益与其资产及其盈利能力之间的对应关系；企业的销售收入或营业收入与产品销售量（服务量）及销售价格的关系，会受到价格需求弹性的制约，评估师不能不考虑价格需求弹性而想当然地确定价量关系；在考虑企业销售收入的增长时，应对企业所处产业及细分市场的需求、竞争情况进行分析，不能在不考虑这些因素的情况下对企业的销售增长做出预测；企业销售收入或服务收入的增长与其成本费用的变化存在内在的一致性，评估师应根据具体的企业情况，科学合理地预测企业的销售收入及各项成本费用的变化；企业的预期收益与企业所采用的会计政策、税收政策关系极为密切，评估师也不能违背会计政策及税收政策，以不合理的假设作为预测的基础，企业收益预测应与企业未来实行的会计政策和税收政策保持一致。

三、关于折现率的选择

1. 折现率的选择原则

选择折现率时应遵循以下基本原则：

（1）折现率不低于投资的机会成本。在存在正常的资本市场和产权市场的条件下，任何一项投资的回报率不应低于该投资的机会成本。

国库券和银行储蓄利率可看成是其他投资的机会成本，相当于无风险投资报酬率。

（2）行业基准收益率不宜直接作为折现率，但是行业平均收益率可作为折现率的重要参考指标。

（3）银行票据的贴现率不宜直接作为折现率。

2. 测算折现率的注意事项

（1）国民经济增长率及被评估企业所在行业在国民经济中的地位。

（2）被评估企业所在行业的发展状况及被评估企业在行业中的地位。

（3）被评估企业所在行业的投资风险。

（4）企业在未来的经营中可能承担的风险等。

3. 收益额与折现率口径一致问题

（1）根据不同的评估目的和评估价值目标，用于企业评估的收益额可以有不同的口径。

（2）折现率作为一种价值比率，要注意其计算口径与收益额的一致。

（3）净利润、净现金流量（股权自由现金流量）是股权收益形式，因此只能用股权投资回报率作为折现率。

（4）息前净利润、息前净现金流量或企业自由现金流量等是股权与债权收益的综合形式，因此，只能运用股权与债权综合投资回报率，即只能运用通过加权平均资本成本模型获得的折现率。

（5）如果运用行业平均资金收益率作为折现率，就要注意计算折现率时的分子与分母的口径与收益额口径一致的问题。

既有按不同口径收益额为分子计算的折现率，也有按同一口径收益额为分子，而以不同口径资金占用额或投资额为分母计算的折现率。

第三节　企业价值的市场法评估

一、基本原理

市场法评估是通过在市场上找出一个或几个与被评估企业相同或相似的参照企业，分析、比较被评估企业和参照企业的可比较因素，在此基础上，修正、调整参照企业的市场价值，最后确定被评估企业的价值。《资产评估准则——企业价值》对市场途径的定义是：企业价值评估中的市场法，是指将评估对象与参考企业、在市场上已有交易案例的企业、股东权益、证券等权益性资产进行比较以确定评估对象价值的评估思路。

应用市场法评估各类资产的基本原理都是通过"对比"，但应用市场法评估企业价值比评估其他类资产更复杂一些，因为企业不同于普通的资产，企业间或多或少都存在着个体差异，每一个企业都存在不同的特性。除了所处行业、规模大小等可确认的因素各不相同外，影响企业形成盈利能力的无形因素更是纷繁复杂。因此，几乎难以找寻到能与被评估企业一模一样的类似企业；另外，即使存在能与被评估企业进行直接比较的类似企业，也不能保证这个企业就存在交易过的历史，因而要找到能与被评估企业的产权交易相比较的交易案例是相当困难的。现实情况是，目前我国市场上不存在一个可以共享的企业交易案例资料库，因此评估师不能以较低的成本获得可以应用的交易案例；即使有渠道获得一定的案例，这些交易的发生时间、市场条件和宏观环境又各不相同，评估师对这些影响因素的分析会存在主观和客观上的障碍。因此，运用市场法对企业价值进行评估，不能基于直接比较的简单思路，而要通过间接比较分析影响企业价值的相关因素，对企业价值进行评估。市场法中常用的两种具体方法是参考企业比较法和并购案例比较法。参考企业比较法是指通过对资本市场上与被评估企业处于同一或类似行业的上市公司的经营和财务数据进行分析，计算适当的价值比率或经济指标，在与被评估企业比较分析的基础上，得出评估对象价值的方法；并购案例比较法是指通过分析与被评估企业处于同一或类似行业的公司的买卖、收购及合并案例，获取并分析这些交易案例的数据资料，计算适当的价值比率，在与被评估企业比较分析的基础上，得出估值的方法。

二、参考企业比较法和并购案例比较法的应用

1. 基本思路

不论是参考企业比较法还是并购案例比较法，它们的应用实际上都有一个假设前提，那就是假设存在一个决定企业价值的财务变量（这个变量可以是盈利追平、净资产或销售收入等），在一般情况下，盈利越多、净资产越大、销售收入越大，企业的价值就越大。那么企业价值与这个财务变量的比率，两个类似的企业就应该具有相近的比值。这就是这两种比较法的思路。用公式（9-6）表达如下：

$$\frac{V_1}{X_1} = \frac{V_2}{X_2} \qquad (9-6)$$

式中，V_1 为被评估企业价值；V_2 为可比企业（参照物）价值；X_1 为被评估企业与企业价值相关的可比指标；X_2 为可比企业与企业价值相关的可比指标。

V/X 称为可比价值倍数。式中 X 参数通常选用以下财务变量：利息、折旧和税收前利润；无负债的净现金流量，即企业自由现金流量；净现金流量；净利润；销售收入；净资产等。

2. 确定价值比率的关键选择

（1）对可比企业的选择。判断企业的可比性有两个标准。首先是行业标准，处于同一行业的企业存在着某种可比性。但在同一行业内选择可比企业时应注意企业所生产的产品和所面临的市场要基本相同，同时，即使两者是处于同一市场，生产同一产品的企业，由于其在该行业中的竞争地位不同，规模不

同，相互之间的可比性也不同。因此，在选择时应尽量选择与被评估企业的地位相类似的企业。其次是财务标准，既然企业都可以视为是在生产同一种产品，那么存在相同的盈利能力的企业通常具有相类似的财务结构。因此，可以从财务指标和财务结构的分析中对企业的可比性做出判断。

（2）对可比指标的选择。从公式（9-6）可以看出，对可比指标的选择，也就是企业财务变量的数据取得是运用比较法评估的关键所在。对可比指标的选择要遵循一个原则，即可比指标应与企业的价值直接相关。在企业价值评估中，现金流量和利润是最主要的候选指标，因为企业的现金流量和利润直接反映了企业的盈利能力，也就与企业的价值直接相关。

基于成本和便利的原因，目前运用市场法对企业价值进行评估主要在证券市场上寻找与被评估企业可比的上市公司作为参照企业，即采用参考企业比较法。在运用参考企业比较法时，用得最多的是用市盈率作为可比指标来对企业价值进行评估。这种方法又称为市盈率乘数法，它的思路是将上市公司的股票年收益和被评估企业的利润作为可比指标，在此基础上评估企业价值的方法。其基本等量关系如公式（9-7）和公式（9-8）所示：

市盈率＝每股市价/每股收益；　　　　　　　　　　　　　　　（9-7）

公司的市值＝市盈率×每股收益×公司的股数　　　　　　　　　（9-8）

运用这种方法的基本步骤是：

首先，从证券市场上搜寻与被评估企业相似的可比企业，按企业不同的收益口径，如利息、折旧和税收前利润、息前净现金流、净利润等，计算出与之相应的市盈率。

其次，确定被评估企业与参照企业相同口径下的收益额。

再次，以可比企业相应口径的市盈率乘以被评估企业相应口径的收益额，初步评定被估企业的价值。

最后，对于按不同样本计算的企业价值分别给出权重，加权平均计算企业价值。在运用该方法时，还需对评估结果进行适当调整，以充分考虑被评估企业与上市公司的流动性、控制权等差异。

由于企业的个体差异始终存在，把某一个相似企业的某个关键参数作为比较的唯一的标准，往往会产生一定的误差。为了降低单一样本、单一参数所带来的误差和变异性，目前国际上比较通用的办法是采用多样本、多参数的综合方法。

【计算演示3】

股份有限公司甲是上市公司，年报显示其2009年的每股收益为0.6元，目前市价每股为6元，被评估的乙公司是非上市企业，其2009年的净利润为

3000万元，试评估乙公司的市场价值。

甲公司市盈率＝每股市价/每股收益＝6/0.6＝10

乙公司的评估值为3000×10＝30000（万元）

选择市盈率作为可比指标比较简单，但应用也有其局限性。其局限性主要体现在以下几个方面：首先，股票价格受宏观经济形势、利率、政治事件、供求关系等影响较大，有时会偏离其实际价值很多；其次，我国的上市公司股权分置，非流通股和流通股同时存在，流通股的市盈率很难反映整个股权的实质市盈率；最后，当目标企业的收益为负值时，市盈率无法计算。

除了市盈率外，我们还可选择净资产来作为可比指标，用市价/净资产＝市净率来估算企业价值；也可用收入乘数（市价/销售额）相等的思路来评估被估企业的价值。

第四节　企业价值的成本法评估

企业价值评估中的成本法也称资产基础法或加和法，是指在合理评估企业各项资产价值和负债的基础上确定评估对象价值的评估方法。具体步骤一般是首先将企业资产负债表中的各项资产的账面价值调整为市场价值，然后通过加总投资者索取权的价值来估算企业整体价值，或者通过加总总资产价值，再扣减无息流动负债和递延税款来计算其价值。

对账面价值进行调整的理由是会计账上的各项资产的账面价值可能会由于通货膨胀、过时贬值等因素而与评估基准日的现时市场价值有很大出入，特别是对那些寿命比较长或技术变化快的资产，调整账面价值就更为必要了。调整的方法通常是使用价格指数法以及评估成本法中功能性贬值计算的技术即可。

需要注意的是，加和法的数据来源是企业的财务报表，它注重单项资产而可能会忽视资产间的协同作用，如管理效率、商誉等，而企业价值是对整体资产的评估，因而我们使用加和法在对企业价值进行评估时不能将之作为唯一的评估途径。

在运用成本法评估企业价值之前，应对企业的盈利能力以及相匹配的单项资产进行认定，以便在委托方委托的评估范围基础上，进一步界定纳入企业盈利能力范围内的资产和闲置资产的界限，明确评估对象的作用空间和评估前提。作为评估时应该遵守的原则，评估师在对构成企业的各个单项资产进行评估时，应先明确各项资产的评估前提，即企业是持续经营假设前提还是非持续经营假设。在不同的假设前提下，运用成本法评估出的企业价值是不同的。对于持续经营假设前提下的各个单项资产的评估，应按贡献原则评估其价值。而对于非持续经营假设前提下的单项资产的评估，则按变现原则进行。

在运用成本法评估持续经营企业时，在对构成企业的各单项资产进行评估时，除了考虑各个单项资产之间的匹配情况以及各个单项资产对于整体企业的贡献外，还要充分考虑在持续经营前提下，当企业的单项资产有了评估溢价或升值时的税收因素等。

在实际评估实务中，资产评估师运用成本法进行企业价值时应当关注和确定以下事项：

第一，应当考虑被评估企业所拥有的所有有形资产、无形资产以及应当承担的负债。

第二，各项资产的价值应当根据其具体情况选用适当的具体评估方法得出。

第三，应当对长期股权投资项目进行分析，根据相关项目的具体资产、盈利状况及其对评估对象价值的影响程度等因素，合理确定是否将其单独评估。

第四，注册资产评估师对同一评估对象采用多种评估方法时，应当对形成的各种初步价值结论进行分析，在综合考虑不同评估方法和初步价值结论的合理性及所使用数据的质量和数量的基础上，形成合理评估结论。

【文摘】
EVA 方法及在资产评估系统的应用

20 世纪 80 年代初，美国思腾思特公司提出了一种企业经营业绩评价的新方法——EVA 方法（Economic Value Added，即资本所增加的经济价值、附加经济价值或经济增加值等）。具体地说，EVA 是指企业资本收益与资本成本之间的差额，也就是企业税后营业净利润与全部投入资本（债务资本和权益资本之和）成本之间的差额。如果这一差额是正数，说明企业创造了价值，创造了财富；反之，则表示企业发生价值损失。如果差额为零，说明企业的利润仅能满足债权人和投资者预期获得的收益。EVA 指标最重要的特点就是从股东角度重新定义企业的利润，考虑了企业投入的所有资本（包括权益资本）的成本，因此它能全面衡量企业生产经营的真正盈利或创造的价值，对全面准确评价企业经济效益有着重要意义。

一、EVA 资产评估系统简介

1. EVA 资产定价系统指标说明

EVA 值表示扣除资本机会成本后的资本收益，这里资本的机会成本既包括债务资本成本又包括股权资本成本，即投入企业的所有资本。用公式表示为：

$$EVA = 税后营业利润 - C_1 \times R_1 - C_2 \times R_2$$

式中，EVA 表示经济增加值；C_1 表示股权资本总额；C_2 表示债务资本总额；R_1 表示股权资本成本率；R_2 表示债务资本成本率。

在经济增加值的计算公式中，包含对股权资本成本率的测算，通常用无风险资产收益率加上企业投资的风险补偿系数来代表，最常见的方法就是使用 CAPM 模型来评估。以经济增加值为基准，设计包括有效资本收益率、有效股权资本收益率以及股价变动系数等评价企业业绩和价值的指标体系。

$$有效资本收益率 = EVA / (C_1 + C_2)$$

有效资本收益率是投入单位资本产生的经济增加值，它衡量了企业资本运作效率的高低，实际上，它等于资本回报率与加权资本成本率之差，即反映了企业高于机会成本的回报率。

$$有效股权资本收益率 = EVA / C_1$$

有效股权资本收益率是股东投入单位资本产生的经济增加值，它是站在股东的角度来看公司价值的增长情况，在一定意义上反映了股东的投资回报率。

2. EVA 指标体系与传统评估体系的比较

（1）经济增加值反映的是一定时期内股东从经营活动中获得的增值收入总额，它是从股东利益出发，扣除股东权益机会成本后的增值收益。同利润指标相比，EVA 具有以下优点：

首先，经济增加值强调股东财富与企业决策的联系，可以避免企业多目标决策的混乱状况。为了有效地增加股东财富，激励企业管理者，许多公司用一系列的指标综合起来说明其财务目标，因为单一的指标往往有失偏颇。采用一系列指标同时评价的结果是，多标准的不一致往往会导致公司计划、经营战略和经营决策的不协调。而经济增加值指标则将公司所有目标用一个财务指标联系起来，只要某一决策能使 EVA 增加，那么该决策就是最正确的。

其次，EVA 指标提供了一个评价股东价值及其增长的新思路，即股东价值的增长来源于企业经济增加值的增长，而不是利润的增长。根据资本资产定价模型及经济增加值的定义，在不考虑通货膨胀的情况下，公司的市场价值与经济增加值有以下关系：

市场价值＝股权资本总额＋预期经济增加值的现值

公司预期经济增加值的现值又称为市场附加值。对股东而言，其财富的增加就在于市场附加值的提高。很显然，经济增加值提高则公司的市场附加值也提高，而利润增加不一定带来经济增加值的提高，也就是说，利润增加不一定能够给股东带来高于机会成本的财富。因此研究公司股东价值有没有增长，应观察 EVA 的增长情况，而不用考虑利润的增长情况。

（2）有效资本收益率与有效股权资本收益率。有效资本收益率表示某一时期内公司经济增加值除以资本总额的比值，有效股权资本收益率表示某一时期内公司经济增加值除以股权资本总额的比值，类似于利润指标对应的净资产收益率指标，有效资本收益率及有效股权资本收益率反映的是在一定时期内投入单位资本产出 EVA 的效率指标。

二、EVA 资产定价系统的应用

EVA 作为公司价值评估标准及企业管理系统在国外已经被广泛采用，但目前在国内对此了解的公司和投资者并不多，并未意识到这种利润观念在真实反映及促进公司提高经济效益方面的局限性。在资源配置上，宝贵的资本资源并不是按照资本效率进行配置，而是以计划的模式将有限的融资额度配置给效率低下的国企。在微观管理的层面，不少公司上市以后，不是积极转换经营机制，而是在关键时刻通过重组、债转股来获得或增加利润。因此，中国引入 EVA 标准，不仅将为投资者提供科学的上市公司价值评估标准，推动中国证券市场投资理念迈向成熟，而且还将为上市公司提供一套全新的管理工具。根据我国资本市场的具体情况，EVA 系统在以下几个方面发挥作用：

1. 资本市场上的股权定价

上市公司只有在其资本收益超过为获得该收益所投入资本的全部成本时，才能为公司的股东带来价值。因此，EVA 越高，股东的回报也就越高；股东回报越高，公司股票在二级市场上的表现也就越好。由于公司普通股总数和公司债务价值都是已知，因此，用有效股权资本收益率估算出公司的价值后，公司的每股价值也就得到了。

2. 资本运作效率的评估

目前企业通常用每股收益或净资产收益率来评价上市公司资本运作的质量，由于利润并不表明公司价值的有效增加，因此这种评价是有缺陷的。EVA 是公司投资价值的真正来源，EVA 是正数还是负数，才是衡量公司是否为股东创造了财富的恰当标准。在市场经济中，收益的最大化是资本的基本属性，公司资本运作的效益越高，就越能吸引资本的投入。在传统的利润标准体系下，没有一个恰当衡量资本运作效率的指标，而在 EVA 标准下，这个问题将一目了然，较高的有效股权资本收益率意味着较高的价值创造能力。

3. 评价融资模式的优劣

采用股权融资还是债权融资，取决于企业的财务状况、经营效率以及金融市场的具体情况。当前利率如此之低，上市公司仍然热衷于配股或增发新股，而不是找银行贷款，其根源就在于公司管理层忽视了股权资本成本的存在。运用 EVA 标准，就可以全面考察不同融资方式的成本，进而可以有效地帮助上市公司评价不同融资模式的优劣，调整公司的资本结构。

4. 为企业制定发展战略提供有力依据，是新型的管理模式

我国企业今后的发展战略将由专业化经营转向多元化经营。对于已经或即将采取多元化经营战略的公司而言，EVA 标准将为公司进行业务结构重整以及业务流程再造提供科学的决策参考。

EVA 标准的一项重要功能就是能够进行业务价值评估，通过分别核算各业务单元的资本投入和资本收益，测算各业务单元的有效股权资本收益率，对各业务单元的增值能力进行排序，通过采取低附加值业务外包、构建业务联盟等方式，撤出或减少对增值能力低的业务单元的资本投入，加大对增值潜力高的业务单元的资本投入，提高其运作效率，发挥各项业务的最大增值潜能。

资料来源：吕哲海. EVA 方法及在资产评估系统的应用 [J]. 中国科技财富，2008 (11).

【练习题】

一、选择题

1. 在持续经营假设前提下运用资产加和法评估企业价值时，各个单项资

产的评估应按(　　)原则确定其价值。

  A. 变现 　　　　　　　　　　B. 预期

  C. 替代 　　　　　　　　　　D. 贡献

2. 企业整体价值评估基于企业的(　　)。

  A. 整体获利能力 　　　　　　B. 生产能力

  C. 市场价值 　　　　　　　　D. 重置价值

3. 企业整体资产评估的对象是(　　)。

  A. 企业的全部资产 　　　　　B. 企业的净资产

  C. 企业的生产能力 　　　　　D. 企业的获利能力

4. 可以纳入企业整体资产评估范围的有(　　)。

  A. 子公司

  B. 存在产权纠纷的企业厂房

  C. 购买方已经付款但尚未领取的商品

  D. 已报废的设备

5. 运用收益法对企业价值评估的必要前提是判断企业是否拥有(　　)。

  A. 持续盈利能力 　　　　　　B. 持续生产能力

  C. 持续经营能力 　　　　　　D. 持续抗风险能力

6. 采用收益法进行企业价值评估时,选择什么口径的收益额作为企业价值评估的基础,首先要服从(　　)的需要。

  A. 评估方法选择 　　　　　　B. 预测企业收益持续时间

  C. 企业价值评估的目的和目标 　　D. 企业规模

7. 判断企业价值评估预期收益的基础应该是(　　)。

  A. 企业正常收益 　　　　　　B. 企业历史收益

  C. 企业现实收益 　　　　　　D. 企业未来收益

8. 评估人员在企业价值评估的过程中,估测折现率应遵循的基本原则是折现率不应(　　)。

  A. 低于行业基准收益率 　　　B. 高于行业基准收益率

  C. 低于投资机会成本 　　　　D. 高于投资机会成本

9. 当运用收益法评估企业价值的结果高于运用资产加和法评估该企业价值的结果时,其中的差异可能是企业(　　)的表现。

  A. 管理人员才干 　　　　　　B. 商誉

  C. 企业获利能力 　　　　　　D. 无形资产

10. 运用市场法评估企业价值,在选择参照物的过程中应遵循(　　)。

  A. 替代原则 　　　　　　　　B. 贡献原则

C. 企业价值最大化原则　　　　　D. 配比原则

11. 当企业收益额选取净利润，而资本化率选择净资产净利润率时，其资本化结果应为企业的（　　）。

A. 投资资本价值　　　　　　　　B. 企业整体价值

C. 股东全部权益价值　　　　　　D. 实收资本价值

12. 在企业价值评估中，能否按企业永续经营状态评估，需要考虑（　　）等因素后决定。

A. 企业的规模

B. 评估目的

C. 企业要素资产的功能和状态

D. 企业提供的产品或服务是否为市场所需要

13. 企业的特点是（　　）。

A. 盈利性　　　　　　　　　　　B. 持续经营性

C. 权益可分性　　　　　　　　　D. 整体性

14. 预测企业未来可预测的若干年的收益，较为常用的方法有（　　）。

A. 产品周期法　　　　　　　　　B. 销售收入法

C. 实践趋势法　　　　　　　　　D. 综合调整法

15. 在对各企业各单项资产实施评估并将评估值加和后，再运用收益法评估企业价值，这样做可以（　　）。

A. 比较判断哪一种方法是正确的

B. 判断企业是否存在着商誉

C. 判断企业是否存在经济性贬值

D. 为确定企业的最终评估价值提供更多的信息

16. 企业价值评估的一般范围包括被评估企业（　　）。

A. 本部拥有的资产　　　　　　　B. 全资子公司资产

C. 产业链上的企业　　　　　　　D. 控股子公司中拥有的资产

E. 拥有的非控股子公司的股份

二、判断题

1. 用收益法评估企业价值时，评估时点企业的实际收益可以直接应用来评估企业价值。　　　　　　　　　　　　　　　　　　　　　　　　　（　　）

2. 企业价值取决于其要素资产组合的整体盈利能力，不具备现实或潜在盈利能力的企业也就不存在持续经营前提下的企业价值。　　　　　　　（　　）

3. 上市公司的内在价值应等同于该公司全部股票市值之和。　　（　　）

4. 对于在评估时点产权不清的资产，应划为"待定产权资产"，不列入企

业价值评估的资产范围。　　　　　　　　　　　　　　　　　　（　　　）

5. 企业是企业各项可确指资产的汇集，企业整体价值一定等于企业各项可确指资产价值之和。　　　　　　　　　　　　　　　　　　　　（　　　）

6. 目前我国企业产权交易市场的有限性，决定了企业价值评估只能采用非市场价值基础。　　　　　　　　　　　　　　　　　　　　　　（　　　）

7. 评估企业的市场价值时，对企业价值的判断，只能基于对企业存量资产运作的合理判断，而不能考虑新的产权主体行为因素。　　　　　　（　　　）

8. 折现率、资本化率、还原利率等虽然称谓不同，但其本质都是相同的，都属于投资报酬率。　　　　　　　　　　　　　　　　　　　　　（　　　）

9. 企业的净资产收益率和净资产利润率之间的区别是，前者是企业的利润总额与企业净资产之比，而后者是企业的净利润与企业净资产之比。

　　　　　　　　　　　　　　　　　　　　　　　　　　　　　　（　　　）

10. 在企业价值评估的年金法中，折现率恒等于资本化率。　（　　　）

三、计算题

1. 待估企业预计未来 5 年的预期收益额分别为 100 万元、110 万元、105 万元、110 万元和 110 万元，假定折现率和资本化率均为 10%，该企业可确指的各单项资产评估后的价值之和为 1100 万元。

要求：（1）采用年金法确定该企业整体资产评估价值。

（2）该企业是否有商誉？为什么？（计算结果保留小数点后两位）

2. 某企业距其企业章程规定的经营期限只剩 5 年，到期后不再继续经营。预计未来 5 年的预期收益额分别为 10 万元、11 万元、12 万元、12 万元和 13 万元，5 年后，该企业的资产变现预计可收回 100 万元。假定资本化率为 10%。试估算该企业价值。

第十章　资产评估报告

【学习目标】
　　掌握资产评估报告的定义、作用、类型及基本内容。
　　掌握资产评估报告书的内容与格式、编制步骤与要求。
　　了解资产评估报告的适用范围及合理使用的要求。

第一节　资产评估报告概述

一、资产评估报告的基本概念

　　资产评估报告是指注册资产评估师根据资产评估准则的要求，在履行必要的评估程序后，对评估对象在评估基准日特定目的下的公允价值发表的、由其所在评估机构出具的书面专业意见。它也是注册资产评估师与其所在的评估机构履行评估合同，并为资产评估项目承担相应法律责任的证明文件。注册资产评估师应当根据评估业务的具体情况，提供能够满足委托方和其他评估报告使用者合理需求的评估报告，并在评估报告中提供必要信息，使评估报告使用者能够合理理解评估结论。资产评估报告是按照一定格式和内容来反映评估目的、假设、程序、标准、依据、方法、结果及适用条件等基本情况的报告书。在资产评估业界，也被称为狭义的资产评估报告。

　　广义的资产评估报告不仅是书面报告，还是一种工作制度。这种工作制度规定评估机构在完成评估工作之后必须按照一定程序的要求，用书面形式向委托方及相关主管部门报告评估过程和结果。

二、资产评估报告的作用

1. 为委托评估的资产提供价值意见

资产评估报告是经具有资产评估资格的机构根据委托评估资产的特点和要求，组织注册资产评估师及相应的专业人员组成评估队伍，遵循评估准则和标准，按照法定的程序，运用科学合理的评估技术和方法，对被评估资产价值进行评定和估算，以书面形式表达的专业意见。该资产价值意见不代表、不倾向任何当事人的利益，是一种独立的专业人士的估价意见。具有较强的公正性和客观性，因而成为委托方和资产业务当事人在进行被评估资产作价和交易时的重要参考依据。

2. 明确了资产评估报告撰写及使用的相关责任

资产评估报告既是资产评估机构的产品，同时又是反映和体现资产评估机构工作情况，明确委托方、评估机构及有关方面责任的依据。一方面，资产评估报告是评估机构向委托方提供的产品，它用文字的形式，对受托评估资产的评估目的、背景、范围、依据、程序、方法和评定结果进行说明和揭示，体现了评估机构满足委托方了解和掌握委托评估资产价值的需要，也反映和体现受托的资产评估机构和执业的注册资产评估师的权利与义务。在资产评估现场工作完成后，注册资产评估师要根据现场工作取得的有关资料和估算数据，撰写评估结果报告，并向委托方报告。负责评估项目的注册资产评估师同时在报告书上行使签字的权利。另一方面，资产评估报告对报告使用的范围和评估结果实现的前提等条款做了明确的说明，反映了资产评估机构对委托方使用资产评估报告和评估结果的要求，并以此来明确委托方、受托方及有关方面的责任。当然，资产评估报告也是评估机构履行评估协议和向委托方或有关方面收取评估费用的依据。

3. 有助于对资产评估从业人员及机构的监管

资产评估报告也是行业自律管理组织及有关部门审核资产评估机构执业质量和水平的重要标准和依据。资产评估报告是反映评估机构和注册资产评估人员职业道德、执业能力水平以及评估质量高低和机构内部管理机制完善程度的重要依据。有关管理部门通过审核资产评估报告，可以有效地对评估机构的业务开展情况进行监督和管理。

4. 有助于资产评估档案的完善

资产评估报告及其形成过程是建立评估档案的重要信息来源。注册资产评估师在完成资产评估项目之后，必须按照档案管理的相关规定，将评估过程中搜集的资料、工作记录以及资产评估过程的工作底稿进行归档，以便进行评估档案的管理和使用。由于资产评估报告是对整个评估过程的工作总结，其内容包括了评估过程的各个具体环节、相关资料的搜集整理和评估工作记录，因此，不仅评估报告的工作底稿是评估档案归集的主要内容，撰写资产评估报告过程中采用的各种数据、各个依据、工作记录和资产评估报告制度中形成的有关文字记录等都是资产评估档案的重要信息来源。

三、资产评估报告的种类

1. 整体资产评估报告与单项资产评估报告

按资产评估的范围划分，资产评估报告可分为整体资产评估报告和单项资产评估报告。凡是对整体资产进行评估所出具的资产评估报告称为整体资产评估报告。凡是仅对某一部分、某一项资产进行评估所出具的资产评估报告称为单项资产评估报告，尽管资产评估报告的基本格式是一样的，但因整体资产评估与单项资产评估在具体业务上存在一些差别，两者在报告的内容上也必然会存在一些差别。一般情况下，整体资产评估报告的报告内容不仅包括资产，也包括负债和所有者权益。而单项资产评估报告除在建工程外，一般不考虑负债和以整体资产为依托的无形资产等。

2. 完全资产评估报告和限制性资产评估报告

按资产评估报告披露的要求划分，资产评估可分为完全资产评估报告和限制性资产评估报告。完全资产评估报告和限制性资产评估报告的根本区别在于是否履行了评估程序规定的必要程序。

3. 现实型评估报告、预测型评估报告与追溯型评估报告

根据评估基准日的不同选择，可以分为评估基准日为现在时点的现实型评估报告，评估基准日为未来时点的预测型评估报告及评估基准日为过去时点的追溯型评估报告。评估报告的使用，要求评估基准日通常与经济行为实现日相距不超过一年。

四、资产评估报告的基本内容

《资产评估准则——评估报告》上规定，评估报告应该包含的内容如下：

1. 标题及文号

标题应含有×××项目资产评估报告的字样。报告文号应符合公文的要求。

2. 声明

评估报告的声明应当包括以下内容：注册资产评估师恪守独立、客观和公正的原则，遵循有关法律法规和资产评估准则的规定，并承担相应的责任；提醒评估报告使用者关注评估报告特别事项说明和使用限制；其他需要声明的内容。

3. 摘要

资产评估报告正文之前通常需要附有表达该报告书关键内容和结论的摘要，以便简明、扼要地向报告书使用者提供评估报告的重要信息，包括委托方、评估目的、评估对象和评估范围、评估基准日、评估方法、评估结论等。摘要必须与评估报告书揭示的结论一致，不得有误导性内容，并应通过文字提醒使用者，为了正确理解评估报告内容应阅读报告书全文。

4. 正文

评估报告正文一般包括以下内容：

（1）委托方、产权持有者和委托方以外的其他评估报告使用者。这是要求对委托方与产权持有者的基本情况进行介绍。要写明委托方和产权持有者之间的隶属关系或经济关系，无隶属关系或经济关系的，应写明发生评估的原因。当产权持有者为多家企业时，还须逐一介绍；同时还要注明其他评估报告使用者，以及国家法律法规规定的评估报告使用者。

（2）评估目的。评估目的应写明本次资产评估是为了满足委托方的何种需要，以及其所对应的经济行为，评估目的应当是唯一的。

（3）评估对象和评估范围。评估报告应写明评估对象和纳入评估范围的资产及其类型（流动资产、长期投资、固定资产和无形资产等），描述评估对象的法律权属状况、经济状况和物理状况，在评估时，以评估对象确定评估范围。如企业价值评估，评估对象可以分别为企业整体价值、股东全部权益价值和股东部分权益价值，而评估范围则是评估对象涉及的资产及负债内容，包括房地产、机器设备、股权投资、无形资产、债权和债务等。

（4）价值类型及其定义。评估报告应当明确所评估资产的价值类型及其定义，并说明选择价值类型的理由。价值类型包括市场价值和市场价值以外的价值（包括投资价值、在用价值、清算价值和残余价值等）。

（5）评估基准日。评估报告应写明评估基准日的具体日期和确定评估基准日的理由或成立条件，也应揭示确定基准日对评估结论的影响程度。如采用非基准日的价格，还应对采用非基准日的价格标准做出说明。评估基准日可以是现在时点，也可以是过去或者将来的时点，一般由委托方确定。

（6）评估依据。评估依据包括行为依据、法规依据、产权依据和取价依据等。对评估中采用的特殊依据要做相应的披露。

（7）评估方法。评估报告应说明评估中所选择和采用的评估方法以及选择和采用这些评估方法的依据或原因。对某项资产采用一种以上评估方法的，还应说明原因并说明该项资产价值的最后确定方法。对采用特殊评估方法的，应适当介绍其原理与适用范围。

（8）评估程序实施过程和情况。评估报告应反映评估机构自接受评估项目委托起至提交评估报告书的全过程，包括接受委托阶段的情况了解，确定评估目的、对象与范围以及基准日，拟订评估方案的过程；资产清查阶段的评估人员指导资产占有方清查资产、收集及准备资料、检查与验证的过程；评定估算阶段的现场核实、评估方法选择、市场调查与了解的过程；评估报告阶段的评估资料汇总、评估结论分析、撰写评估说明与评估报告、内部复核、提交评估报告书的过程等。

（9）评估假设。评估报告应当披露评估假设，并说明评估结论是在何种评估假设的前提下得出的，以及评估假设对评估结论的影响。

（10）评估结论。这部分是报告书正文的重要部分。应采用文字和数字完整地叙述评估机构关于评估结果发表的结论。对于不纳入评估汇总表的评估事项及其结果还要单独列示。评估结论通常应当是确定的数值，以确定的数值表达评估结论是评估行业中的客观要求，但在特殊情况下，经与委托方沟通，评估结论可以使用区间值表达，区间值可以作为一种特殊的表达方式。

（11）特别事项说明。这部分应说明评估人员在评估过程中已发现可能影响评估结论，但非评估人员执业水平和能力范围内所能评定估算的有关事项，也应提示评估报告使用者应注意特别事项对评估结论的影响，还应提示评估人员认为需要说明的其他事项。特别事项说明通常包括下列主要内容：产权瑕疵；未决事项、法律纠纷等不确定因素；重大期后事项；在不违背资产评估准则基本要求的情况下，采用的不同于资产评估准则规定的程序和方法等。

（12）评估报告使用限制说明。这部分主要包括下列内容：评估报告只能用于评估报告载明的评估目的和用途；评估报告只能由评估报告载明的评估报告使用者使用；未征得出具评估报告的评估机构同意，评估报告的内容不得被摘抄、引用或披露于公开媒体，法律法规规定以及相关当事方另有约定的除外；评估报告的使用有效期；因评估程序受限造成的评估报告的使用限制。

（13）评估报告日。评估报告日是指评估机构对评估报告的签发日。

（14）签字盖章。注册资产评估师签字盖章、评估机构盖章和法定代表人或者合伙人签字。

5. 附件

评估报告的附件包含：①评估对象所涉及的主要权属证明资料。②委托方和相关当事方的承诺函。③评估机构及签字注册资产评估师资质、资格证明文件。④评估对象涉及的资产清单或资产汇总表。

评估对象涉及的资产清单或资产汇总表通常又称为资产评估明细表，它是反映被评估资产在评估前后的资产与负债明细情况的表格，是资产评估报告的重要组成部分。其主要包括以下内容：资产及负债的名称、发生日期、账面价值、调整后的账面价值、评估价值等；反映资产及负债特征的项目；反映评估增减值情况的栏目和备注；反映被评估资产的会计科目名称、资产占有单位、评估基准日、表号、金额单位等的资产评估明细表表头；写明填表人员、评估人员。资产评估明细表设立逐级汇总，第一级为明细表汇总；第二级按资产及负债大类单独汇总；第三级按资产和负债总计汇总；第四级按资产及负债大类项目且人民币以万元为金额单位汇总。资产评估明细表一般应按会计科目顺序排列装订。

第二节　资产评估报告书的制作

一、资产评估报告书的制作步骤

资产评估报告书的制作是资产评估机构与注册资产评估师完成评估工作的最后一道工序，也是资产评估工作中的一个重要环节。制作资产评估报告书主要有以下几个步骤：

1. 整理工作底稿和归集有关资料

资产评估现场工作结束后，注册资产评估师及助手必须着手对现场工作底稿进行整理，将资产按其性质进行分类。同时对有关询证函、被评估资产背景材料、技术鉴定情况和价格取证等有关资料进行归集和登记。对现场未予确定的事项，还要进一步落实和查核。这些现场工作底稿和有关资料都是编制资产评估报告的基础。

2. 评估明细表的数据汇总

完成现场工作底稿和有关资料的归集任务后，注册资产评估师及助手应着手进行评估明细表的数据汇总。明细表的数据汇总应根据明细表的不同级序逐级汇总，先明细表，然后分类汇总，再到资产负债表的汇总。在数据汇总过程中，应反复核对各有关表格的数据关联性和各表格栏目之间数据钩稽关系，避免出错。

3. 评估初步数据的分析和讨论

完成评估明细表的数据汇总后，应召集参与评估工作过程的有关人员，对评估报告初步数据的结论进行分析和讨论，比较各有关评估数据，复核记录估算结果的工作底稿，对存在作价不合理的部分评估数据进行调整。

4. 编写资产评估报告书

编写资产评估报告书又可分为两步：

第一步，在完成资产评估初步数据的分析和讨论，并对部分数据进行调整后，由具体参加评估的各组负责人员草拟出各自负责评估的部分的资产评估说明，同时提交全面负责、熟悉本项目评估整体情况的人员，由其草拟出资产评估报告书。

第二步，将评估基本情况和评估报告书初稿的初步结论与委托方交换意见，听取委托方的反馈意见后，在坚持独立、客观、公正的前提下，认真分析委托方提出的问题和建议，考虑是否应该修改评估报告书，对评估报告中存在的疏忽、遗漏和错误之处进行修正，待修正完毕即可撰写出资产评估正式报告书。

5. 资产评估报告书的签发与送交

注册资产评估师撰写出资产评估正式报告书后，经审核无误，按以下程序进行签名盖章：先由负责该项目的注册资产评估师签章（两名或两名以上），再送复核人审核签章，最后送资产评估机构负责人审定签章并加盖机构公章。

资产评估报告书签发盖章后，即可连同评估说明及评估明细表送交委托单位。

二、编制资产评估报告书的技术要求

编制资产评估报告书的技术要求是指在编制资产评估报告书过程中的各主要环节的技术要求，具体包括了文字表达、格式与内容，以及复核与反馈等方面的技术要求等。

1. 文字表达方面的要求

资产评估报告书既是一份对被评估资产价值有咨询性和公证性作用的文件，又是一份用来明确资产评估机构和注册资产评估师工作责任的文字依据，所以资产评估报告书的文字表达必须清楚、准确，不得使用模棱两可的措辞。

报告书陈述既要简明扼要，又要包含充足的、可信的信息内容，还要全面地叙述整个评估的具体过程。不得使用误导性的表述。不得带有任何诱导、恭维和推荐性的陈述。不能有大包大揽的语句，尤其是涉及承担责任条款的部分。资产评估报告书应当使用中文撰写。需要同时出具外文评估报告时，以中文评估报告为准。

2. 格式和内容方面的要求

对资产评估报告书格式和内容方面的要求，要以最新发布的《资产评估准则——评估报告》和财政部颁发的《资产评估报告基本内容与格式的暂行规定》中的要求格式和内容为标准。

3. 资产评估报告书的复核与反馈方面的要求

资产评估报告书的复核与反馈是指在正式出具资产评估报告书之前，通过对工作底稿、评估说明、评估明细表和报告书正文的文字、格式及内容的复核和反馈，以检查资产评估报告书中是否存在错误和遗漏等问题，并在出具正式报告书之前加以改正。对评估人员来说，资产评估工作是一项必须由多个评估人员同时作业的中介业务，每个评估人员都有可能因能力、水平、经验、阅历及理论方法的限制而产生工作盲点和工作疏忽，所以以对资产评估报告书初稿进行复核就成为必要。由于大多数资产评估委托方和资产占有方对委托评估的资产的分布、结构、成新度等情况总是会比资产评估机构和评估人员更熟悉，因此在出具正式报告书之前征求委托方意见，收集反馈意见也是很有必要的。

对资产评估报告书必须建立起多级复核和交叉复核的制度，明确复核人的职责，防止流于形式的复核。收集反馈意见主要是听取资产评估委托方或资产占有方熟悉资产具体情况的人员的意见。对资产评估委托方或资产占有方意见的反馈信息，应谨慎对待，应本着独立、客观、公正的态度去接受。

4. 撰写资产评估报告书的基本要求

编制资产评估报告书除了需要满足上述三个方面的技术要求外，在撰写资产评估报告书时，还应满足以下基本要求：

（1）独立、客观、公正。资产评估的基本原则是"独立、客观、公正"。这就要求每个评估人员在编写资产评估报告书时，必须站在独立、客观、公正的立场上，不能有任何倾向于资产持有或资产交易的受益方的思想与行为。要按照公允的程序和计价标准，对具体的被评估对象做出符合专业标准并反映客观情况的资产评估结论。评估结论所依据的各种资料数据应能证明其科学性，所选取的方法、参数应能反映其应用性和科学性，评估报告所使用的措辞和文字描述能够反映评估机构及注册资产评估师第三方的公正立场。

（2）完整一致性。资产评估报告书是对资产评估工作的全面概括和总结，因此，资产评估报告书正文应能完整、准确地描述资产评估的全过程，反映资产评估的目的，所依据的前提条件、评估计价标准、评估的基本程序和选取的方法、参数等，并充分揭示被评估资产的真实情况，做到完整无缺。另外，附件起着完善、补充、说明和支持正文的作用，所以在注意正文内容齐全的同时，还应注意与资产评估结论有关的各种附件的完备。坚持一致性做法，切忌出现表里不一。报告书文字、内容前后要一致，摘要、正文、评估说明、评估明细表内容与格式、数据要一致。

（3）及时、保密。资产评估工作具有很强的时效性。在一定条件下得出的资产评估结论往往是对某一时期或某一时点资产实际价值的计量。因此，这一评估结论往往在一定时期内为社会各方所承认，并具有法律效力。一旦时过境迁，由于货币具有时间价值，而且被评估资产本身也随时间、市场环境、政治、社会等因素的变化而发生很大变化，评估结论更难以准确反映其实际价值并失去应有的法律效力。所以，在编制资产评估报告书时，必须要注明评估基准日，并且要求评估报告书的编制应在委托评估合同约定时间内迅速、及时地完成。在完成资产评估工作后，应按业务约定书的约定时间及时将资产评估报告书的全套送交资产评估的委托方。同时，要做好客户保密工作，尤其是对评估涉及的商业秘密和技术秘密。

第三节 资产评估报告书的使用

作为资产市场定价的重要参考性文件，在资产买卖、企业重组并购、企业股权转让等一系列与产权交易有关的经济行为中，资产评估报告书都有其重要的市场使用价值。然而在现实中，资产评估报告书的不恰当使用不仅不能很好地发挥资产评估报告书的公允市场定价参考的信息价值，而且还会形成资产评估纠纷，增加产权交易的复杂性，甚至降低资产买卖的成功率。因此，正确使用资产评估报告书是有效发挥资产评估的市场作用的重要前提。

根据国家有关规定及资产评估委托的相关法律协议的约定，资产评估报告书在由资产评估机构出具后，资产评估委托方、资产评估管理的政府部门，及经资产评估委托方允许，参与被评估对象交易的交易方均有权在规定或约定的范围内使用。

一、委托方对评估报告书的使用

委托方作为评估报告书的直接利用者，对评估报告书的利用主要体现在以下几个方面：

第一，作为确定产权交易价格的基础性资料。出于企业整体或部分改建为有限责任公司或股份有限公司的目的，以非货币资产参与对外投资、公司合并、分立、清算、原股东股权比例变动、整体或部分产权（股权）转让、资产转让、资产置换、资产拍卖等项目进行企业资产评估时，所得到的评估报告资料可作为产权交易谈判底价的参考依据，也可以作为有关各方确定各自投资份额的证明材料。对于包含有国有资产的资产评估报告，还需向国有资产管理部门提交评估报告以便其备案或核准。

第二，作为非产权变动的作价依据。作为非产权变动的作价依据主要是企业为了保险、纳税、抵押和担保等经济活动的需要而进行的资产评估。

第三，作为企业进行会计记账的依据。为了满足会计核算的需要而进行资产评估，所得到的评估报告书及其各种明细评估表格中的数据资料，可以作为会计记账的依据，也可以作为企业计提各种减值准备的参考依据。但企业如要按照评估结果调整有关会计账目，必须经有关机关（如财政、税务等）批准后实施。

第四，在法庭辩论和裁决时作为财产价格的举证材料。有关当事人在发生经济纠纷后所进行的资产评估，其取得的评估报告可以成为法庭进行裁决时的参考材料，从而为消除和解决经济纠纷提供公正的参考依据。

第五，作为委托方支付资产评估费用的依据。若委托方接到评估报告书后没有提出异议，认为评估报告等资料符合委托合同或协议的条款，委托方应以此为依据向受托的评估机构支付约定的评估费用。

二、资产评估管理机构对资产评估报告书的使用

资产评估管理机构主要是指对资产评估进行行政管理的主管机关和对资产评估行业进行自律管理的行业协会。对资产评估报告书的运用是资产评估管理机构实现对评估机构的行政管理和行业自律管理的重要过程。首先，资产评估管理机构通过对评估机构出具的资产评估报告书有关资料的检查与分析，可以判断评估机构从事评估工作的业务能力和组织管理水平。其次，资产评估报告书也是对资产评估结果质量进行评价的依据。资产评估管理机构通过资产评估

报告书能够对评估机构的评估结果质量的好坏做出客观的评价，从而能够有效实现对评估机构和评估人员的管理。最后，资产评估报告书能为国有资产管理提供重要的数据资料。通过对资产评估报告书的统计与分析，可以及时了解国有资产占有和使用状况以及增减值变动情况，进一步为加强国有资产管理服务。

三、其他有关部门对资产评估报告书的使用

除了资产评估管理机构可运用资产评估报告书的资料外，还有些政府管理部门也需要运用资产评估报告书，它们主要包括国有资产监督管理部门，证券监督管理部门，保险监督管理部门，工商行政管理、税务、金融和法院等有关部门。

国有资产监督管理部门对资产评估报告书的运用，主要表现在对国有产权进行管理的各个方面，通过对国有资产评估项目的核准或备案，以加强国有产权的有效管理，规范国有产权的转让行为。

证券监督管理部门对资产评估报告书的运用，主要表现在对申请上市的公司有关申报材料及招股说明书的审核，对上市公司定向发行股票、公司并购、资产收购、以资抵债等重大资产重组行为时的评估定价行为的审核。当然，证券监督管理部门还可运用资产评估报告书和有关资料加强对取得证券业务评估资格的评估机构及有关人员的业务管理。

工商行政管理部门对资产评估报告书的运用，主要表现在对公司设立、公司重组、增资扩股等经济行为时，对资产定价进行依法审核。

商务管理部门、保险监督管理部门、税务管理部门、金融和法院等部门，也能通过对资产评估报告书的运用来达到实现其管理职能的目的。

【练习题】

一、选择题

1. 广义的资产评估报告是（　　　）。

A. 一种工作制度　　　　　　　　B. 资产评估报告书

C. 公证性报告　　　　　　　　　D. 法律责任文书

2. 资产评估报告基本制度是规定资产评估机构完成国有资产评估工作后由相关国有资产管理部门或代表单位对评估报告进行（　　　）的制度。

A. 审核验证　　　　　　　　　　B. 核准备案

C. 结果确认　　　　　　　　　　D. 立项审批

3. 按照现行行政法规的要求，关于国有资产评估报告书摘要与资产评估报

告书正文二者关系表述正确的是(　　　)。

　　A. 资产评估报告书摘要的法律效力高于资产评估报告书正文

　　B. 二者都不具有法律效力

　　C. 二者具有同等法律效力

　　D. 二者不具有同等法律效力

　　4. 按有关规定，国有资产评估说明中的进行资产评估有关事项的说明是由(　　　)提供的。

　　A. 委托方　　　　　　　　　　B. 受托方

　　C. 产权持有方　　　　　　　　D. 委托方与产权持有方

　　5. 资产评估报告书是建立评估档案、归集评估档案资料的(　　　)。

　　A. 重要信息来源　　　　　　　B. 主要内容

　　C. 一个环节　　　　　　　　　D. 重要目的

　　6. 按照现行规定，评估基准日通常与经济行为实现日相距不超过(　　　)。

　　A. 一个月　　　　　　　　　　B. 半年

　　C. 一年　　　　　　　　　　　D. 两年

　　7. 按国有资产评估报告制度规定，资产评估报告书应包括(　　　)。

　　A. 资产评估报告书正文　　　　B. 资产评估说明

　　C. 资产评估明细表及相关附件　D. 资产评估结果确认书

　　8. 按资产评估的具体对象划分，资产评估报告可分为(　　　)。

　　A. 整体资产评估报告　　　　　B. 房地产估价报告

　　C. 单项资产评估报告　　　　　D. 土地估价报告

　　9. 资产评估报告的基本要素一般包含(　　　)。

　　A. 评估方法

　　B. 评估目的

　　C. 评估基准日

　　D. 委托方、产权持有者和委托方以外的其他评估报告使用者

　　E. 资产评估立项通知书

　　10. 国有资产评估报告书正文阐明的评估依据包括(　　　)。

　　A. 法律法规依据　　　　　　　B. 经济行为依据

　　C. 产权依据　　　　　　　　　D. 取价依据

　　E. 计算依据

二、判断题

　　1. 资产评估报告应在评估结论中单独列示不纳入评估汇总表的评估结果。

　　　　　　　　　　　　　　　　　　　　　　　　　　　　(　　　)

2. 单项资产评估报告一般不考虑负债和以整体资产为依托的无形资产。

（　　）

3. 按现行规定，对国有资产评估项目实行立项确认审批制度。　（　　）

4. 资产评估报告书的使用权归资产占有方所有，未经许可不得向他人提供或公开。　　　　　　　　　　　　　　　　　　（　　）

5. 资产评估报告书对资产业务定价具有强制执行的效力，评估者必须对结论本身合乎职业规范要求负责。　　　　　　　　　　　（　　）

6. 资产评估报告书由注册资产评估师、项目负责人签字盖章，评估机构加盖公章后生效。　　　　　　　　　　　　　　　　（　　）

7. 按现行规定，资产评估报告书正文应揭示评估基准日后至评估报告提出日期间发生的特别事项。　　　　　　　　　　　　（　　）

8. 经使用双方同意，一份资产评估报告书可按多个用途使用。　（　　）

9. 对资产评估报告要建立起多级复核和交叉复核的制度，明确复核人的职责。

（　　）

10. 资产评估报告的评估结论应尽可能满足委托方的要求。　（　　）

图书在版编目（CIP）数据

资产评估学/朱云松，聂新田主编．—2版．—北京：经济管理出版社，2013.8

ISBN 978-7-5096-2574-3

Ⅰ.①资…　Ⅱ.①朱…②聂…　Ⅲ.①资产评估　Ⅳ.①F20

中国版本图书馆 CIP 数据核字（2013）第 173862 号

组稿编辑：申桂萍
责任编辑：申桂萍　杨雅琳
责任印制：黄　铄
责任校对：陈　颖

出版发行：经济管理出版社
　　　　　（北京市海淀区北蜂窝 8 号中雅大厦 A 座 11 层　100038）
网　　址：www. E-mp. com. cn
电　　话：（010）51915602
印　　刷：三河市延风印装厂
经　　销：新华书店
开　　本：720mm×1000mm/16
印　　张：18.25
字　　数：338 千字
版　　次：2013 年 8 月第 2 版　2013 年 8 月第 1 次印刷
书　　号：ISBN 978-7-5096-2574-3
定　　价：42.00 元